重庆市教委人文社科重点研究基地项目"马克思《1857—1858年经济学手稿》的当代意蕴与数字资本主义批判研究"（21SKJD067）成果

空间的资本化
劳动分工及其社会结构重组

丁乙 著

中国社会科学出版社

图书在版编目(CIP)数据

空间的资本化：劳动分工及其社会结构重组 / 丁乙著. —北京：中国社会科学出版社，2024.3
ISBN 978-7-5227-3249-7

Ⅰ.①空… Ⅱ.①丁… Ⅲ.①劳动—分工—研究②社会结构—重组—研究 Ⅳ.①F243.1②C912

中国国家版本馆 CIP 数据核字(2024)第 051763 号

出 版 人	赵剑英
责任编辑	田　文
责任校对	杨沙沙
责任印制	张雪娇

出　　版	中国社会科学出版社
社　　址	北京鼓楼西大街甲 158 号
邮　　编	100720
网　　址	http://www.csspw.cn
发 行 部	010-84083685
门 市 部	010-84029450
经　　销	新华书店及其他书店

印　　刷	北京君升印刷有限公司
装　　订	廊坊市广阳区广增装订厂
版　　次	2024 年 3 月第 1 版
印　　次	2024 年 3 月第 1 次印刷

开　　本	710×1000　1/16
印　　张	15
字　　数	231 千字
定　　价	78.00 元

凡购买中国社会科学出版社图书，如有质量问题请与本社营销中心联系调换
电话：010-84083683
版权所有　侵权必究

前　　言

　　工业革命带来的巨大变革，使资本在世界范围的扩张成为可能，马克思所揭示的"时间消灭空间"的资本逻辑形塑出了"时空压缩"的全球化样貌。在这样的背景之下，空间作为一种生产要素，不可避免地成为了资本化的对象。空间在很大程度上是社会关系的集合体，空间的资本化导致劳动分工、产业结构、经济组织和社会结构的深刻变化，并由此造成政治制度的变革和思想文化的交锋。要深入理解空间的资本化进程，就需要以劳动的空间分工作为分析社会结构变迁的重要视角，将纷繁复杂的社会历史现象置于具体的生产方式和劳动过程之中去探究，从而找到问题的本质所在。

　　福柯所宣称的"当今的时代或许应是空间的纪元"这句话并非空穴来风，世界市场的开拓、国际劳动分工的形成以及全球城市化进程的加快，让社会关系的空间形态和空间资源成为了无法回避的话题。对世界市场、国际贸易、普遍联系的世界历史等问题的系统考察，是马克思、恩格斯未竟的事业，因为上述问题在19世纪时只是初露端倪，世界市场也主要是以殖民地市场的形态出现。进入20世纪，特别是第二次世界大战后，世界市场及其国际劳动分工的面貌才逐渐展现出来，资本的全球化不断突破着空间的"藩篱"，规训着世界各地的"社会关系"，进而将空间本身也纳入资本增殖的范畴之中。正是在这样的背景下，对劳动的空间分工及其社会结构变迁展开系统研究，显得尤为重要。

　　英国马克思主义地理学家多琳·马西（Doreen Massey）的社会空间批判理论具有浓厚的政治经济学色彩，她的整个空间理论牢牢植根于劳动的空间分工之上。在马西的劳动空间分工理论中，特别重要的几个议题包括：劳动分工的空间形态；劳动的空间分工与不平衡发展的相互关系；由劳动的空间分工所引发的社会结构的空间分化；社会关系的空间结构失衡与权力几何学。这些议题本身不仅阐明了劳动空间分工理论的基本内涵，也将话题引向了一个理论界经常争论的焦点，即如何界定空间与地方的问题。空间是社会关系的产物，这种社会关系首先就体现在经济关系上，它不应当成为一种形而上的论证模式，而应当从经济领域的角度来打造空间哲学的基础。可以说，劳动分工就是社会关系的空间理论得以形成的重要支点。近年来，国外理论界开始广泛讨论和总结马西在地理学、政治经济学、女性主义等领域所作出的理论贡献，当然这期间也伴随着不少争论。马西的社会空间批判理论以劳动的空间分工为中心线索，针对现代主义、本质主义、新自由主义、男性至上主义等流派的空间观进行批判与反思，从而形成了一套具有后现代风格的女性主义空间理论，并提出了一种以不断变化的"社会关系"来理解城市与地方的研究方式。在其社会空间理论的建构过程中，她将空间、地方、性别与权力关系结合到一起，形成了全球地方感、权力几何学、基于性别分工的女性主义空间观等颇具影响力的理论观点。

当然，马西的空间理论也是存在缺陷的，她所具有的后现代理论分析风格使她倾向于批判元叙事和决定论的立场，在突出强调偶然性与特殊性的过程中忽略了事物发展中必然性因素的存在。她的"折衷主义"立场也曾使得她的某些观点在学界引发广泛的争议，她的某些理论具有很强的特殊性与针对性。不过她的理论体系对于空间政治经济学、马克思主义地理学的重要贡献仍然受到了学界的广泛认可。

目　录

导论　资本主义生产方式下的空间结构 ……………………（1）

第一章　劳动分工理论的演进：研究视角与逻辑的转变 ……（18）
　　第一节　资本主义早期的劳动分工理论 …………………（19）
　　第二节　经典马克思主义的劳动分工理论 ………………（30）
　　第三节　空间逻辑的确立：从城乡分工到知识界的
　　　　　　"空间转向" ……………………………………（47）

**第二章　劳动的空间分工：社会结构的空间分化与权力
　　　　　几何学** …………………………………………（64）
　　第一节　恩格斯《英国工人阶级状况》的当代再现 ……（66）
　　第二节　劳动的空间分工与生产的空间结构 ……………（72）
　　第三节　社会结构的空间分化 ……………………………（85）

第三章　从空间到地方：社会性空间与全球地方感 ………（106）
　　第一节　从空间到地方：社会关系的场所化 ……………（107）
　　第二节　"地方"概念的演进：时空压缩中的地方感 ……（120）
　　第三节　资本全球化背景下的地方精神：全球地方感的
　　　　　　价值 ………………………………………………（132）

第四章　劳动的性别分工与空间女性主义 …………………（146）
　　第一节　现代主义空间观批判：女性或"他者"的不在场 ……（148）

第二节　二元对立的性别化空间认知批判……………………（163）
　第三节　劳动的空间分工的性别面向…………………………（175）

第五章　多元开放的后现代空间政治经济学批判……………（189）
　第一节　保卫空间：同期异质性与空间假想之辨……………（189）
　第二节　空间的多元性、开放性与动态建构性………………（203）
　第三节　多琳·马西空间政治经济学批判……………………（213）

参考文献…………………………………………………………（227）

导论　资本主义生产方式下的空间结构

空间问题长久以来都是自然科学所探究的对象，例如20世纪爱因斯坦提出的广义相对论及此后发展起来的量子力学对空间实体的特性与物质构成进行了深入分析，颠覆了人们心目中那个由经典力学支撑起来的常规世界。又如古希腊数学家欧几里得的《几何原本》系统研究了构成空间外形的点、线、面的相互关系，形成了一整套严密的逻辑体系，成为了近代科学兴起的前提，也是当今许多实证主义空间理论的重要基础。诸如此类研究，均是对空间作最直观、最物质性的发掘，本质上属于人与自然的关系范畴。然而，作为一切社会关系总和的人类，是不会止步于自然科学层面的空间理论的，他们势必还会从人与人、人与社会的角度来界定和考察空间问题。空间理论的殿堂也确实向人文社会科学的探索者们敞开了一扇门，而最先打开这扇门的正是法国马克思主义批判哲学家列斐伏尔（Lefebvre）。1968年爆发的那场法国"五月风暴"促使当时的许多左翼学者进行了各种理论上的转型，这其中具有标杆性意义的事件就是列斐伏尔将其关注的焦点从"日常生活批判"转向了"空间批判"。从这一刻起，作为一种客观的物质存在的空间便映入了列斐伏尔的眼帘，他指出："今日，对生产的分析显示我们已经由空间中事物的生产转向空间本身的生产。"[①] 列斐伏尔意识到，空间当中不仅包含着社会实践，社会实践也能生产出空间，空间本身就是社会关系的重要变量。在这里，列斐伏尔无意中打开了一个"潘多拉魔

---

①　[法] 亨利·列斐伏尔：《空间：社会产物与使用价值》，载包亚明《现代性与空间的生产》，上海教育出版社2003年版，第47页。

盒",此后的几十年间相继涌现出各式各样的社会空间理论,所涉及的学科领域包括哲学、政治学、经济学、社会学、地理学、建筑学等等,空间问题顿时成为了多学科交叉的汇集点,而在整个"空间转向"的过程中,诸如大卫·哈维(David Harvey)、多琳·马西(Doreen Massey)、米歇尔·福柯(Michel Foucault)、爱德华·苏贾(Edward Soja)等学者起到了巨大的推动作用。必须指出的是,"空间转向"的过程并不是风平浪静的,在这期间所形成的各类理论流派之间爆发过激烈的论战与思辨,这个硝烟弥漫的战场上布满了大大小小的"空间陷阱"(space trap)。

一 多琳·马西的空间政治经济学背景

(一)多琳·马西空间政治经济学的理论旨趣

英国马克思主义地理学家多琳·马西(Doreen Massey)的社会空间批判理论在学界有着较大的影响力,特别是近几年,西方理论界开始广泛讨论和总结马西在地理学、政治经济学、女性主义等领域所作出的理论贡献,当然这期间也伴随着不少争论。马西的社会空间批判理论以劳动的空间分工为中心线索,针对现代主义、本质主义、新自由主义、男性至上主义等流派的空间观进行批判与反思,从而形成了一套具有后现代风格的女性主义空间理论,并提出了一种以不断变化的"社会关系"来理解城市与地方的研究方式。在其社会空间理论的建构过程中,她将空间、地方、性别与权力关系结合到一起,形成了全球地方感、权力几何学、基于性别分工的女性主义空间观等颇具影响力的理论观点。

多琳·马西的社会空间批判理论具有浓厚的政治经济学色彩,她的整个空间理论牢牢植根于劳动的空间分工之上。在马西的劳动空间分工理论中,特别重要的几个议题包括:劳动分工的空间形态;劳动的空间分工与不平衡发展的关系;由劳动的空间分工所引发的社会结构的空间分化;社会关系的空间结构失衡与权力几何学。这些议题本身不仅阐明了劳动空间分工理论的基本内涵,也将话题引向了一个理论界经常争论的焦点,即如何界定空间与地方的问题。马西一向坚持的观点表明,空间是社会关系的产物,这种社会关系首先体现在经济关系上,它不应当成为一种形而上的论证模式，而应当从经济领域的角度来打造空间哲学的基础。可以说，劳动分工就是社会关系的空间理论得以形成的重要支点。

空间理论的一个核心议题是：不平等的权力关系及空间正义实现的可能性。不平等的权力关系在空间上表现为社会关系的空间结构失衡，这其实是地理的不平等发展与劳动的空间分工相互作用的结果。这其中既有主体能动性的因素，也有空间结构的制约因素，通过对经济关系与空间结构互动的反复论证，马西有充分的理由宣告当时左翼地理学者的共同心声："地理学很重要！"在社会空间理论的发展中，存在着各种观点和主张，然而其中很多内容与现实生活中的社会空间现象存在很大的偏差，这些有偏差的观点可以概括为历时性与共时性的空间假想，其中的代表性观点包括：现代主义、殖民主义、"罗斯福推论"、拉克劳的空间理论等等。通过对上述这些观点的批判，马西在理论上树立了动态、发展的空间理论，并以此为依据，呼吁人们在面临全球化的融合进程中，应当抱持开放包容的全球地方感。作为一个女性主义者，马西强调了空间所具有的性别属性，她的空间女性主义主要批判了二元对立的性别化空间认知，反思了在工作场所和家庭场所中，男性与女性何者安适其位，何者不得其所的问题。另外，马西针对哈维和苏贾的观点进行了批判反思，指出了现代性空间观中的精英主义和性别视角缺失的问题，强调了空间理论如果缺失了对女性或"他者"的关切，将会是一种跛脚的理论。在以上的分析中彰显出马西独特的空间女性主义的基本立场，并在一定程度上实现了对空间理论的重塑。

当然，马西的空间理论也是存在缺陷的，她所具有的后现代理论分析风格使她倾向于批判元叙事和决定论的立场，在突出强调偶然性与特殊性的过程中忽略了事物发展中必然性因素的存在。她的"折衷主义"立场也曾使得她的某些观点在学界引发广泛的争议，她的某些理论具有很强的特殊性与针对性，不太具有普遍适用性，不过她的理论体系对于西方马克思主义地理学的贡献仍然是受到学界认可的。

（二）人文社会科学界的"空间转向"与理论交锋

通常所说的"空间转向"是指始于20世纪60年代的西方人文社会

科学界研究视角的转变，学者们不再把空间视作一个静止的"容器"或是一个可有可无的背景，而是尝试透过空间维度对以往的政治、经济、文化、历史等问题进行探索，以期获得新的发现，这其中也不乏一些西方马克思主义学者通过空间视角重构马克思主义的尝试。例如大卫·哈维提出的历史—地理唯物主义、恩斯特·拉克劳（Ernesto Laclau）和尚塔尔·墨菲（Chantal Mouffe）提出的多元激进民主政治、多琳·马西的劳动的空间分工与女性主义的马克思主义等。从时间和空间的相互关系看，"空间转向"是对学界在本体论和认识论上长期偏向于时间的一种反抗，即反对"时间优先于空间"的思维模式。特别是在非地理的学科中（如网络技术、经济学、文学、历史学等），其研究过程中通常会忽略空间（地理）问题，而只注重事件发展的时间脉络，或者仅仅将空间（地理）当作一种无关紧要的背景来看待，这就使得空间理论和地理学处于一种比较尴尬的地位，多琳·马西针对这个现象感叹道："'地理'遭到了低估；它被低估为距离；从地方的变化和独特性的角度看，它遭到了低估。空间是一种社会建构——这是事实。但是，社会关系也是在空间中建构的，并且这一点具有重要意义。"① 其实这也是诸多马克思主义地理学家（包括哈维在内）特别注重空间理论建构的重要原因。从政治实践的角度看，"空间转向"具有反本质主义（anti-essentialism）的诉求，强调多元决定论，甚至于像拉克劳和墨菲这样的后马克思主义者也希望以此来颠覆经典马克思主义的历史决定论、经济决定论和阶级分析法。

近几十年形成的西方空间理论，可以说是鱼龙混杂、"乱象丛生"，这其中既有马克思主义的空间观，也有反马克思主义的空间观。当然我们也没有必要以一种对抗性的思维来做尖锐的意识形态斗争，因为这其中的许多争论都是学术层面上的，许多问题都有讨论的余地。在这些纷繁复杂的理论交锋中，马西从马克思主义的基本立场，坚守女性主义的阵地，保卫着她所建构的动态、开放、多元的空间理论体系。换言之，

---

① ［英］多琳·梅西：《空间的诸种新方向》，载［英］德雷克·格利高里、约翰·厄里《社会关系与空间结构》，谢礼圣、吕增奎译，北京师范大学出版社2011年版，第11页。

马西的空间理论体系正是在不断地激辩中才得以建立起来的。例如，（1）在探讨时空关系的问题上，部分结构主义者从静态共时性（synchrony）的角度来看待空间，将空间理解成一种静态的"再现"（representation），这是一种将空间固化为共时性封闭体的研究方法，即所谓的"空间征服时间"。这与上述的"时间征服空间"的理论是两种截然相反的哲学思维。此外，后结构主义者则试图让时间—空间的结构具有一定的动态效果，虽然他们的理论让时间具有了开放性，但空间可以说仍旧是一个封闭的系统，空间依然是一种再现。但是对马西而言，不论是"空间征服时间"还是"时间征服空间"，多是简单的时空二元对立，时空本就是不可分割的，换句话说空间本身就具备了时间性/流动性（有时或许还具有偶然性），空间既是社会关系的产物，又反过来制约并影响着社会关系。（2）在分析全球"时空压缩"的动因时，哈维以经济决定论的方式将一切社会历史的变动归因于资本的积累与扩张，他试图利用资本主义的发展现状将马克思主义的一些基本原理再次呈现出来。可问题在于"时空压缩"以及人们所进行的空间实践不完全是由资本所决定的，马西认为诸如种族和性别这样的因素也能对人们的空间活动产生重要影响。这也是马西反对本质主义，坚持多元决定论的一个具体体现。（3）在与"男性至上主义"斗争的过程中，马西赋予了空间以性别属性，让女性从幕后走到前台，她在这里所要宣扬的不是"女性至上"，而是要建立起一个有女性"在场"的空间，这是在传统的阶级斗争以外的女性权利的斗争，是空间正义的重要组成部分。诸如此类的论争还有不少，在此不一一列举，正是基于马西的这一系列社会批判理论，才能先破后立，重塑马克思主义的空间理论。

（三）多琳·马西的行动轨迹与学术成就

马西喜欢用轨迹（trajectory）一词来形容社会关系的运作和人物的活动，所以在这里姑且将马西一生的活动称作行动轨迹。如果一定要以"成就"来为马西定位的话，那么最准确的说法，我们应该称呼她为女性主义的马克思主义地理学家。多年来，马西致力于探究空间、地方与权力的相互关系，提出了诸如劳动的空间分工（spatial divisions of labor）、全球地方感（a global sense of place）、权力几何学（power geometry）等具有前瞻性的理论，她的学说启发了几代地理学人和人文社会科学的学者，她的实践活动激励了无数左翼人士和工会成员，她坚持以左翼那不言自明的平等观捍卫着空间正义，以动态的社会关系为空间"立法"。

1944年，马西出生于英国曼彻斯特的威森肖（Wythenshawe），从曼彻斯特女子中学毕业后，她获得了牛津大学圣修斯学院（St Hugh's College, Oxford）的奖学金，并在那里第一次接触到了地理学。1968年，她来到英国环境研究中心（Centre for Environmental Studies）工作，从事城市和区位问题的研究。在此期间，她利用假期前往美国宾夕法尼亚大学（University of Pennsylvania）攻读硕士，而真正的转折点就是在这个时期出现的，在众多因果链中，这个事件具有决定性的意义。那时的马西虽然是个激进的社会主义者，但却无法接受马克思主义的观点，从根本上说，是因为她无法接受马克思主义中的本质主义（essentialism）立场，不论是当时热门的青年马克思主义人本观还是政治经济学中的劳动分工理论，都自觉或不自觉地将女性排除在外，或是让女性处于从属地位（这与马克思主义的妇女解放运动是两个不同的问题域），她无法忍受女性"不在场"的状况，但又离不开马克思主义的方法论。

不过，这样的徘徊没有持续太久，马西在修读法国哲学时接触到了阿尔都塞（Althusser）的学说，正是阿尔都塞的哲学彻底改变了马西的生活态度及其对马克思主义的看法。从价值观与哲学观的角度看，马西总是念念不忘阿尔都塞的一句名言，"没有所谓的出发点"（There is No Point of Departure）。这句话给马西以极大的鼓舞，因为它吹响了反本质主义的号角，它表明一切事物都是整个社会结构中的各种因素相互作用的结果，一切都互为因果，没有什么是注定了的。这对马西而言无疑是一次思想解放，使得她更有理由去冲破那些束缚女性发展的不合理的条条框框。从政治观点的角度看，阿尔都塞批判性地分析了斯大林主义和法国共产党的历史，并由此进一步反思了社会结构与意识形态等问题，在这些反思中很自然地出现了女性主义的诉求，这也是马西转向阿尔都塞的一个重要原因。从学术观点的角度看，阿尔都塞并没有被盛极一时的马克思主义的人道主义冲昏头脑，在《保卫马克思》（*For Marx*）一书中，他强调了马克思的著作存在一个"认识论的断裂"，即马克思从幼稚走向成熟，从人道主义走向科学的过程。阿尔都塞坚持成熟的马克思主义，认为马克思主义是科学，是"理论上的反人道主义"。正是阿尔都塞对马克思主义的解读，使得马西确信自己是一个马克思主义者，至少她愿意接受科学的马克思主义及其批判的分析方法。以上三点原因，改变了马西的思想轨迹和行动轨迹，为她注入了阿尔都塞的"哲学血统"，特别是马西在研究社会关系与地理格局时，总是习惯采用一种动态结构性的分析方法，这种将空间关系结构化的做法带有浓厚的阿尔都塞的色彩。我在 2015 年拜访马西时，专门问及其著作《保卫空间》（For Space）的命名方式是否参照过阿尔都塞的《保卫马克思》（For Marx）。马西听到这个问题后，非常感慨，并表示向她提出过这个问题的人真不多，是阿尔都塞让她成为了真正的马克思主义者，她年轻时读到《保卫马克思》及阿尔都塞所赞赏的毛泽东的《矛盾论》时，倍感震撼，并由此改变了她的人生。从这段对话也可以看出，马西的《保卫空间》一书的命名方式应该是在向阿尔都塞致敬。可以说，阿尔都塞和马西虽然没有直接的师承关系，但在某种意义上，他却是马西的"精神导师"。

1979 年，撒切尔政府撤销了英国环境研究中心（尽管如此，他们同撒切尔政府的斗争并没有停止）。此后，马西辗转来到伦敦经济学院（LSE）担任研究员，与此同时，受伦敦前市长肯·利文斯通（Ken Livingstone）之邀，到大伦敦议会（GLC）参与一项有关城市产业发展战略的研究。1982 年，马西被英国开放大学（The Open University）任命为地理学教授，2009 年退休后又被开放大学聘为荣誉教授，其大量的学术著作和实践活动正是在这一时期完成的。在担任开放大学教授期间，马西以一种动态的社会关系模型来重新界定空间与地方，她所构建的学术范式影响了一大批学者和社会活动家，同时也让开放大学在地理学界声名鹊起。1984 年，马西的早期代表作《劳动的空间分工：社会结构与生产地理学》出版，这可以说是她的空间理论的起点，也是其整个理论体系的中心线索。这部著作以空间维度的视角对劳动分工、性别分工、产业结构和地区分布等问题展开论述，强调了空间的不平等对资本主义产业变迁的重要影响，这是一种不同于传统的资本逻辑决定论的分析方式。在其1991年发表的著名论文《全球地方感》中，马西试图调和地方主义与全球化趋势之间的矛盾，尤其是针对像哈维这样的谈地方政治而色变的学者，马西开出了"全球地方感"的"药方"，让地方实体能够在葆有多样性特色的同时拥抱世界。此外，马西比较有代表性的著作还有《保卫空间》和《世界城市》，2005年出版的《保卫空间》是对马西空间理论的一个总结，马西在书中清晰呈现出了一幅空间图景，强调空间是一个具有多维性的相互关系的产物，它并不只是一个简单的平面，而是一个有血有肉的生存环境，这部著作不仅在前人基础上对空间概念进行了新界定，同时也是对"劳动的空间分工"的一种发展。2007年出版的《世界城市》是对"全球地方感"理论的发展，书中详细论述了像伦敦这样的"世界城市"如何影响周边地区的产业发展及其相互关系的问题。2015年，马西与霍尔（Hall）、鲁斯汀（Rustin）共同编辑出版的论文集《基尔本宣言》问世。年逾七旬的马西再次吹响了战斗的号角，这次她要向新自由主义共识（neoliberal consensus）宣战，这体现了资本主义全球化背景下左翼学者批判新自由主义意识形态和政治霸权的立场。

除了上述的学术贡献外，马西也是一位马克思主义的理论践行者。在英国，她曾参与1984—1985年的矿工罢工运动，以抗议撒切尔夫人货币主义的毁灭性影响。对马西而言，这次罢工还有一个更大的价值，那就是促使人们从性别与种族的角度来重新理解阶级问题。此外，马西还积极参与了2011年的"占领伦敦"运动，并在圣保罗大教堂外发表了慷慨激昂的演说，呼吁空间正义与平等。在海外，马西的足迹遍及尼加拉瓜、委内瑞拉和南非，20世纪80年代中期，她来到桑地诺解放阵线（Sandinistas）统治下的尼加拉瓜，开始了为期一年的调研工作，主要研究"桑解阵"革命斗争的经验及其面临的困难。此外，令马西感到比较欣慰的是，委内瑞拉前总统雨果·查韦斯采纳了马西提出的"权力几何学"这一术语，作为委内瑞拉"玻利瓦尔"革命进程的五大驱动力之一，以谋求委内瑞拉的空间正义。

马西所获得的最高学术荣誉当属瓦特林·路德国际地理学奖（Prix

Vautrin Lud），这个奖项堪称地理学界的诺贝尔奖（国内比较熟知的大卫·哈维也是此奖的获得者），评审机构认为，马西长期从事激进地理学的工作，并作出了杰出贡献，她所界定的地理空间具有很强的"社会建构"性，这种动态的空间观很有启发意义，因此马西获此殊荣是实至名归的。有趣的是，在众多荣誉中，她拒绝了英国皇室授予她的大英帝国官佐勋章（Officer，Order of the British Empire），这或许是因为她所追求的政治信念与其不同。

二 关于多琳·马西的空间理论研究述要

（一）国外研究现状

近年来，多琳·马西的空间理论受到了国外学者的广泛关注，有的学者还高度赞扬了她在空间问题研究中所作出的贡献。例如，阿伦·沙尔丹哈（Arun Saldanha）甚至认为马西提出的权力几何学这个概念"对于当代的哲学体系的重要性就相当于马克思、柏格森、黑格尔等人作出的贡献"[①]，足见评价甚高。特别是 2013 年由大卫·费瑟斯通（David Featherstone）和乔·佩因特（Joe Painter）主编的《空间政治：有关多琳·马西的论文集》的出版，更是将学者们对马西空间理论的研究推向高潮。比较知名的学者，如哈维以及后马克思主义的代表人物拉克劳（Laclau）、墨菲（Mouffe）等人都对马西的理论做过研究。在具体的研究中，国外学者的关注点各不相同，他们主要是以马西空间理论的三个维度（劳动的空间分工、权力几何学、全球地方感）为出发点，进而探索了空间哲学、激进民主、地理差异、文化多样性、后殖民主义、女性主义的空间化等问题。

从空间哲学的层面看，如何界定空间是一个首要的问题。哈维曾经在《空间作为一个关键词》一文中界定了三种类别的空间，即：绝对空间（absolute space）、相对空间（relative space）、关系空间（relational space）。而人文地理学及政治经济学视野下的空间主要是围绕关系空间

[①] Arun Saldanha, "Power-Geometry as Philosophy of Space", in David Featherstone and Joe Painter, eds. *Spatial Politics*: *Essays for Doreen Massey*, Hoboken: A John Wiley & Sons, Ltd, 2013, p. 44.

展开的，认识到这一点，是我们探索空间问题的第一步。正如马西在《保卫空间》一书中所说的那样，空间"是由大如寰宇、小如尘埃的事物相互作用构成的"①。这表明空间是相互关系的产物，"关系"在这里指的就是事物间的一种互动关系和实践关系，这样的关系也内在地包含了政治关系和权力关系，基于这样的认识，可以推论出空间不只是距离或平面，空间与发生在空间之中的事件、轨迹（马西有时称其为"故事"）是密不可分的，它们是共同构建的关系。对此，墨菲在其《空间，霸权和激进的批判》一文中评价道："多琳·马西的作品对于我思考政治很重要，因为她真的让我意识到空间维度在政治上的重要性，这些东西我以前没有意识到。这对我思考民主政治有重要意义。"② 墨菲进一步指出，一方面，马西强调了空间的多元维度，一直坚持认为空间和多样性是共同建构的。空间提出一个问题：我们是如何生活到一起的。这是一个关键问题，对民主政治而言也很重要。另一方面，空间是相互关系和实践的产物，我们需要承认共同建构之间的相互关联性，这也就是通常所说的空间性。可以说，马西对空间的界定，对于墨菲的激进政治学具有一定的启发意义。从这个角度看，拉克劳曾论证过空间与政治的相互关系，并且在这个问题上，马西和拉克劳还有交锋。拉克劳认为空间和政治属于"二律背反"的关系，亦即空间和政治是同时存在的，但相互之间却呈现出一种相互排斥、此消彼长的矛盾关系。拉克劳甚至提出："当空间在我们面前'逃遁'时，政治学才能存在下去。"③ 换句话说，当我们在研究政治学的问题时，不需要考虑空间的问题，甚至是要有意避开这个问题。这与马西的观点大相径庭，针对这个观点，马西在她的论文《政治学与空间/时间》中继续强调了空间、时间、政治相互间的共生性，指出空间性是历史发展的产物中不可或缺

---

① Doreen Massey, *For Space*, London: SAGE Publications Ltd, 2005, p. 9.

② Chantal Mouffe, "Introduction: 'Space, Hegemony and Radical Critique': The Many Trajectories of Doreen Massey", in David Featherstone and Joe Painter, eds. *Spatial Politics*: *Essays for Doreen Massey*, Hoboken: A John Wiley & Sons, Ltd, 2013, p. 22.

③ David Featherstone and Joe Painter, "Introduction: 'There is No Point of Departure': The Many Trajectories of Doreen Massey", in David Featherstone and Joe Painter, eds. *Spatial Politics*: *Essays for Doreen Massey*, Hoboken: A John Wiley & Sons, Ltd, 2013, p. 3.

的一部分，空间性之于政治学，正如时间性之于地理学，二者都是不可分割的。可以说这篇论文是对政治学时空结构的重要阐述。

有关不平等的地理再生产问题，是西方马克思主义学者最为关注的焦点之一，这方面的讨论一直持续到今天。马西的《劳动的空间分工：社会结构与生产地理学》一书从马克思主义政治经济学的角度深入剖析了当代资本主义空间生产不平衡的问题。沙尔丹哈认为，马克思总是过分强调资本流动性而非劳动力，合理性超越感性，革命超越了改良，《劳动的空间分工》这本书在原创性上作出了很大的贡献。马西探索了由于阶级、性别和种族的差异导致的劳动人口在空间上的限制。结合了地质学关于空间效应的这一概念，对于发展马克思主义的全球化理论具有重大意义。然而，在哈维看来，马西在这本书中过于关注偶然性和独特性的问题，他指出："所有的理论都在大量偶然的劳资关系间恰当地消失了。"[1] 某种程度上说，这些争论体现了在政治经济地理学的分析中对术语的广泛争议。马西的这部著作可谓一石激起千层浪，对传统的政治经济地理学形成了挑战。正如格雷厄姆（Graham）所评价的那样，"《劳动的空间分工》对左派地理学的资本集中是一个预想的挑战"[2]。在20世纪90年代和21世纪初，马西所引发的挑战成为了论战的焦点。杰米·派克（Jamie Peck）也指出，马西寻求打开"一种不同政治的可能性"，在那里"潜在的新的地形政治一直在建构之中"[3]。而费瑟斯通和佩因特则认为，马西所热切关注的是居住在区域划分和连接中的人们，阶级不平等是理解她的社会和经济地理学的核心。就像杰米·佩克指出的那样，《劳动的空间分工》早期的贡献为劳动地理学奠定了基础。此外，佩克还认为最近对于"资本主义"劳动地理学项目的评估

---

[1] David Featherstone and Joe Painter, "Introduction: 'There is No Point of Departure': The Many Trajectories of Doreen Massey", in David Featherstone and Joe Painter, eds. *Spatial Politics: Essays for Doreen Massey*, Hoboken: A John Wiley & Sons, Ltd, 2013, p. 9.

[2] David Featherstone and Joe Painter, "Introduction: 'There is No Point of Departure': The Many Trajectories of Doreen Massey", in David Featherstone and Joe Painter, eds. *Spatial Politics: Essays for Doreen Massey*, Hoboken: A John Wiley & Sons, Ltd, 2013, p. 9.

[3] David Featherstone and Joe Painter, "Introduction: 'There is No Point of Departure': The Many Trajectories of Doreen Massey", in David Featherstone and Joe Painter, eds. *Spatial Politics: Essays for Doreen Massey*, Hoboken: A John Wiley & Sons, Ltd, 2013, p. 9.

将会从这部著作中受益。

费瑟斯通等人指出,马西致力于改造空间的做法带有浓厚的阿尔都塞的色彩。她通过阿尔都塞走到了马克思主义面前,这使得她的轨迹与众不同。列斐伏尔和哈维将马克思主义地理学从传统的马克思主义中建构出来,这个过程对马西产生了一定的影响。就像沙尔丹哈认为的那样,马西从阿尔都塞的马克思主义那里获得了一种"对于社会形态开放的暂时性和这些结构交织形成的多重关系的赞赏之情"。这可以让我们着眼于"实现一种新的关系",这种新的关系是通过那些此前相互分离或是无关的轨迹汇集到一起后形成的。墨菲曾经让马西尝试用"全球化的权力结构"来批判哈特和奈格里的"光滑空间"概念,以便分析全球政治活动的形成。从这个角度出发,马西以《全球地方感》一文重新界定了地方,这是马西最有影响力的论文之一,正如马西在文中所言:"没有对大半个世界的认识和对大英帝国历史的了解,就不能读懂位于伦敦市西北部的基尔本区。"[①] 这句话明确展现出了一种独特的地方感。里奥·艾斯贝特(Rogério Haesbaert)对全球地方感这个概念进行了深入的研究,指出"在英语中'地方'一词的意义通常与拉丁语中'领土'一词相关(territorio, território, territoire),这导致了翻译的混乱,因为英语术语中'领土'带有很强的边界感,而在葡萄牙语、西班牙语、法语和意大利语中,这个词所具有的边界性的含义并没有那么强"。艾斯贝特提出领土的概念,正如马西的地方概念一样,是过程的、可渗透的以及天生具有多种特性的。

马西对空间权力的不均衡分布有过精辟的论述,并提出了权力几何学的概念。前面已经提到,沙尔丹哈对这个概念有过极高的评价。权力几何学这一概念的内涵丰富,它经常会出现在复杂社会的各个共同边界(地区或国家)中,也会出现在不同的人种之间,具体来说,马西提出的权力几何学解释了不同类型的人口是怎样流动和相互作用,一直到如何形成现今全球化的资本主义的。墨菲则指出:"她的'权力几何空

[①] David Featherstone and Joe Painter, "Introduction: 'There is No Point of Departure': The Many Trajectories of Doreen Massey", in David Featherstone and Joe Painter, eds. *Spatial Politics*: *Essays for Doreen Massey*, Hoboken: A John Wiley & Sons, Ltd, 2013, p. 10.

间'概念突出强调了权力在空间化的社会实践中扮演了一个中心的角色（Massey，1993a）。她认为我们需要一个地方政治，可以超越地方范围思考，并且承认地方是全球制造和全球局部制造的地方（Massey，1991b，2007）。这有助于我们把握政治上空间维度的重要性，并且设想地方政治的目标在于既保护又挑战地方的性质。"① 和那些只思考全球化的作用，而不理会地方的和局部的附属物的观点相反，马西的方法使人们能够仔细观察地方在权力几何空间构造中的作用，从而给墨菲提出的政治参与开辟出新的道路，改变了由哈特、奈格里和维尔诺等人提倡的"出走"和"遗弃战略"。当然，权力几何学的提出也遭遇了来自哲学上的挑战，沙尔丹哈在其《作为空间哲学的权力几何学》一文中就指出，"权力几何学的主要对手还有人文地理中的现象学。海德格尔关于真实性这一著名的概念就受限于空间以及对技术的不信赖。在马西对于权力几何学的认识中，任何一个处所都可以代替移居的影响。在一个循环网络中，都有一个对立面……马西的后结构主义空间本体论通过指出柏格森派（Bergsonian）关于空间的逻辑缺陷，来反驳他们的传统观点。然而柏格森（Bergson）并未完全赞同她的创新之举"②。在马西的《保卫空间》和《世界城市》中，对于权力几何学、地方与政治的问题也有很清晰的阐述，简威尔斯在其《地方与政治》一文中指出，"多琳·马西强调是社会的、政治的和经济的关系创造了地方，她探讨的正是我所称之为的'地方的政治'。我的意思是不平等的权力关系构建了我们这个世界、世界中的各个地方以及生活于其中的人们"③。这样来看，由地理而通晓政治就是要向外探索人和地方的关系建构，以此来包容"地方超越地方"的政治。

---

① Chantal Mouffe, "Space, Hegemony and Radical Critique", in David Featherstone and Joe Painter, eds. *Spatial Politics*: *Essays for Doreen Massey*, Hoboken: A John Wiley & Sons, Ltd, 2013, p. 25.

② Arun Saldanha, "Power-Geometry as Philosophy of Space", in David Featherstone and Joe Painter, eds. *Spatial Politics*: *Essays for Doreen Massey*, Hoboken: A John Wiley & Sons, Ltd, 2013, p. 49.

③ Jane Wills, "Place and Politics", in David Featherstone and Joe Painter, eds. *Spatial Politics*: *Essays for Doreen Massey*, Hoboken: A John Wiley & Sons, Ltd, 2013. p. 140.

一直以来，马西都以一位女性主义空间理论家而闻名，她也曾指导过具体的女权主义运动，参与过一些妇女机构。哈考特就描述过马西是如何支持她们不要把空间和时间对立起来，不要把地方和当地的看成是推动性别关系进步的必要因素。埃斯科巴则指出，"马西的地方女权主义政治学表明，不回避政治经济学就有可能找到更深远的意义和人们实施斗争的希望"。他从马西的研究中总结了三个主要教训：其一，在更广泛的网络关系中必须考虑到地方；其二，地方是谈判和转换的地点；其三，对于地方的相关理解"不可避免地呼吁政治的责任"。[①] 罗切里奥的"植根网络"概念旨在捕捉一些概念。她的女权主义政治经济学研究强调生物物理学的维度在地方形成和转化的关系连接中的重要性。总之，马西所从事的女性主义空间化研究，在当前父权主义语境下的空间理论流派中具有很强的批判性，可谓独树一帜。

（二）国内研究现状

近年来，空间政治学引起了西方政治学者，尤其是左翼地理学人的广泛关注，理论界针对这个问题也展开了深入讨论，比较有名的学者如亨利·列斐伏尔、大卫·哈维、爱德华·苏贾等人，他们的理论在我国得到了较高的评价。但多琳·马西的空间政治理论却一直没有受到国内学界应有的重视，而且与哈维等著名空间学者不同，马西以一种全新的空间视角批判资本主义社会，这种独特性体现在她用开放与动态的视野来看待城市主义和地方感，并且实现了对女性主义的空间化分析，在理论界可谓独树一帜。

马西著作的中译本在国内还不算太多，目前已经翻译出来的有北京师范大学出版社出版的《劳动的空间分工：社会结构与生产地理学》，江苏教育出版社出版的《保卫空间》，此外马西在各个时期的论文也逐渐被翻译出来，例如《社会关系与空间结构》一书中有一篇马西的《空间的诸种新方向》；由群学出版有限公司出版，王志弘等翻译的《地方：记忆、想象与认同》一书中，就有台湾译本的《全球地方感》。

---

① Wendy Harcourt, Alice Brooke Wilson, Arturo Escobar and Dianne Rocheleau, "A Massey Muse", in David Featherstone and Joe Painter, eds. *Spatial Politics*: *Essays for Doreen Massey*, Hoboken: A John Wiley & Sons, Ltd, 2013. pp. 168 – 169.

另外,《空间、地方与性别》的中译本展示了马西在不同时期的论文及思想,对于研究马西的空间理论具有十分重要的意义。

目前,国内学者对马西空间理论的研究不多,多数时候只是引用马西的只言片语,或是借用某个观点来分析现实问题。例如中山大学的钱俊希、爱丁堡大学的朱竑等人在 2011 年第 6 期的《人文地理杂志》上发表了一篇名为《"全球的地方感"理论述评与广州案例解读》的论文,运用马西的"全球地方感"理论来评述广州的地方保护主义。又如,张也在 2015 年第 3 期的《国外理论动态》上发表了《空间、性别和正义:对话多琳·马西》一文,记载了作者对马西的一次专访,主要探讨了马西的劳动的空间分工、全球地方感等问题。

总之,马西经过几十年的理论研究和实践探索,以其独特的空间哲学为理论基石,构建起了一个包括"劳动的空间分工""权力几何学""全球地方感""空间女性主义"在内的空间政治学理论,在马克思主义空间理论中占有一席之地,值得国内学界关注与研究。

三 理论研究焦点

本书从马克思主义地理学家多琳·马西的社会空间批判理论出发,以劳动的空间分工为中心线索,针对现代主义、本质主义、新自由主义、男性至上主义等派别的空间观进行批判与反思,从而重建一套更能适应全球化趋势的马克思主义空间理论,同时运用马西所建立的"社会关系"研究范式来理解城市与地方,进而形成动态的、开放的、联系的,并且是具有性别视角的场所精神。

第一章所探求的主旨问题是劳动的空间分工何以可能。有关劳动分工的问题是整个政治经济学理论的起点,也是构建社会空间理论的重要根基。本章就是要扎牢空间理论的根基,考察清楚劳动的空间分工理论的根源和脉络,并在此过程中呈现出分工理论发展的三大逻辑,即:生产逻辑、资本逻辑、空间逻辑。这三大逻辑层层递进,分工的生产逻辑是起点;分工的资本逻辑是资本主义社会进入工业革命时代后,由马克思主义政治经济学发展出来的理论视角;分工的空间逻辑则是资本逻辑在世界市场的一种延续,特别是伴随着全球时空压缩的加剧,劳动分工的空间形态,以及空间结构对分工呈现的反作用是非常值得考察的现象。马克思、恩格斯原本打算在他们的政治经济学理论中进一步考察资本主义世界市场、国际贸易的问题,以及"时间消灭空间"可能的演变方式。但遗憾的是,在他们的有生之年没能看到这些问题全面展开后的面貌。一百年后,马西沿着恩格斯的足迹继续探查英国产业区位经济发展等问题,提出了劳动的空间分工理论。加之60年代的"空间转向"运动,空间理论与政治经济学相结合,最终确立了劳动分工的空间逻辑。

第二章沿着劳动分工的空间逻辑继续探索。马西的一个得天独厚的优势在于,她和恩格斯的经济考察对象都是英国产业区,而她的考察正好就是经典马克思主义政治经济学在百年后的延续,某种程度上算是一种"跟踪调查"。本章开篇就是围绕恩格斯与马西对英国传统产业区的不同考察而展开的,在对英国各产业区的考察中,马西逐步形成了劳动的空间分工理论。这个理论关注的焦点在于:第一,劳动分工的空间形态;第二,劳动的空间分工与不平衡发展的相互关系;第三,由劳动的空间分工所引发的社会结构的空间分化;第四,社会关系的空间结构失衡与权力几何学。总之,本章的目标就是要清晰呈现出劳动的空间分工理论的基本脉络,并将焦点引向具有政治经济学色彩的社会空间理论建构。

第三章延续了第二章的一个结论式的话题,即:地理的不平等发展与劳动的空间分工相互作用,导致了社会关系的空间结构失衡。空间中的不平等的权力关系及空间正义的可能性是马西关注的焦点,也是马克思主义人文地理学的核心议题。当然在讨论这个议题之前,必须确立社会性与空间性不可割裂的相互关系,必须与"空间科学"的概念区分开来,否则空间在社会关系中所扮演的重要角色就无法彰显出来,本章的开篇就是在确立这样的前提。在社会空间理论中,存在着各种观点和主张,然而其中很多内容与现实生活中的社会空间现象存在很大的偏差,这些有偏差的观点可以概括为历时性与共时性的空间假象,其中的代表性观点包括:现代主义、殖民主义、"罗斯福推论"、拉克劳的空间理论等等。通过对上述这些观点的批判,从理论上树立了动态、发展的空间理论。本章的最后一个大的议题,就是要将上述动态发展的空间理论引向更为具体的地方关系,在界定了空间与地方的基本概念与联系后，挖掘地方的社会关系性与变动性，从而树立一种具有全球地方感的场所精神。

第四章从劳动的性别分工入手，探讨了性别分工与性别关系、性别分工及其空间结构的问题，并在此基础上阐述了马西的空间女性主义。具体而言包括三个方面的内容：首先，批判了现代性空间观中的精英主义和性别视角缺失，主要针对哈维和苏贾的观点进行了批判反思，强调了空间理论如果缺失了对女性或"他者"的关切，将会是一种跛脚的理论。其次，批判了二元对立的性别化空间认知，特别是在劳动分工领域，要打破固有的性别歧视与偏见，女性主义并不是要求女权至上，而是呼吁男女平等。在家庭领域，则要打破一些学者将地方等同于家园的做法，因为这其中不仅包含了地方的动态或静态之辨，还涉及女性在家庭中到底是安适其位还是不得其所的问题。最后，分析了劳动的空间分工的性别面向，强调女性主义与马克思主义的结合并不是牵强附会，而是马克思主义的内在要求。马克思主义经典作家具有鲜明的性别分析视角，而且在这个问题上，马西的研究又一次体现出了对恩格斯的延续，从马克思主义的立场出发，进一步分析了劳动的性别分工与性别关系的变化、劳动的性别分工及其空间结构等问题。在以上的分析中彰显出空间女性主义的基本立场。

第五章围绕空间政治经济学的研究范式展开分析和批判。从理论上集中分析了有关空间特性的争论，论述了时间与空间的辩证关系，展现出了具有结构主义特征的多元性空间理论视野。在这一视野下所形成的社会空间理论，主要聚焦于劳动分工、关系空间、空间的动态开放性、全球地方感、空间女性主义等问题的探讨。而这其中的所有问题都可以追溯到劳动分工的问题，由此可以清晰地看到以下几组对应关系：劳动分工及其空间结构、劳动分工下的社会关系与空间的塑造、劳动分工与地方的演变、劳动分工与性别关系。这种由劳动分工生发出来的理论枝干体系，显现出了鲜明的政治经济学色彩。但是由于马西的"折衷主义"倾向和后现代的价值旨归，其理论建构又存在着不确定性、变动性、解构性、反本质主义的特质，这是我们在理论研究过程中必须加以甄别和批判的。

第一章　劳动分工理论的演进：研究视角与逻辑的转变

　　虽然我们无法获悉在人类历史上是谁第一次尝试以分工的形式进行劳动，但我们可以肯定的是，分工作为一种自发行为普遍存在于悠久的人类文明当中。不仅如此，分工还是我们解开诸多社会现实问题的一把钥匙，亚当·斯密甚至将分工问题作为其庞大的政治经济学理论的重要起点，并以此引申出交换、货币、商品价格、利润、市场、政府等问题。马克思则进一步延续了斯密经济学所涉及的议题，尤其是将传统的政治经济学置于特定的资本主义社会形态之中，对于包括分工理论在内的许多问题进行了更为深刻的阐发，并赋予了政治经济学以哲学和革命的双重动力。到了20世纪下半叶，伴随着西方人文社会科学的"空间转向"，许多传统议题都纷纷浸染上了"地理学"的色彩，政治经济学也不例外。这些变迁所带来的便是人们对劳动分工理论研究视角和逻辑的转变。迄今为止，这样的转变经历了三个阶段，分别是：自然法理学基础上的生产逻辑、资本主义社会形态下的资本逻辑、"时空压缩"背景下的空间逻辑。这三种逻辑是一种递进关系，也是一种相互包含的关系，生产逻辑是后两者的基础，资本逻辑在一定程度上又支配着空间逻辑，三者同时作用于今天的现实世界。

　　可以说，劳动分工不仅是政治经济学的起点，同时也是空间理论的起点，更是重建整个空间理论的中心线索。

第一节 资本主义早期的劳动分工理论

一 源于"自然秩序"的劳动分工

人类的劳动分工具有很强的先天自发性,这种近乎本能的行为在许多群居性动物中都能见到,如蜂群内部的分工、狼群捕猎时的分工等莫不如是。甚至可以说,分工行为是大自然赋予群居性动物的一项生存技能,并不需要多么高的智识和理性。只是由于人类劳动实践的发展,促使分工的形式更加多样化,所造成的影响也更加复杂。这种先天而成的"自然秩序"支配着人类社会的发展,构成了人类文明前进的原生动力,如果仔细考察各种纷繁复杂的社会现象和生产关系的话,就能够发现人类的本性和不可克服的客观规律所发挥的重要作用。劳动分工的起源就是对这种"自然秩序"最好的诠释。柏拉图笔下的苏格拉底在同人们讨论城邦的起源时,一开始探讨的便是劳动分工(斯密将分工作为探讨整个政治经济学的起点并不是一种偶然,其在很大程度上受到了柏拉图的启发),因为从分工入手最具原生性。为了满足人类衣食住的基本需求,柏拉图借苏格拉底之口指出,一个城邦至少需要四五个人组成:农民、瓦匠、纺织匠、鞋匠。但是光有这些职业是不够的,还必须确保他们各司其职,确保他们的劳动产品不仅能满足自身需要,还要能满足他人的需要。在这里,苏格拉底以反问的方式提出:"虽然农民只有一个,但他是否应该提供给所有四个人食物呢?我们是否应该花四倍的时间和四倍的辛劳来供应食物与其他人共享呢?还是不考虑别人而只花四分之一的时间为自己生产四分之一量的食物,把其他四分之三的时间用来为自己造房子、做衣服、做鞋,各管各的事,与人无涉?"[①] 答案是不言而喻的,为了让人们都能生活下去,劳动专业化变得十分必要。当人们只专注于一项工作时,可以有效提高生产效率和产品质量,分工是社会发展的必然选择,苏格拉底在讨论城邦起源时从分工入手,

---

① [古希腊]柏拉图:《理想国》,庞燨春译,江西教育出版社2014年版,第55页。

进而探讨了各种职业的兴起,包括商人、厨师、酿酒师、理发师、职业军人的陆续出现,莫不是始于劳动分工的,而分工的原始依据则是个人的禀赋差异。

色诺芬(Xenophon)从分工所带来的便利论证了其存在的必要性,他选择以波斯国王餐桌上的美味佳肴来加以说明:"如果一个人去烧水,一个人去烤肉,一个人去煮鱼,而烤鱼可以让另外一个人去做,然后再有一个人去烤面包……我认为,以这样一种方式,各项工作显然就可以做得更为完美。如此安排分工,居鲁士提供的美味佳肴远胜他人。"[1] 除了厨艺分工外,色诺芬在《经济论》中还谈论了家庭内部的分工问题,并将其本质归结为性别分工,例如认为主持家务是妇女的天职等观点,与柏拉图所说的先天禀赋差异决定分工的观点相类似,均属遵循"自然秩序"的分工理论。除此以外,他还考察了大城镇与小城镇之间不同的分工状况及市场规模等问题,这部分内容将会在后文中进行讨论。

值得一提的是,前面说到柏拉图强调分工的原始依据是个人禀赋的不同,他在《理想国》中就指出:"在最初的状况下,不同的人本来就适合不同的工作,因为人与人并不是非常的相似,而是本性上有很大的差别。"[2] 这句话的意图非常明确,即人们之所以选择不同的工作,是由个人资质决定的。然而后世的亚当·斯密并不认同这样的观点,在斯密看来,先天禀赋同人们所从事的行业固然有一定的联系,但"人们天赋才能的差异,实际上并不像我们所感觉的那么大。人们壮年时在不同职业上表现出的极不相同的才能,在多数场合,与其说是分工的原因,倒不如说是分工的结果"[3]。很明显,斯密在探索分工的起源问题时找到了另外的答案,那就是人与人之间相互交换的诉求。因为斯密认为人与人之间的先天禀赋和生理功能的差别,相较猛犬与尖嘴猎犬的差别要小得多。而人与动物最大的区别就在于人类能够相互合作、互通有

---

[1] [古希腊]色诺芬:《居鲁士的教育》,沈默译,华夏出版社2007年版,第421页。
[2] [古希腊]柏拉图:《理想国》,庞燨春译,江西教育出版社2014年版,第56页。
[3] [英]亚当·斯密:《国富论》上册,郭大力、王亚南译,商务印书馆2014年版,第13页。

无，反观犬类则会发现"猛犬的强力，绝不能辅以猎狗的敏速，辅以长耳狗的智巧，或辅以牧畜家犬的柔顺"①。它们无法将不同的资质整合起来，基本上属于各自分立的局面。所以说，正是因为人类有相互交换、互通有无的能力和诉求，才最终促使了分工的发展。为了说明这个问题，斯密以游牧民族的分工状况加以例证：善于制作弓矢的人常用自己制成的弓矢去换取别人打来的猎物，久而久之他发现交换得来的猎物比他自己猎取的还多，为了使利益最大化，此人便成了武器制造者。这大概就是原始意义上的职业分工，从中体现出由交换到分工的因果关系。总的来看，虽然斯密和柏拉图的观点不尽相同，但二者对于分工起源的解释都存在于"自然秩序"的范畴之中，源自人们的天性与本能。

斯密认为劳动分工起源于人们互通有无、物物交换的倾向，但他并非第一个讨论交换问题的人，亚里士多德就曾对交换问题展开过比较细致的历史考证。他在《政治学》中区分了两种不同的获取财富的方式。一种是"自然的"方式，主要指的是为满足其家庭成员需要所进行的畜牧、农耕、掠夺、捕鱼、狩猎活动，这些生产活动所获取的财富是有限的，其限度就是家庭成员的需求量。另一种是"非自然的致富术"，它是伴随着物物交换而产生的，并且随着交换范围的扩大，进一步催生出货币这种一般等价物，这种致富术的特点就是将财富等同于一定数量的货币，因而人们追求的就不只是满足生活需求的物资，而是无尽的货币，这种致富术的追求是无止境的。在这里，亚里士多德区分的其实就是自然经济与商品经济的差别，二者的区别本质上就在于交换的程度不同。自然经济条件下的交换尚处于初级阶段，类似于酒和谷物之间的简单交换。但随着交换范围的扩大，"当人们的生活需要更依赖外国时，当人们开始进口他们缺少的东西，出口他们多余之物时，钱币的使用就不可避免地发生了"②。交换规模的扩大导致了货币的产生，进而使人们的财富占有观由占有物质本身转向了占有货币，这样一来就实现了由自然经济向商品经济的转变，经济学所探究的货币、市场、利润等问题

---

① ［英］亚当·斯密：《国富论》上册，郭大力、王亚南译，商务印书馆2014年版，第14页。
② ［古希腊］亚里士多德：《政治学》，高书文译，江西教育出版社2014年版，第24页。

就是在这个节点上逐步生发出来的。从这一点看，亚里士多德对交换问题的探索无疑是伟大的，他不仅直接启发了斯密以交换和分工作为经济学研究的起点，他的研究思路甚至启发了马克思，包括马克思在《资本论》中讨论的商品的价值和使用价值、资本不断追逐剩余价值等问题，在亚里士多德这里都能找到相应的理论雏形。

亚当·弗格森（Adam Ferguson）曾指出："人类的社会制度和每一种动物的社会制度一样，都受到大自然的启发，是本性的产物。"[①] 这句话正是对"自然秩序"最好的诠释，劳动分工源自于这样的秩序，私有财产则是人类自然权利的重要组成部分，上述这个观点在启蒙运动时期便臻于成熟，并成为了资本主义社会的主导思想。自然权利的概念经由启蒙思想家格劳秀斯、普芬道夫、洛克等人的发展，形成了一套完善的自然法理学体系，这也为斯密的《国富论》奠定了坚实的哲学基础，使得分工作为探讨政治经济学的起点成为可能。

二 劳动分工的效用与影响

劳动分工的效用问题是一个有着几千年历史的古老话题，在西方世界，针对这一话题的讨论从古希腊时期一直延续到今天都未曾停止过。特别是在17—19世纪的300年间，劳动分工问题伴随着政治经济学的发展，得到了更为明确和系统的阐发。在很多人看来，亚当·斯密似乎是研究分工问题的开山鼻祖，但事实上在斯密以前，就有不少经济学家敏锐地分析了劳动分工的效用，有的观点甚至成为了斯密的灵感来源。这其中就有大名鼎鼎的威廉·配第（William Petty），马克思将其誉为英国古典"政治经济学之父"。配第曾引用布料生产和航海业的例子来阐述劳动专业化的重要意义。这当然也得益于配第有着布商的家庭背景以及做过商船水手的经历。在配第看来，劳动分工必然会导致劳动专业化程度的不断提高，而专业化则意味着成本的降低。例如在织布业中进行垂直分工，将生产的各个环节分配给不同的工人来完成，其成本一定比

---

① ［英］亚当·弗格森：《文明社会史论》，林本椿、王绍祥译，浙江大学出版社2010年版，第204页。

单个工人负责所有工序所投入的成本要低，这是显而易见的。此外，配第在分析荷兰的航运与造船业时也发现了其降低成本的秘密所在，他指出："垄断航海业的人，可以建造细长的船只，以载运桅樯、枞木、木板、梁木等物品，同时也可以建造短身的船只，以载运铅、铁、石块等物品……捕鱼时用一种船，贸易时又用另一种船；在同外国作战时用一种船，而在单纯运输货物时，又用另一种船……我认为上述各点是荷兰人所以能够以低于其邻国人的运费进行贸易的许多原因中的主要原因。也就是说荷兰人能够适应各种特定业务的需要，使用特定种类的船只。"① 配第认为，荷兰人的航运价格之所以比较低廉，主要是因为其较高的劳动专业化水平。在这里，劳动分工的精细化水平越高，其成本就越低，而且更能适应市场的需要。特别值得指出的是，有关市场与分工的相互关系，往后在斯密那里将会得到更为透彻的探讨，而配第在他的时代对该问题的重要性已经有了初步的认识。

从经济效益的角度看，劳动分工的最直接效用就是成本的降低，配第对这个问题已经有了清晰的认识，而亨利·马丁（Henry Martyn）则进一步从机器专业化这个方面来阐述降低人力成本的问题。在《关于东印度贸易的一些思考》一文中，他详细考察了东印度公司的生产活动与英国本土工厂的生产活动，发现前者的工人劳动量要少于后者，并且其产品价格也比后者要便宜。究其原因就是劳动的专业化，或者更具体地说是工艺的进步和动力机械的发明。正是由于这些技术上的发明，让较少的工人能够完成更大量的生产，从而降低了人力成本和产品价格。这也是东印度公司占领市场的一个主要因素。马丁这一思想的进步意义在于，他开始触及机器大生产的问题，他在工场手工业的生产逻辑下逐步感知到了新时代的特征，在往后200年间，随着标准化的大机器生产模式的形成，劳动分工理论也将从传统的生产逻辑向资本逻辑飞跃。

有趣的是，与配第类似，伯纳德·曼德维尔（Bernard Mandeville）同样是用织布业和造船业的例子来阐述劳动分工的效用问题。曼德维尔

---

① [英] 威廉·配第：《政治算术》，陈冬野译，商务印书馆1978年版，第24—25页。

认为,"能力平平的人们"之所以能够获得伟大的成就,创造出非凡的作品,靠的就是相互之间的协作与分工,在这里,他赋予了劳动分工以产生奇迹的力量。他在《蜜蜂的寓言》一书中以非常生动的语言描述了分工协作的重要性:"英国有许多造船能手的作业队,若有了合适的材料,用不了半年时间,便能够制造装配出一艘头等战舰并使之出海。但有一点却无可置疑,那就是:倘若不把造船业一步步地划分成更多种不同的劳动作业,那就无法完成造船的任务;同样,那些劳动作业只需要能力平常的工人去完成,这也是确定无疑的。"① 在这里,曼德维尔除了强调分工能创造"奇迹"以外,更希望借此以一种演化的视角来看待劳动分工与生产技艺的发展,也就是以分工为起点,历经一代又一代人的努力,不断提升各项生产技能,从而达到较高的工艺水准。值得一提的是,曼德维尔不仅向我们展现了劳动分工的重要性,更将这种分工放在全球背景下来考量,为今后的国际贸易理论的发展提供了一定的理论素材,同时也为现代读者展现出了近六百年的全球"时空压缩"进程在18世纪的一个阶段性的特征:"在世界的一些地方,需要多少忙碌、多少行业的能工巧匠才能做出一块上好的大红或深红的布料!……的确,明矾乃是我国的出产;我们还可以从莱茵进口粗酒石,从匈牙利进口硫酸盐;这一切均来自欧洲。但是,要得到大量的硝石,我们便不得不远到东印度群岛去。"② 总之,劳动分工的效用还不仅限于成本问题,它还能促使劳动者发挥各自的比较优势,实现个体所无法完成的宏大的目标,将一个个平庸的力量汇聚起来,从而创造奇迹。

前斯密时代的经济学家们对西方政治经济学理论的奠定,无疑有着重要的贡献,而亚当·斯密则是这些经济学思想的集大成者,虽然西方学者对《国富论》的原创性有所质疑,但不可否认,他是较早系统而全面地阐述劳动分工、商品交换、市场原则等问题的经济学家,其著述对后世的影响是深远的。尤其是他对劳动分工问题所形成的论点,成为

---

① [荷]伯纳德·曼德维尔:《蜜蜂的寓言》,肖聿译,中国社会科学出版社2002年版,第340—341页。
② [荷]伯纳德·曼德维尔:《蜜蜂的寓言》,肖聿译,中国社会科学出版社2002年版,第225—226页。

了马克思主义政治经济学理论研究的起点。斯密在其《国富论》开篇第一句话便写道:"劳动生产力上最大的增进,以及运用劳动时所表现的更大的熟练、技巧和判断力,似乎都是分工的结果。"① 这句话不仅标示出了整个政治经济学理论最原初的问题,也为劳动分工的意义定下了基调。很显然,斯密的研究是建立在前人基础之上的,在他之前已经有像配第、马丁、曼德维尔这样的学者指出,分工的意义在于提高劳动专业化水平,从而降低成本。而斯密则试图更加全面地分析这个问题,并且用自然法理学的逻辑建立起一个庞大的经济学体系。为了形象说明分工的效用,斯密借用了扣针制造业的例子,一枚扣针的制造被划分为大约十八道工序,每个工人只需负责其中一两道工序即可,这样就极大地减轻了他们的劳动负担,也提高了劳动生产率。一个小型扣针制造厂虽然只有十名工人,但由于劳动分工的缘故,他们每天可以制针四万八千枚以上,平均每人制针四千八百枚。如果让一个工人独自完成这十八道工序的生产,"那么,他们不论是谁,绝对不能一日制造二十枚针,说不定一天连一枚针也制造不出来"②。

斯密在这里传达了一个再明确不过的信息,那就是劳动分工提高了劳动生产率,这似乎与前人的观点没什么两样。当然,他紧接着就开始考察分工促进产量提升的原因是什么,在这里,他提出了三个因素:"第一,劳动者的技巧因业专而日进;第二,由一种工作转到另一种工作,通常须损失不少时间,有了分工,就可以免除这种损失;第三,许多简化劳动和缩减劳动的机械的发明,使一个人能够做许多人的工作。"③ 这三个方面的阐述也成为了日后马克思研究分工理论的重要素材,此处先按下不表。第一个因素强调分工能使劳动者专注于某个方面的操作,从而提升其专业性,当然这其中也暗含着弊端,工人的自身发展会越发地片面化。第二个因素则是强调分工缩减了不同劳动之间的切

---

① [英]亚当·斯密:《国富论》上册,郭大力、王亚南译,商务印书馆2014年版,第3页。
② [英]亚当·斯密:《国富论》上册,郭大力、王亚南译,商务印书馆2014年版,第4页。
③ [英]亚当·斯密:《国富论》上册,郭大力、王亚南译,商务印书馆2014年版,第6页。

换时间。第三个因素最有前瞻性，提到了机器的发明与利用，斯密生活的时代正好处于第一次工业革命时期，那时的工场手工业正在逐步向大机器生产模式转变，他在那个时期感受到了蒸汽革命的力量，而且还进一步考察了机器发明与改良的动因，例如最早的蒸汽机在使用过程中，必须雇佣一个儿童根据活塞的升降运动，相应的开闭汽壶和汽筒间的通道，但是由于这个儿童为了和朋友尽情地玩耍，就用绳子把开闭通道舌门的把手和机器的另外一个部分系在一起，舌门就能够自动开闭了。这是普通工人发明和改善机器生产的一个典型案例。当然，也不尽如此，因为"一切机械的改良，绝不是全由机械使用者发明。有许多改良，是出自专门机械制造师的智巧；还有一些改良，是出自哲学家或思想家的智能"[①]。斯密阐述这一问题的意义在于，这是传统的生产逻辑向马克思主义时代资本逻辑转变的衔接点，可以说，传统的工场手工业是生产逻辑的基础，而大机器生产则是资本驱动的逻辑起点。

然而，劳动分工在带来经济效益的同时，也不可避免地引发了人道主义方面的关切。正如上文所提到的，分工可以使劳动者专注于某一项技能，从而更加熟练而富有效率。但问题在于，随着分工的细化，很多工人的工作就被固化在了几个简单的工序上，这让工人的自我发展越来越狭隘和片面，其结果是"变成最愚钝无知的人。他精神上这种无感觉的状态，不但使他不能领会或参加一切合理的谈话，而且使他不能怀抱一切宽宏的、高尚的、温顺的感情……这样看来，他对自身特定职业所掌握的技巧和熟练，可以说是由牺牲他的智能、他的交际能力、他的尚武品德而获得的"[②]。斯密的这段评论展现出了劳动分工的一些弊端，而这些问题通过公共教育或许可以在某种程度上得以缓解，但却无法根除，特别是到19世纪，这个弊端出现了更严重的变形，这就是马克思的劳动异化理论所批判的现象，这个问题将在本章第二节进行探讨。

值得一提的是，劳动分工对于社会生活乃至生产关系还存在着一种

---

① ［英］亚当·斯密：《国富论》上册，郭大力、王亚南译，商务印书馆2014年版，第8页。

② ［英］亚当·斯密：《国富论》下册，郭大力、王亚南译，商务印书馆2014年版，第348页。

更为深远的影响。由于劳动分工推动了劳动生产率的发展，使得产品的产量较之以往有了大幅度的提升，这样一来，全社会的物质资料就比以往要充实，产品的价格明显下降，人民的生活水准普遍提高。当然这一时期的贫富差距也是有史以来最大的，不过，即便是这个社会中最贫穷的人，其物资充裕的程度或许也要胜过处于原始状态下的富人。对此，斯密评价道："在劳动没有分工的野蛮国家，一切东西全是为了满足人类的自然需要。但在国家已经开化，劳动已经分工后，人们所分配的给养就更加丰富。正由于这个原因，不列颠普通日常工的生活享受，比印第安酋长更优裕。"[①] 劳动分工对社会生活的影响还进一步关涉到了人们交易活动中的产品种类和范围、劳动力的价格、所有制形式、市场交易的规律与原则等一系列涉及生产关系的问题。由此可见，劳动分工是生产力发展的天然动力，它间接地撬动了生产关系的变革。

三 劳动分工与私有制的生产关系的确立

从劳动分工的效用来看，正如上文所言，它能提升专业化水平、提高劳动生产率、降低生产成本、增进社会财富等等。不过，劳动分工的发展不是无限的，它必然会受到一定条件的制约，其中最主要的制约因素就是市场范围。正是因为分工源于交换，所以分工的范围常常受制于交换的范围，换言之，市场交易的范围越广，交易的产品越丰富，分工的范围就越广泛，分工的精细化程度也会更高，反之亦然。这个问题是亚当·斯密劳动分工理论的核心论点之一，对此斯密指出："散布在荒凉的苏格兰高地一带的人迹稀少的小乡村的农夫，不论是谁，也不能不为自己的家属兼充屠户、烙面师乃至酿酒人。在那种地方，要在二十英里内找到二个铁匠、木匠或泥水匠，也不容易。"[②] 分工与市场范围的关系，从本质上看，可以划分为两个层次：一方面体现为生产领域的专业化（分工）；另一方面体现为交换领域的自由化（市场）。二者的关

---

① ［英］坎南编：《亚当·斯密关于法律、警察、岁入及军备的演讲》，陈福生、陈振骅译，商务印书馆1962年版，第177页。
② ［英］亚当·斯密：《国富论》上册，郭大力、王亚南译，商务印书馆2014年版，第15页。

系是相辅相成的，前者生产出的商品需要在后者的交换领域中自由流动，才能使效益最大化，而且劳动分工也只有在交换领域中才能体现出存在的价值。所以说，前者是后者的动因，后者是前者的归宿，并且交换领域越自由，分工范围就越广泛，效益也越大。其实这样的对应关系就是对社会基本矛盾的一个方面的体现，即生产力与生产关系。劳动分工促使生产力不断发展，在这个过程中带动了生产关系的变革。进一步而言，劳动的专业化奠定了私人产权的基础、推动了市场交换的发展，反过来，私有制和市场交换又为资本主义的分工制度奠定了基础。

劳动分工与生产关系中所有制的演变，最早可以追溯到古希腊时期，亚里士多德在论述分工问题时引申出了产权界定的问题，自愿交换的前提是明晰的产权关系，因此私有财产在亚里士多德的语境中就变得尤为重要。亚里士多德在批判柏拉图的《理想国》时，强调了共同产权制的危害性以及私人产权制的可行性，他指出："公有制不可能弥补人类本性所具有的罪恶，这一制度是建立在一种对于城邦统一的错误的理解基础之上的。"① 这样的观点主要是在挑战柏拉图提出的城邦应当高度同质化的主张，特别是在实际生活中，如果"一件事物为越多的人共有，人们对他的关心就会越少。人们最关心的是自己的事物，对公共事物则很少顾及。或者说，对于公共的一切，他们至多只关心其中与个人利益相关的事物。即使没有其他的原因，若是人们认为某一事物已有他人来管理，便会更多地倾向于忽略这一事情"②。当然，亚里士多德并没有将私有制神圣化，而是为柏拉图提出了一种替代方案，即财产的所有权私有化，使用权公有化，这里不再展开。可以说，亚里士多德的学说是近代资本主义萌芽得以成长的"哲学养分"，特别是有关私有制的争论，并没有在他那里画上句号，而是继续延续到经院哲学家、启蒙主义哲学家那里，并得到了更为成熟的发展。例如，经院哲学的集大成者托马斯·阿奎那（Thomas Aquinas）就从"自然法"的角度论证了私人产权的合理性，强调了个人占有财产的天然合法性。他认为人们会

---

① ［古希腊］亚里士多德：《政治学》，高书文译，江西教育出版社2014年版，第50页。
② ［古希腊］亚里士多德：《政治学》，高书文译，江西教育出版社2014年版，第45页。

对自己所拥有的事物更加上心，并且在产权明晰的情况下，人们对于事物的管理会更加有序，"因为，历史证明，在那些事物归属没有分配的地方，纠纷的发生更为频繁"①。阿奎那在此基础上论证了财物的私人占有并不违背自然法，这样的思想为资本主义生产关系的形成奠定了重要的哲学基础，也是"自然法理学"基础上的劳动分工生产逻辑的重要理论来源。

在一定的历史范畴内，劳动分工是私有产权概念得以产生的重要前提之一，因为人们在各司其职的生产过程中，很容易形成一定的责任范围和权属意识，各个部门、环节的生产者均以满足自身利益为出发点而从事生产（私人劳动），只是在产品交易的过程中，才赋予生产劳动以社会属性。一般而言的劳动分工是一个专业化的生产过程，而实际上分工的产物（产品）是一定要投入到市场交换中去的，市场交换才是劳动分工的真正归宿，伴随着商品交换的实现，劳动分工的使命才算完成。斯密所谓分工受制于市场范围的说法，要强调的也就是这个问题。市场交换范围越广泛，分工程度就越深入，要使交换能够顺利进行下去，就必须对商品进行明确的产权界定，因此私人产权制成为了市场发展的重要基础。说到这里，我们不难发现，劳动分工促使了私有制的建立，私有制下的市场交易又反过来制约着分工的发展，并且交换领域的自由化水平越高，分工所产生的效益就越大。这其实也是英国古典政治经济学派的一个共识。对于这个问题，斯密曾做过一个精妙的比喻——"看不见的手"。这个说法原本具有一定的宗教意义，后来斯密将它用来指代政治、经济和社会中存在的某种不以人的意志为转移的规律，这也就是被后世广泛提及的价值规律。在市场的交换和分配过程中，怎样配置资本、资源才能使效益最大化？在这里有两种办法：一种是充分发挥执政者的聪明才智进行精密的计划；另一种是依据市场主体的需要让它们自由流动。事实证明，让资源和资本在市场中自由流动，更能达到社会期望的结果。虽然每个人在这个过程中追求的仅仅是个人利益，但"他追求自己的利益，往往使他能比在真正出于本意的情况下更有效地

---

① 孙广振：《劳动分工经济学说史》，李井奎译，格致出版社2015年版，第43页。

促进社会的利益。我从来没有听说过，那些假装为公众幸福而经营贸易的人做了多少好事"①。

这只"看不见的手"之所以能起到满足社会需求的作用，究其原因在于它以市场内部供求关系的变化为导向，而非某些特殊的利益群体或垄断集团，因而能够更加合理地配置资源，这也成为了斯密所坚持的放任自流的经济思想的一个依据。他甚至将资源的自由流动看作是人的"自然权利"的一部分，对此，他指出："禁止人民大众制造他们所能制造的全部物品，不能按照自己的判断，把自己的资财与劳动，投在自己认为最有利的用途上，这显然是侵犯了最神圣的人权。"② 这样的思想有着浓厚的欧洲自然法理学的色彩，斯密显然是要把这种"自然秩序"带入政治经济学中，从而建立一个自然自由的经济体系。这一体系的建立为近代以来所形成的自由主义的市场经济奠定了理论基础，对资本主义生产关系的形成与发展有着强大的解释力。

必须指出的是，上述理论所遵循的是自然法理学基础上的生产逻辑，简单地说，是一种基于生产逻辑的劳动分工理论。随着资本主义社会生产力的不断进步，特别是在第一次工业革命后，西方社会普遍进入大机器生产时代，传统的工场手工业被标准化的机器工厂所取代，资本的支配性和扩张性在这个过程中凸显出来。马克思正是在这样的时代背景下，接过了亚当·斯密等学者的"接力棒"，继续剖析资本主义经济的种种特性，从而形成了资本逻辑视角下的劳动分工理论。

第二节 经典马克思主义的劳动分工理论

19世纪马克思主义政治经济学理论的出现，标志着有关劳动分工

---

① ［英］亚当·斯密：《国富论》下册，郭大力、王亚南译，商务印书馆2014年版，第30页。

② ［英］亚当·斯密：《国富论》下册，郭大力、王亚南译，商务印书馆2014年版，第159页。

的认知逻辑从传统的生产逻辑转向了资本逻辑，即认为人们所从事的物质资料的生产活动、分工与交换，无不围绕着资本积累而展开，在这里，获取更多的剩余价值成为了整个资本运作的最高准则。特别是随着旧式的手工业、封建行会制度被工场手工业和大机器生产所取代，产品存在的意义就不再局限于满足人们的日常需求，而是演变为一种"商品拜物教"，劳动者被进一步异化为商品的奴隶。资本的力量影响到了社会生活的方方面面，"一切固定的僵化的关系以及与之相适应的素被尊崇的观念和见解都被消除了，一切新形成的关系等不到固定下来就陈旧了。一切等级的和固定的东西都烟消云散了，一切神圣的东西都被亵渎了"①。这或许就是对资本逻辑的最好诠释。

马克思的这套资本逻辑来源于他对劳动分工问题的长期考察，从青年时期一直到晚年，生产活动中分工形式的发展问题一刻也没逃脱他的视野。因为他清楚地知道，劳动分工是整个政治经济学的基础，而政治经济学则是其唯物史观的资源宝库，因此探索分工问题是准确掌握资本主义社会运作的关键环节。马克思主义的分工理论经历了一段时期的发展历程：从《1844年经济学哲学手稿》开始初步探索劳动分工，到《德意志意识形态》中将分工与历史现实相关联，再到《哲学的贫困》中对蒲鲁东形而上学的分工理论的老练而自信的批判，最后在《1857—1858年经济学手稿》等一系列经济手稿和《资本论》中，对他的分工理论做了系统的阐述和总结。从而形成了资本逻辑下的劳动分工理论，为唯物史观的产生奠定了坚实的政治经济学基础。

一 马克思主义分工思想的初步形成

在《1844年经济学哲学手稿》《德意志意识形态》《哲学的贫困》中，马克思对分工问题的考察都是间接的，即以分工问题为途径来应对哲学领域中面临的挑战。马克思早年创作的《1844年经济学哲学手稿》是他研究旨趣的直接体现，他试图把哲学研究同政治经济学结合起来，

---

① [德] 马克思、恩格斯：《共产党宣言》，人民出版社1997年版，第30—31页。

以考察经济问题为切入点，最终回归哲学，在这个过程中进行了颇有"人道主义"关怀的异化劳动批判（这引发了 20 世纪的所谓"认识论断裂"的争论），有关这个话题会在本节的最后一个部分专门论述，在此不作赘述。值得一提的是，在这篇手稿中，马克思对分工与私有制的关系进行了考察，综合分析了国民经济学家们的各样观点后，他批判性地指出："分工和交换是私有财产的形式，这一情况恰恰包含着双重证明：一方面人的生命为了本身的实现曾经需要私有财产；另一方面人的生命现在需要消灭私有财产。"① 在这个论断中，前者是国民经济学家们乐于论证的，而后者则有着鲜明的 19 世纪工人政党的立场，同样也是正义者同盟的立场。这一时期的马克思隐约感受到了劳动分工与私有制的密切关系，以至于在后面的《德意志意识形态》中他惊人地提出了"消灭分工"的设想，马克思认为："当分工一出现之后，任何人都有自己一定的特殊的活动范围，这个范围是强加于他的，他不能超出这个范围：他是一个猎人、渔夫或牧人，或者是一个批判的批判者，只要他不想失去生活资料，他就始终应该是这样的人。"② 造成人类片面发展的原因在于生产力、社会状况和意识三者之间的分离，以至于使"精神活动和物质活动、享受和劳动、生产和消费由不同的个人来分担这种情况成为可能，而且成为现实，而要使这三个因素彼此不发生矛盾，则只有再消灭分工"③。换言之，只有消灭了分工，才能实现每个人自由而全面的发展。这是《德意志意识形态》的一个重要结论，同时也是对未来社会蓝图的一个相对具体的描述。

《德意志意识形态》的里程碑意义在于，它是经典马克思主义理论中首次系统而全面地阐发了历史唯物主义的基本观点和立场，整篇文章以"费尔巴哈章"最为出名。其中，贯穿全文的线索是生产和分工，这是马克思、恩格斯得以创立唯物史观的重要基础。这一点再明显不过，因为唯物史观正是透过对政治经济与现实生活的分析来考察历史发展的。对于这种将政治经济学的考察与对社会历史的认识相结合的方

---

① ［德］马克思：《1844 年经济学哲学手稿》，人民出版社 2000 年版，第 138 页。
② ［德］马克思、恩格斯：《德意志意识形态：节选本》，人民出版社 2003 年版，第 29 页。
③ ［德］马克思、恩格斯：《德意志意识形态：节选本》，人民出版社 2003 年版，第 27 页。

法，在《德意志意识形态》中有着清晰的解读："这种历史观就在于：从直接生活的物质生产出发阐述现实的生产过程，把同这种生产方式相联系的、它所产生的交往形式即各个不同阶段上的市民社会理解为整个历史的基础……这种历史观和唯心主义历史观不同，它不是在每个时代中寻找某种范畴，而是始终站在现实历史的基础上，不是从观念出发来解释实践，而是从物质实践出发来解释各观念形态"[①]。这段文字的核心内容可以概括为社会存在决定社会意识、生产方式决定交往形式。有趣的是，这一时期马克思尚未明确提出生产关系的概念，理论正处于形成期，因此以交往形式来形容生产关系。马克思、恩格斯通过对分工与生产的考察，提出了影响深远的唯物史观，可以说是从经济问题出发，最终回归政治哲学的成功尝试（当然，往后则会从哲学出发而去从事政治经济学批判）。不过，《德意志意识形态》由于受到当时的书报检查制度的限制，并未能在作者生前出版，而是留给了"老鼠的牙齿"去批判，但随后出版的《哲学的贫困》《共产党宣言》甚至于《资本论》等著名篇章，也间接地将《德意志意识形态》的观点展现在了世人面前。

1846 年，法国小资产阶级的社会主义者蒲鲁东出版了一本名为《经济矛盾的体系，或贫困的哲学》的著作，整部著作宣扬的是唯心主义的历史观和形而上学的经济学分析方法，这让马克思大为光火，特别是马克思此前在与蒲鲁东的通信中受到了后者的嘲讽和戏谑，这使得他们双方的论战一触即发。在看到蒲鲁东的这部著作后，马克思随即致信俄国政论家安年科夫，在信中详细批判了蒲鲁东形而上学的政治经济学立场，这封信件成为了 1847 年马克思撰写的《哲学的贫困》的重要基础。《哲学的贫困》在批判蒲鲁东思想的过程中表现出了强大的理论自信，因为就在不久以前，马克思、恩格斯合著的《德意志意识形态》已经对他们自身的哲学思想进行了梳理，并且形成了一套唯物史观的思想体系，所以很不幸的，蒲鲁东先生成为了唯物史观这个强大思想武器小试牛刀的对象。用恩格斯的话说就是，在《哲学的贫困》中，"马克

[①] ［德］马克思、恩格斯：《德意志意识形态：节选本》，人民出版社 2003 年版，第 36 页。

思自己已经弄清了他的新的历史观和经济观的基本特点"①。回到我们讨论的主题,《哲学的贫困》之所以会涉及分工问题,其实就是为了回应蒲鲁东的观点。蒲鲁东认为:"分工是一种永恒的规律,是一种单纯而抽象的范畴。所以,抽象、观念、文字等就足以使他说明各个不同历史时代的分工。种姓、行会、工场手工业、大工业必须用一个分字来解释。如果你们首先将'分'字的含义好好加以研究,将来你们就不必再研究每个时代中赋予分工以某种特定性质的诸多影响了。"② 在蒲鲁东这里,分工成了一种抽象的、静止的、永恒的经济范畴,掌握了一个"分"字就能一劳永逸地把握社会历史的发展,这种唯心史观的经济学立场具有很明显的破绽。在马克思看来,蒲鲁东提出这样的观点,表明他缺乏历史知识,"他不懂得一定时代中生产所具有的各种形式的历史的和暂时的性质……人们在发展其生产力时,即在生活时,也发展着一定的相互关系;这些关系的性质必然随着这些生产力的改变和发展而改变"③。换一个角度来说,即便是从生产力发展水平的角度看(生产工具的技术进步),分工形式也不是永恒的、单一的,手推磨与蒸汽磨决定的分工形式并非一致的,工场手工业的分工特点与大机器生产的分工特点有着明显的区别。对分工问题的误解很可能导致对历史发展认知的偏差,将历史发展的推动力抽象化、神秘化。为了纠正蒲鲁东思想的偏差,马克思正面阐述出了他的"生产力决定生产关系"的基本观点,指出:"随着新生产力的获得,人们改变自己的生产方式,随着生产方式即谋生的方式的改变,人们也就会改变自己的一切社会关系。手推磨产生的是封建主的社会,蒸汽磨产生的是工业资本家的社会。"④ 在此,马克思宣告了一切观念、范畴的历史暂时性,分工随着生产力水平的进步而改变,并进一步塑造着社会历史的面貌,唯物史观的经济学立场在与蒲鲁东的论战中首次登上了历史舞台。

---

① 《马克思恩格斯文集》第4卷,人民出版社2009年版,第199页。
② 《马克思恩格斯文集》第1卷,人民出版社2009年版,第618页。
③ 《马克思恩格斯选集》第4卷,人民出版社1995年版,第536页。
④ 《马克思恩格斯文集》第1卷,人民出版社2009年版,第602页。

二 资本主义性质的劳动分工：工场手工业与机器大工业

在1848年以前，马克思的分工思想的形成是一个间接的发展过程，即经济问题并不是马克思所讨论的焦点，而只是一个考察对象或途径，最终的服务对象是为解决哲学与政治学领域的论争。然而，到了19世纪五六十年代，马克思的关注焦点逐步由哲学问题转向了政治经济学批判，这或许也得益于《德意志意识形态》在唯物史观探索上获得的成功，在此基础上，马克思可以毫无后顾之忧地以唯物史观的分析方法来考察资本主义的政治经济。在《1857—1858年经济学手稿》等系列文本与《资本论》中，马克思像一个职业的经济学家那样，对劳动分工展开了正式的研究。尤其是1867年出版的《资本论》代表了马克思生前的政治经济学的最后立场，是马克思整个理论生涯中的集大成之作，其中很多内容也是对他之前一系列经济学手稿的总结整理。正如列宁所评价的那样："自从《资本论》问世以来，唯物主义历史观已经不是假设，而是科学地证明了的原理。"①

（一）资本逻辑的形成：工场手工业分工与一般社会分工的分离

在上一节，我们谈到了资本主义社会早期，国民经济学家们对劳动分工的论述，其中涉及劳动分工的起源、效用和弊端。马克思在充分研究了前人的理论成果后，展开了他自己的探索。他首先饶有兴致地分析了他所处时代的分工协作的模式——工场手工业，这种协作模式从16世纪中叶兴起，到19世纪已经发展了200多年，早已被人们视为分工协作的固有模式。但是，马克思却发现了工场手工业内部分工的特殊性，将它与社会内部的分工做了区分。在分析这个问题时，马克思引用了斯卡尔培克的观点，指出："在有一定文明程度的国家中，我们看到三种分工：第一种我们称之为一般的分工，它使生产者分为农民、制造业者和商人，这是与国民劳动的三个主要部门相适应的；第二种可以叫做特殊的分工，是每个劳动部门分为许多种……最后，第三种分工可以叫做分职或真正的分工，它发生在单个手工业或职业内部……在大多数

---

① 《列宁选集》第1卷，人民出版社1995年版，第10页。

手工工场和作坊都有这种分工。"① 其实，斯卡尔培克的这种划分方式可以归结为宏观、中观、微观三个层面：第一种一般分工是宏观层面，其实质是产业分工，类似于第一产业、第二产业、第三产业的划分；第二种特殊的分工属于中观层面，即每个大产业内的分工，例如工业当中又有林林总总的部门划分；第三种"真正的分工"是微观层面，指的是具体的每个工场手工业内部的分工，它们的分工是围绕着同一件产品而展开的，而不是不同部门生产的不同商品之间的对立。如此看来，在斯卡尔培克这里，一般分工和特殊分工都属于社会内部分工的范畴，而"真正的分工"或分职才是工场手工业内部的分工。

不过，在另一个文本中（《政治经济学批判（1861—1863 年手稿）》），马克思提出了更为精简的划分方式，马克思对英国一些经济学家提出的分工（division of labor）与细分工（subdivision of labor）的概念进行了升级，直接将社会内部分工称作第一类分工，将工场手工业内部分工称作第二类分工，对此他进一步指出："第一类分工是社会劳动分成不同的劳动部门；第二类分工是在生产某个商品时发生的分工，因而不是社会内部的分工，而是同一个工厂内部的社会分工。作为特殊生产方式的工场手工业就是后一种意义上的分工。"② 将劳动分工进行这两个方面的划分，实际上是马克思针对亚当·斯密的分工理论提出来的，是对斯密分工理论的一个补充。在斯密看来，社会内部分工和工场手工业的分工没有实质上的区别，有的只是观察者主观感受的不同，"因为观察者在工场手工业分工的场合一眼就可以在空间上看到各种各样局部劳动，而在社会分工的场合，各种局部劳动分散在广大的面上，每个特殊部门都雇用大量的人，因而使这种联系模糊不清"③。另一方面，斯密时代的企业规模还比较小，因此他在《国富论》中断言工场手工业内部的分工并不明显，甚至认为把很多雇佣工人集合在同一场所内工作是不可能的。研究思路的差异和时代的局限性，使得斯密没能区分社会内部分工与工场手工业分工的不同，从而忽略了后者隐藏的资本

---

① 《马克思恩格斯文集》第 5 卷，人民出版社 2009 年版，第 407 页。
② 《马克思恩格斯全集》第 47 卷，人民出版社 1979 年版，第 305 页。
③ 《马克思恩格斯文集》第 5 卷，人民出版社 2009 年版，第 410—411 页。

主义性质。

具体而言，社会内部分工和工场手工业内部分工的区别体现在如下几个方面：首先，二者掌握生产资料的主体不同。为了说明这个问题，马克思在《资本论》中以皮靴制造的例子进行了对比分析，在传统的社会分工中，"牧人生产毛皮，皮匠把毛皮转化为皮革，鞋匠把皮革化为皮靴"①，在这样的分工中，牧人、皮匠、鞋匠所生产的都是独立的商品，将他们各自生产的商品结合到一起，就形成新的商品（皮靴），就每一个生产者而言，他们各自拥有自己的生产资料，相互之间是一种合作关系，并没有一个最高权威将他们统一起来。从生产者的交换内容来看，他们相互间所交换的是独立的商品。然而，工场手工业内部的分工特点就不太一样，最根本的区别在于工场手工业中各环节的生产资料都集中在一个资本家的手中，这是资本主义生产资料私有制得以形成的重要基础，由此带来的各分工主体间的交换内容就从商品演变为劳动力。马克思指出："工场手工业内部各局部劳动之间的联系，以不同的劳动力出卖给同一个资本家，而这个资本家把它们作为一个结合劳动力来使用为中介。"② 这样的转变无疑是历史性的，这意味着劳动力成为商品的另一个客观因素已经形成（除了劳动者是自由人、劳动者没有其他商品可以出卖这两个条件外），无论是在企业外部还是企业内部，劳动者均以出卖劳动力为生。所以说，工场手工业内部的生产资料私有制以及劳动力的买卖，构成了资本逻辑的第一个也是最重要的前提。

其次，二者所承认的权威不同。由于上述的社会内部分工和工场手工业分工中掌握生产资料的主体不同，导致二者在权威认可上的差异。在社会分工中，由于各部门之间独立地掌握生产资料，因此没有一个权威能统辖它们，或者说他们"只承认竞争的权威，只承认他们互相利益的压力加在他们身上的强制，正如在动物界中一切反对一切的战争多少是一切物种的生存条件一样"③。但是在工场手工业中，资本家则享有绝对的权威，一

---

① 《马克思恩格斯文集》第 5 卷，人民出版社 2009 年版，第 410 页。
② 《马克思恩格斯文集》第 5 卷，人民出版社 2009 年版，第 412 页。
③ 《马克思恩格斯文集》第 5 卷，人民出版社 2009 年版，第 412 页。

切内部的生产部门都听命于同一个资本,因此很自然地,在企业内部就表现出一种有序状态,而在社会分工中则体现出"无政府状态"。

最后,二者的组织状态不同。由于社会分工没有一个绝对的权威,致使整个生产过程处于一种看似失序的状态,马克思用"偶然性的""任意性的""杂乱无章的"这样一些词汇来形容这种状态。与此相反,工场手工业在绝对权威的领导下进行着有规律的、有计划的、"按比例的"的生产。这种反差的实质就是单个企业与市场的区别,工场手工业是企业的代表,而整个社会分工则代表了市场。我们可以进一步考察马克思的一段表述来证明这一点,马克思指出:"在工场内部的分工中预先地、有计划地起作用的规则,在社会内部的分工中只是在事后作为一种内在的、无声的自然必然性起着作用,这种自然必然性只能在市场价格的晴雨表式的变动中觉察出来,并克服着商品生产者的无规则的任意行动。"[1] 马克思对于一些细节问题的考察往往能揭示重大的问题,工场手工业分工与社会分工的不同组织状态,预示着资本主义基本矛盾的某些特征,即:个别企业内部生产的有组织性和整个社会生产的"无政府状态"之间的矛盾。英国古典政治经济学派比较推崇这种社会生产的"无政府状态",因为这是价值规律中"看不见的手"的基本状态,在他们看来,如果在社会生产中强加一个绝对权威,就会影响自由贸易,就会"把整个社会转化为一座工厂"[2]。上述矛盾对立的产生,预示着资本主义生产方式的进一步形成,同时也为资本主义经济危机埋下了隐患。

区分社会内部分工与工场手工业分工的意义在于,挖掘出后者当中蕴藏的资本逻辑,马克思敏锐地发现了二者存在的共性与个性的关系。对于社会内部分工而言,这是每一个社会形态所共有的,而工场手工业的分工则纯粹属于资本主义的生产方式,是资本主义社会中典型的分工协作模式,这种模式中的资本主义性质体现在以下几个方面:

首先,正如上文所提及的,工场手工业中的局部工人,都服从于同一个资本权威,因此工人们所形成的生产力就是资本的生产力,而在整

---

[1] 《马克思恩格斯文集》第 5 卷,人民出版社 2009 年版,第 412 页。
[2] 《马克思恩格斯文集》第 5 卷,人民出版社 2009 年版,第 413 页。

个生产活动中，不仅工人与资本家之间存在着等级关系，工人阶级内部也形成了一种等级关系，这种等级性如果从工人的技能表现来看，可以把他们划分为熟练工人和非熟练工人。问题在于这样的级别划分进一步加深了阶级矛盾，当工人的技术越娴熟，他们反抗的意识就会越强大，马克思特意引用了尤尔的观点来加以说明："人类天性的弱点如此之大，以致工人越熟练，就越任性，越难驾驭，因此，工人不驯服的脾气给总机构造成巨大的损害。"① 一方面，资本不断在压榨工人的剩余价值，另一方面工人也以不同的方式进行着反抗，这种矛盾对立的关系在早期的工场手工业中就已经体现出来。

其次，这种资本主义性质的生产关系还体现为工人对资本的依赖，换言之，工人不得不将自己的劳动力出卖给资本以维持生计，因为他们不占有生产资料，而以往相互独立的生产部门现在又被资本高度整合在了一起，因此工人只能作为资本的附属物而存在，最可悲的后果是"在工场手工业中，总体工人从而资本在社会生产力上的富有，是以工人在个人生产力上的贫乏为条件的"②。这种生产方式以牺牲工人为代价来壮大资本的力量，是一种"文明的"和"精巧的"剥削。

再次，这是分工思想从生产逻辑转向资本逻辑的最典型代表——由关注使用价值向关注交换价值转变。在古希腊时期，人们对分工所带来的益处的考量，仅仅看它对提升使用价值的意义。例如，柏拉图认为："如果一个人根据自己的天生才能，在适当的时间内不做别的工作，而只做一件事，那么他就能做得更多、更出色、更容易。"③ 分工的意义就在于让人们专注一件事，从而产出质量更高的产品。但是在资本主义生产方式下，分工的意义主要体现在交换价值方面，劳动分工可以有效提高劳动生产率，从而降低劳动时间。在这种情况下，不论是个别劳动时间降低还是社会必要劳动时间降低，都有助于商品价格的下降。如果是个别劳动时间降低，那么单个资本家将获得超额剩余价值，同一商品在局部地区的价格有可能会降低；如果是社会必要劳动时间降低，那么

---

① 《马克思恩格斯文集》第 5 卷，人民出版社 2009 年版，第 425 页。
② 《马克思恩格斯文集》第 5 卷，人民出版社 2009 年版，第 418 页。
③ 《马克思恩格斯文集》第 5 卷，人民出版社 2009 年版，第 423 页。

资本家将普遍获得相对剩余价值,同一商品的价格在市场上就会整体降低。这就是资本逻辑下分工的意义,体现在交换价值上,而非使用价值。

最后,工场手工业的出现在一定程度上包含着生产力发展与社会进步的萌芽,它不仅生产生活资料,也生产生产资料,特别是对新式的机械设备的生产,所以它是大机器生产方式得以产生的重要基础。从手工业发展的历史来看,工场手工业是一个过渡时期,它一方面打破了原有的生产逻辑下的那种分工模式;另一方面,它促使生产力发展,加快了资本主义生产方式的形成,是资本主义机器大工业时代到来的前奏。

(二) 资本主义生产方式的演变:从工场手工业到机器大工业

工场手工业向机器大工业的转变是马克思重点考察的经济现象,因为它是资本主义生产方式进一步形成的关键环节,也是当时欧洲所经历的工业革命的必然趋势。为了说明这种转变发生的可能性,马克思专门探索了工场手工业的两个起源,这两个不同的起源决定了工场手工业内部分工的两种类型。马克思以马车的生产为例来说明第一种起源:"马车过去是很多独立手工业者,如马车匠、马具匠、裁缝、钳工、铜匠、旋工、饰缘匠、玻璃匠、彩画匠、油漆匠、描金匠等劳动的总产品。"[①]而当马车的工场手工业形成后,这些手工业者就被集中到统一的场所进行生产。这种分工的特点在于每个环节的联系不是很紧密,因而也被称为水平分工。工场手工业的另一个起源是那些生产环节联系较为紧密的产业,例如造纸业或制针业,这些行业"以同种手工业者的协作为出发点,它把这种个人手工业分成各种不同的特殊操作,使之孤立和独立化到这种程度,以致每一种操作成为一个特殊工人的专门职能"[②]。这样的分工特点也被称为垂直分工。这里所概括出的水平分工与垂直分工,是经济学上的一般概念,既可以在社会分工中使用,也可以用来划分工场手工业的两个来源。马克思在考察了工场手工业的二重起源之后,进一步区分了工场手工业的两种分工形式(混成式与有机式),需

---

① 《马克思恩格斯文集》第 5 卷,人民出版社 2009 年版,第 390 页。
② 《马克思恩格斯文集》第 5 卷,人民出版社 2009 年版,第 392 页。

要指出的是，这两种形式实质上就是水平分工与垂直分工的另一种表述方式。

混成式与有机式的工场手工业的划分，主要是由产品本身的性质所决定的，例如日内瓦的大钟表手工工场就是典型的混成式，"只有钟表的少数几个零件要经过不同的人的手，所有这些分散的肢体只是在最终把它们结合成一个机械整体的人的手中才集合在一起。在这里，同在其他类似的制品上一样，成品和它的各种不同的要素的外在关系，使局部工人在同一个工场中的结合成为一种偶然的事情"①。这当然是由产品生产的环节独立性较强所导致的。但是在制针业（这也是斯密的研究最钟爱的一个行业），每个生产流程则是环环相扣的，马克思指出："它生产的制品要经过相互联系的发展阶段，要顺序地经过一系列的阶段过程，例如，制针手工工场的针条要经过72个甚至92个专门的局部工人之手。"② 这样的分工形式就是有机的工场手工业，有机式劳动分工的出现让工场手工业乃至机器大工业的存在成为必要，这类产品的生产势必要在一个集中的环境下完成，让局部的生产环节的空间距离得以缩减，同时也能节约生产所耗费的时间，只有这样才能提高效率、降低成本。资本的逻辑在这个过程中又一次得到了展现，为了降低成本，获取更多剩余价值，就有必要提高生产力水平，那么发明和使用更为先进的机器设备就成了理所当然的事情。

工场手工业向机器大工业转变的动机在于资本积累，而这种转变的契机则在于劳动资料的革命，即大机器对手工业工具的取代，"生产方式的变革，在工场手工业中以劳动力为起点，在大工业中以劳动资料为起点"③。那么，问题在于区分什么是工具，什么是机器？这是继续谈论此问题的前提，有的人认为复杂的工具就是机器，而有的人认为只要动力不来自于人的工具就是机器。这些观点都较为片面，在很多时候会引起误解。在《资本论》中，马克思用了相当的篇幅来阐述这个问题，并考察了第一次工业革命期间机器设备的发展。这里可以引用他的一个

---

① 《马克思恩格斯文集》第5卷，人民出版社2009年版，第397页。
② 《马克思恩格斯文集》第5卷，人民出版社2009年版，第398页。
③ 《马克思恩格斯文集》第5卷，人民出版社2009年版，第427页。

结论来说明什么才能算作机器："所有发达的机器都由三个本质上不同的部分组成：发动机，传动机构，工具机或工作机。"① 一句话，简单的工具如果被有机地整合在一起，并伴之以非人力的发动力而运作的，才能被称作复杂的大机器。在生产过程中，普通的机器协作和机器系统的运作也不一样，例如，"1862 年伦敦工业博览会上展出的一台美国纸袋制造机，可以切纸、涂胶水、折纸，每分钟生产 300 个纸袋。在工场手工业中分成几种操作顺次进行的整个过程，现在由一台由各种工具结合而成的工作机来完成。"② 这段描述就是对机器体系的最好诠释，也是当时一流生产力水平的体现。从中我们也可以看到，正是工场手工业中有机形式的分工为大机器生产创造了可能，因为只有每一个生产环节紧密结合，才能使生产过程做到流程化、一体化。大机器的运用在一定程度上减轻了工人的工作负担、提高了工人效率，但在实质上却是为缩短他们的必要劳动时间，从而延长剩余劳动时间，以便使资本家获取更多的剩余价值，大机器的出现不仅改变了生产力，同时也改变了生产关系。由于新式的机器系统在工业上的推广，资本主义社会的就业结构受到了冲击，出现了大量的相对过剩人口，与此同时，妇女和儿童则成为了大机器的主要操作者，但遗憾的是，作为弱势群体的他们，受到了资本家的残酷剥削甚至是虐待。工人与机器之间的"战斗"后面还会提到，这样的矛盾其实是阶级矛盾进一步激化的结果，在那个时代，资本主义越是发展，冲突和斗争反倒越是激烈。就在这个充满矛盾的过程中，旧式的手工业体系逐步瓦解，代之以新的生产方式，资本主义的机器大工业时代全面来临，资本逻辑进一步确立了它在整个经济社会中的主导地位。

三 劳动的异化：机器、商品与工人的斗争

异化（Entfremdung 或作 Entäußerung）这个概念在英语中译作"alienation"，从字面意思看，有疏离、让渡、外化、"他者化"的含

---

① 《马克思恩格斯文集》第 5 卷，人民出版社 2009 年版，第 429 页。
② 《马克思恩格斯文集》第 5 卷，人民出版社 2009 年版，第 435 页。

义。这个概念的出现有一定的哲学渊源，常见于黑格尔、费尔巴哈等德国古典哲学家的著述当中。其基本内涵在于描述一种状态，即：主体在发展到一定阶段时，会从其内部分化出一个对立面，从而成为外化的异己力量。这个概念在一开始主要用于宗教哲学与批判，例如1792年费希特（J. G. Fichte）在其著作《对一切启示的批判的尝试》中就使用"异化"这个词来表示宗教是人的"内在性的外化"。而在黑格尔的哲学体系中，异化表达的是绝对精神及其受身之间的关系，亦即绝对精神自我异化而产生出自然界等一切受造物。后来，黑格尔的学生费尔巴哈从"离经叛道"的唯物论的角度使用了异化这个概念，指出宗教是人的本质的异化，并在他的《基督教的本质》一书中对宗教和唯心主义进行了激烈的批判，认为正是因为人的精神产生了异化，所以才出现了宗教，宗教中的神灵对人而言是一种异己的力量，"为了使上帝富有，人就必须贫穷；为了使上帝成为一切，人就必须什么也不是。人在自身中否定了他在上帝身上所肯定的东西"①。费尔巴哈的这些观点对马克思有很大的影响，虽然马克思对费尔巴哈进行了批判，但他所批判的不是费尔巴哈的唯物主义立场，而是这种立场的不彻底性。可以说，费尔巴哈有关异化的理论是马克思写作的直接灵感来源，在《1844年经济学哲学手稿》中，马克思说过一句和费尔巴哈极其相似的话："宗教方面的情况也是如此。人奉献给上帝的越多，他留给自己的就越少。"② 有意思的是，马克思并没有继续纠缠于宗教问题，而是将宗教故事作为一种比喻方式，进而把目光投向了经济关系问题。马克思的重大尝试便是将宗教哲学里的概念用到了政治经济学批判之中，所以很自然地，马克思把费尔巴哈的那句话进行了改写："工人把自己的生命投入对象；但现在这个生命已不再属于他而属于对象了。因此，这种活动越多，工人就越丧失对象。"③ 由此可见，早年的马克思由于受到所处时代的影响，他在理论研究的起始阶段依然保留了一些中世纪经院哲学的色彩。这种对宗教哲

---

① ［德］马克思：《1844年经济学哲学手稿》，人民出版社2000年版，第200页。
② ［德］马克思：《1844年经济学哲学手稿》，人民出版社2000年版，第52页。
③ ［德］马克思：《1844年经济学哲学手稿》，人民出版社2000年版，第52页。

学的模仿手法在他早期所著的《论犹太人问题》中也可见一斑："钱是从人异化出来的人的劳动和存在的本质;这个外在本质却统治了人,人却向它膜拜。"① 不过,马克思在进一步探索异化产生的根源时便回到了物质世界,从劳动生产的角度来剖析异化,这使得他得以从唯心史观的此岸渡到唯物史观的彼岸。

要探索生产过程中劳动异化的原因,就要从分工说起。分工的出现极大地促进了生产方式的变革,同时也会造成一些难以避免的负面效果,那就是工人的片面发展,国民经济学家们对这个现象进行过充分的论述,在上一节中也有所提及。马克思劳动异化观点的形成,除了受宗教哲学的影响外,还直接来源于他对由分工所导致的负面影响的考察。他注意到亚当·斯密对工场手工业中工人智识水平的描述:"大多数人的智力,必然由他们的日常活动发展起来。终生从事少数简单操作的人……没有机会运用自己的智力……他的迟钝和无知就达到无以复加的地步。"② 马克思由此注意到,工人在智力和身体上的畸形发展同社会分工与工场手工业的出现是分不开的。生产力越发展、分工越细致,劳动者的发展空间反倒越狭窄,这就形成了劳动本身的异化,劳动者在自己的劳动中获得的不是益处,而是自己的对立面,这种对立面甚至会使劳动者沦为奴隶,这便是劳动的异化的内在逻辑。在《1844年经济学哲学手稿》中我们可以寻找到劳动异化理论形成的线索,马克思在他的笔记本中罗列了若干由分工导致的不良后果:"工人生产得越多,他能够消费的越少;他创造价值越多,他自己越没有价值、越低贱;工人的产品越完美,工人自己越畸形;工人创造的对象越文明,工人自己越野蛮;劳动越有力量,工人越无力;劳动越机巧,工人越愚笨,越成为自然界的奴隶。"③ 这些方面的表现如果总括起来,就是劳动的异化,因此可以说,对劳动分工所造成的不良影响的概念化总括就是劳动的异化。当然,马克思提出的劳动异化理论不是单纯的分工负面论,他提出了前人所没有涉及的范畴,那就是工人与产品之间的异化,这是

---

① 《马克思恩格斯全集》第1卷,人民出版社1956年版,第448页。
② 《马克思恩格斯文集》第5卷,人民出版社2009年版,第419页。
③ [德]马克思:《1844年经济学哲学手稿》,人民出版社2000年版,第53页。

劳动本质的异化，由此形成了一个完整的劳动异化图景："劳动所生产的对象，即劳动的产品，作为一种异己的存在物，作为不依赖于生产者的力量，同劳动相对立。劳动的产品是固定在某个对象中的、物化的劳动，这就是劳动的对象化。劳动的现实化就是劳动的对象化。在国民经济学假定的状况中，劳动的这种现实化表现为工人的非现实化，对象化表现为对象的丧失和被对象奴役，占有表现为异化、外化。"①

归结起来看，马克思的劳动异化理论主要从两大类别（四个层面）展开，分别是劳动者与自身活动的异化、劳动者与他人的异化。其中，第一大类别又可以分为三个层面：劳动者同自己的劳动产品的异化、劳动者同自己的生命活动的异化、劳动者同自己的类本质的异化。在这三个层面中，工人不再是自己生产的产品的主人，而是它的奴隶；工人的劳动过程不是自觉自发的，而是被动的、迫于无奈的，正如恩格斯在《英国工人阶级状况》中所描述的那样："还有什么能比必须从早到晚整天地做那种自己讨厌的事情更可怕呢！工人愈是感到自己是人，他就愈是痛恨自己的工作，因为他感觉到这种工作是被迫的，对他自己说来是没有目的的。"② 此外，劳动异化还使得工人同自身的类本质相异化，亦即让工人背离自己的精神本质和作为人的本质，在漫长的生产线上渐渐失去自我。这三个层面的异化最终导致了第四个层面异化的出现：人与人的异化，人不仅和自己相对立，也会和他人相对立。在清楚了解了异化的四个层面以后，那接下来的问题就是：如何消除异化？如何才能让人回归本真，让人回到那个自由自觉的生命活动之中？这也是马克思的重要理论使命，不过在马克思正式提出解决办法以前，工人的反抗行动就已经开始了。

劳动异化的过程实质上就是工人受压迫的过程，工人为了反抗这种异化，在现实层面上就表现为同资产阶级的斗争。不过随着生产力的发展，特别是机器的产生，工人斗争将矛头指向了劳动资料本身，劳动资

---

① ［德］马克思：《1844年经济学哲学手稿》，人民出版社2000年版，第52页。
② 《马克思恩格斯全集》第2卷，人民出版社1957年版，第404页。

料的升级对工人造成了巨大的挑战，为了不被机器所取代，工人选择捣毁机器。例如，"1758 年，埃弗里特制成了第一台水力剪毛机，但是它被 10 万名失业者焚毁了。5 万名一向以梳毛为生的工人向议会请愿，反对阿克莱的梳毛机和梳棉机。"① 再如 1760 年在英国谢菲尔德和诺丁汉兴起的卢德运动也是这一时期的代表。生产过程中的技术革新对当时的工人来说是一种剧痛，甚至对工人来说是一种"扼杀"，最为极端的例子莫过于东印度总督的描述，英国的棉纺织机在印度的大规模运用是一种灾难，"这种灾难在商业史上几乎是绝无仅有的。织布工人的尸骨把印度的平原漂白了"②。对此，马克思评价道："可见，资本主义生产方式使劳动条件和劳动产品具有的与工人相独立和相异化的形态，随着机器的发展而发展成为完全的对立。"③ 需要指出的是，工人与机器的斗争方式非常直观，他们并没有找到问题的症结所在，反对生产资料本身是不理智的，因为生产资料只是物质化的表现形式，问题的关键在于劳动分工与私有制的存在，或者说是资本主义生产关系的问题，因此正确的斗争焦点应该是后者。

马克思在《1844 年经济学哲学手稿》中提出了劳动异化的问题，但是并没有在这个文本中明确指出克服它的办法。对马克思的理论发展而言，如何克服异化的问题，既是他的理论起点，也是他的理论终点，在他后面所撰写的《德意志意识形态》《1857—1858 年经济学手稿》《资本论》等文本中都能隐约看到这条线索的存在。很显然在马克思的眼中，依靠资本主义社会的自我净化，是不可能克服异化的，所以他试图通过共产主义的替代方案，以消灭分工和消灭私有制为基础，来真正克服异化。正如塞耶斯评价的那样，"异化的克服是人类的一种基本动力：一个可以在历史中完成的历史任务。因此，对于马克思正如对于黑格尔，异化既是本体论的也具有历史性的特征。"④ 既然异化具有历史

---

① 《马克思恩格斯文集》第 5 卷，人民出版社 2009 年版，第 493 页。
② 《马克思恩格斯文集》第 5 卷，人民出版社 2009 年版，第 497 页。
③ 《马克思恩格斯文集》第 5 卷，人民出版社 2009 年版，第 497 页。
④ [英] 肖恩·塞耶斯、邵华：《黑格尔和马克思论创造活动与异化》，《马克思主义与现实》2008 年第 2 期。

性的特征，那么它就是一个历史范畴，在人类历史上总有消亡的时候，但是这个消亡不完全是自发完成的，必须有人的实践，那就是消灭私有制、消灭分工。马克思指出："分工和交换是私有财产的形式，这一情况恰恰包含着双重证明：一方面人的生命为了本身的实现曾经需要私有财产；另一方面人的生命现在需要消灭私有财产。"① 不久以后，马克思在《德意志意识形态》中对这个问题又作了阶段性总结，进一步提出了消灭分工的主张："个人力量（关系）由于分工而转化为物的力量这一现象，不能靠人们从头脑里抛开关于这一现象的一般观念的办法来消灭，而是只能靠个人重新驾驭这些物的力量，靠消灭分工的办法来消灭。"② 为了消灭私有制、消灭分工、克服异化，人们就必须要结成一个真正的共同体（区别于阶级国家这种虚假共同体），人们在这样的联合当中将实现自由而全面的发展。

可以说，马克思主义的政治经济学，以资本逻辑为主导，以劳动分工为总范畴，以消灭分工克服异化为终极目标，是浑然一体的系统性理论。这与阿尔都塞所描述的马克思主义"认识论的断裂"似乎就有了出入，在《保卫马克思》一书中，阿尔都塞将马克思主义进行了"人道主义"与"科学主义"的分野，而马克思主义始终都是充满终极关怀的，所不同的是，马克思相信人们可以通过自己的实践来实现人类总体性的"自我关怀"。这么看来，与其说阿尔都塞保卫的是马克思，不如说他保卫的是自己的理论立场。

第三节　空间逻辑的确立：从城乡分工到知识界的"空间转向"

空间逻辑是马克思主义元理论中的众多分析逻辑之一，如上文所言，在这些逻辑中占主导地位的是资本逻辑，但不可否认的是空间逻辑

---

① ［德］马克思：《1844年经济学哲学手稿》，人民出版社2000年版，第138页。
② ［德］马克思、恩格斯：《德意志意识形态：节选本》，人民出版社2003年版，第63页。

一直隐藏在经典马克思主义的话语当中，并与之相伴相生。如果我们对空间逻辑的形成进行一番梳理就会发现，早在1841年马克思写就的博士论文《德谟克利特的自然哲学和伊壁鸠鲁的自然哲学的差别》中就曾围绕时间与空间的关系展开过初步探讨，在此后的《德意志意识形态》中，马克思的这种空间逻辑从纯粹的哲学分析转向了对政治经济学的批判，更确切地说，他将隐性的空间逻辑同人类的劳动实践结合到了一起。即便是在那篇吹响无产阶级战斗号角的《共产党宣言》中，也能清晰看到空间逻辑的线索，那就是资产阶级在"亵渎着一切神圣之物"的同时也在积极开拓世界市场，各类民族国家闭关锁国的堡垒在资本重炮的面前都显得不堪一击，在资本的支配下，乡村不得不屈从于城市，最终形成了一座座巨型城市。资本的扩张在客观上促进了世界市场的形成、推动了城市化的发展，可以说，资本逻辑和空间逻辑在《共产党宣言》中实现了首次正式的交汇，这也为后世的"空间转向"埋下了伏笔。有关空间逻辑的展现在经典马克思主义的文本中并没有就此止步，在马克思的政治经济学批判的系列手稿以及《资本论》中，他继续结合生产、交换、流通、分配等问题，对时空关系展开进一步的探索，最终形成了一种实践性的时空观。当然必须看到的是，恩格斯对马克思主义的空间观进行了价值追求上的升华，在《反杜林论》中恩格斯呼吁要消灭城市和乡村的对立，只有这样才能既有益于环境的改善，又有益于大工业在全国范围内的均衡分布。可以说恩格斯的倡议是20世纪兴起的空间正义论的先声。

马克思主义语境下的空间逻辑从产生到最终确立为主导的分析逻辑，经历了漫长的历史发展过程，如果以1841年马克思的博士论文为起点的话，那么它最终被确立为主导逻辑并被学界广泛接受则是1968年以后的事了，前后差不多相隔了127年的时间。诚然，空间逻辑在马克思主义理论中并没有资本逻辑那样显眼，此后一个多世纪的理论发展也没有让空间逻辑引起学界的共同关注，但其却在"五月风暴"以后忽然成为人们共同关注的话题，这到底是为什么？是什么促成了这一转变？本节将会对这些问题展开细致的讨论，但在此可以先提出一个论断，那就是马克思主义空间逻辑的最终确立并不是某些西方学者心血来潮、空穴来风的产物，而是社会历史发展的必然产物。如果说19世纪的发展主题是机器大工业（资本逻辑）的话，那么20世纪中叶以后的发展主题便是城市化进程（空间逻辑）。所以说，不是人们选择了空间逻辑，而是社会历史的发展选择了空间逻辑。

一 空间逻辑：经典马克思主义理论中的隐性逻辑

时间与空间的关系问题是希腊哲学中的古老话题，马克思延续了这个传统，在他的博士论文中系统对比了德谟克利特与伊壁鸠鲁的自然哲学的差别，在分析过程中很自然地就提到了二者对时间与空间的看法，这是马克思探讨时空关系的早期文本。马克思在他的博士论文中提到了德谟克利特与伊壁鸠鲁有一个共同观点："只有从物质中抽掉时间的成分，物质才是永恒的和独立的。"[①] 如果我们把物质看作是实体化的空间形态的话，那么可以看到上述两位古希腊哲人眼中的时间和空间是相互独立、可以拆解的，换句话说，他们都认为物质（空间）具有绝对性，而时间则是相对存在的。所不同的是，二者对于被拆解出来的时间归属性问题存在分歧。在德谟克利特看来，时间的存在对于整个体系而言没有意义，甚至可以被取消；而伊壁鸠鲁则认为："从本质世界中排除掉的时间……就成为现象的绝对形式。时间被规定为偶性之偶性。偶性是一般实体的变化。偶性之偶性是作为自身反映的变化，是作为变换的变换。现象世界的这种纯粹形式就是时间。"[②] 伊壁鸠鲁在写给希罗多德的信中进一步阐述了时间的特性："当被感官知觉到的物体的偶性被认为是偶性时，时间就发生了。因此自身反映的感性知觉在这里就是时间的源泉和时间本身。"[③] 在这里，事物对感官的显现和时间相联系，形成了伊壁鸠鲁的时间观，而这种观念对当时的马克思产生了一定影响，以至于他在"原子的质"这一章里提到："因为那互相排斥的众多原子，为感性的空间所分离，它们彼此以及它们与自己的纯本质必定直

---

① 《马克思恩格斯全集》第40卷，人民出版社1957年版，第229页。
② 《马克思恩格斯全集》第40卷，人民出版社1957年版，第230页。
③ 《马克思恩格斯全集》第40卷，人民出版社1957年版，第232页。

接地各不相同，这就是说，它们必定具有质的差别。"① 在这里，马克思提到的空间是"感性的"，按照这个观点来看，如果感官是具体自然中的唯一标准的话，那么时间和空间就是感性的。这种空间观出现在马克思的青年时代，尚不成熟。

（一）劳动的城市分工与生产关系的变革

马克思的时空观从形而上学转向实践性的社会经济关系是在《德意志意识形态》中得到体现的，也正是在这个文本中明确展现出了劳动分工的空间逻辑——城乡分工。需要指出的是，这样的分工最初是从体力劳动和脑力劳动的分工引申出来，进而发展为物质劳动与精神劳动的区分，马克思发现了这种分工的空间形态，指出："物质劳动和精神劳动的最大的一次分工，就是城市和乡村的分离。城乡之间的对立是随着野蛮向文明的过渡、部落制度向国家的过渡、地域局限性向民族的过渡而开始的，它贯穿着文明的全部历史直至现在。"② 城乡分工是劳动的空间分工的开端，这种空间上的分化与对立使得阶级关系、生产关系发生了深刻变革，为资本主义的出现奠定了物质基础。进一步而言，城乡分工导致了三个方面的变化：第一，出现了市民与农民的两大阶级的划分，城市表现为人口、资本、生产工具等要素的集中，乡村则表现为隔绝与分散；第二，空间因素以二元对立的形式介入到了人们的生产生活之中，表现为一部分人受制于城市，另一部分人受制于乡村，并且这种对立随着生产的发展体现得越发明显；第三，城市与乡村的分离意味着资本和地产相分离，资本脱离地产，以劳动交换为基础，这意味着资本主义的所有制形式进一步形成，金融的发展在这样的空间分工中成为了可能。当然在中世纪的城市中所形成的资本和今天的金融资本不是一回事，它不是以货币来计算的，"而是直接同占有者的特定的劳动联系在一起、同它完全不可分割的资本"③，因而是一种"等级资本"。

---

① 《马克思恩格斯全集》第40卷，人民出版社1957年版，第218页。
② ［德］马克思、恩格斯：《德意志意识形态：节选本》，人民出版社2003年版，第48页。
③ ［德］马克思、恩格斯：《德意志意识形态：节选本》，人民出版社2003年版，第50页。

随着城乡分工的进一步发展，出现了生产和交往的分离，这种分离促进了相邻地方之间贸易关系的建立，而贸易的发展又促使地区间的道路状况、交通工具的进步，增进了地区间的文化交流。在这样的发展局面下，城市之间的联系迅速建立起来，商贸往来得到了加强，随之而来的就是劳动的城市分工，"新的劳动工具从一个城市运往另一个城市，生产和交往间的分工随即引起了各城市间在生产上的新的分工，不久每一个城市都设立一个占优势的工业部门。最初的地域局限性开始逐渐消失"①。这是马克思探讨劳动的空间分工最直接的例证，后世的马克思主义空间理论家们正是沿着他的这一研究路径，结合各自所属时代的政治经济特点继续进行着深入的研究，有关这方面的话题我们会在后文专门讨论。马克思在发现劳动的城市分工以后，紧接着就指出了它所引发的直接后果是工场手工业的产生，这是一个值得注意的观点，以往人们只关注到生产力的发展是工场手工业出现的原因，但却忽略了马克思的空间分析逻辑。换句话说，马克思的这个观点表明，工场手工业的出现不仅仅是生产工具升级的结果，还必须通过劳动的城市（空间）分工才能促使这种新的生产方式在城市之间乃至世界市场普及。空间维度在马克思主义的语境中从来就没有缺席过，更不曾有过"怯场"！

劳动的空间分工促使了工场手工业的产生，而工场手工业的推广却造成了革命性的影响，旧式的生产关系被彻底改变了。首先波及的便是所有制关系与资本的形态，在工场手工业的推动下，以往的与实物有着紧密联系的等级资本逐步被商人资本所取代，由此创造出更有活力的资本，为资本主义的到来奠定了经济基础。其次，生产关系的改变还体现在传统的雇佣关系的瓦解上，这主要体现为受到行会排挤、压榨的农民有了新的选择，他们可以到待遇相对较好的工场手工业中进行工作，工场手工业成为了旧式行会强有力的竞争对手，与此同时，那一时期大量的破产者、失业人口也大量涌入工场手工业，为其发展带来了不少劳动力。最后，工场手工业瓦解了行会制度中的宗法关系，代之以更具资本

---

① ［德］马克思、恩格斯：《德意志意识形态：节选本》，人民出版社2003年版，第51页。

主义色彩的工人与资本家的雇佣关系。虽然工人的存活依然需要依赖资本的剥削，但传统的人身依附关系已经逐步被金钱关系所取代。工场手工业虽然造成了生产关系的重大变革，但其本身的存在却是脆弱的，尤其是在面临国外相同产业的挑战时，本国政府往往会采取一些国际贸易中的保护策略（或者说是一种空间上的保护策略）："在国内市场上实行保护关税，在殖民地市场上实行垄断，而在国外市场上则尽量实行差别关税。本国生产的原料（英国的羊毛和亚麻，法国的丝）的加工受到鼓励，国内出产的原料（英国的羊毛）禁止输出，进口原料的［加工］仍受到歧视或压制（如棉花在英国）。在海上贸易和殖民实力方面占据优势的国家，自然能保证自己的工场手工业在数量和质量上得到最广泛的发展。"① 这种贸易保护策略是很常见的，离开了保护，工场手工业很难发展起来，在这个分析过程中，隐藏着的空间分析逻辑再次显现了出来，它从侧面反映出劳动分工从城市上升到了世界市场，正是在这一时期，劳动的国际分工开始成形，并逐渐将各民族国家卷入到了世界市场之中。由于市场的扩大，产品需求量的增加，直接刺激了机器大工业的出现。

在此我们发现了一个有趣的关系，那就是劳动的城市分工促使了工场手工业的出现，而劳动的国际分工则促使了机器大工业的出现。这就再一次证明，单个车间的技术研发不足以使整个生产方式发生变革，必须伴随着空间分工的强大推动力，才能塑造出先进的生产力。大工业的出现在更大的范围中、更高的程度上对生产关系造成了革命性的影响，这次就不是单纯瓦解行会制度那么简单了，世界上各民族国家的独特性都受到了大工业的挑战，正如马克思在《共产党宣言》中描述的那样，一切固定的东西都烟消云散了，一切神圣的东西都受到了亵渎，"由于开拓了世界市场，使一切国家的生产和消费都成为世界性的了……这些工业所加工的，已经不是本地的原料，而是来自极其遥远的地区的原料；它们的产品不仅供本国消费，而且同时供世界各地消费……过去那种

---

① ［德］马克思、恩格斯：《德意志意识形态：节选本》，人民出版社2003年版，第56页。

方的和民族的自给自足和闭关自守状态，被各民族的各方面的互相往来和各方面的互相依赖所代替了。物质的生产是如此，精神的生产也是如此。各民族的精神产品成了公共的财产"①。资本驾驶着机器大工业的战车在世界各地攻城拔寨，让世界趋于同质化，地方的差异被摧毁了，最后的结果是"使未开化和半开化的国家从属于文明的国家，使农民的民族从属于资产阶级的民族，使东方从属于西方"②。

（二）"时间消灭空间"语境下的时空关系

1848 年以后，马克思的空间分析逻辑主要在政治经济学的批判过程中展现出来，特别是在《政治经济学批判（1857—1858 年手稿）》（又称《政治经济学批判大纲》或《1857—1858 年经济学手稿》）中马克思考察了资本的流通时间和空间的关系，这也成为时下国内外空间理论学者们最常引用的文本。因为马克思在这个文本中非常直观地阐述了"时间消灭空间"的现象及其可能性，这让敏感的空间学者们眼前一亮，尤其是那些刚刚完成转型的国外地理学家们，马克思的这句话成为了挑战地理学科的一大"罪状"，被激进的地理学者们反复批判，从而来论证"地理学很重要"。这样的例子在国内外有很多，例如有学者就指出："在马克思的著作中占有绝对主导地位的概念是时间而不是空间，更不是地点。历史更多地是按照时间序列展开的，不是空间或地点。"③ 甚至连大卫·哈维也曾委婉地表示："马克思经常在自己的作品里接受空间和位置的重要性……但是地理的变化被视为具有'不必要的复杂性'而被排除在外。"④ 事实上，空间逻辑作为一项隐藏逻辑一直存在于马克思主义的语境中，即便是马克思提到"时间消灭空间"也并非是对空间维度的无视，而是强调资本在流动与积累的过程中一定会设法突破空间障碍。在进一步挖掘马克思的原文本后会发现，马克思主义语境下的时间与空间具有同一性，二者不可分割，它们都统一于人

---

① ［德］马克思、恩格斯：《共产党宣言》，人民出版社 1997 年版，第 31 页。
② ［德］马克思、恩格斯：《共产党宣言》，人民出版社 1997 年版，第 32 页。
③ ［美］安东尼·奥罗姆、陈向明：《城市的世界——对地点的比较分析和历史分析》，曾茂娟、任远译，上海人民出版社 2005 年版，第 11 页。
④ David Harvey, "The Geopolitics of Capitalism", in Derek Gregory and John Urry, eds. *Social Relations and Spatial Structures*, London: Palgrave Macmillian, 1985, p. 143.

类的实践活动之中。

如果我们回归原文本会发现,马克思提出"时间消灭空间"是有上下文背景的。他在这里要论述的是,资本如果要实现更快速地增殖,就必须加快流动时间,为了说明这一点,马克思给出了一个等价关系:"流通时间表现为劳动生产率的限制＝必要劳动时间的增加＝剩余劳动时间的减少＝剩余价值的减少＝资本价值自行增殖过程的障碍或限制"①。在马克思看来,资本的流通时间也应当被视为创造价值的要素,只不过这个时间与商品的价值成反比,"如果说劳动时间表现为创造价值的活动,那么资本流通时间表现为丧失价值的时间"②。换句话说,如果资本的流通时间延长,就意味着工人的必要劳动时间增加,而资本家获利的剩余劳动时间减少,所以资本家要想最大限度地获取剩余价值,就必须消除资本流通的空间障碍,通过完善交通工具或是建立世界市场的方式来加快资本的流动,力求用时间消灭空间,以便获得更多的剩余劳动时间。以时间消灭空间的获益者是资本家,受害者则是广大工人,因为剩余劳动时间在获得大量增加的同时,也吞噬了工人的可自由支配的时间,也就是工人劳动以外的生活时光。这其中的内在关联很容易理解,由于资本流动的加快,市场需求的扩大,工厂的生产活动就一刻也不能停歇,工人的总工时甚至因此而延长,这就让工人丧失了属于自己的时间,对此,马克思抨击道:"资本由于无限度地盲目追逐剩余劳动,像狼一般地贪求剩余劳动,不仅突破了工作日的道德极限,而且突破了工作日的纯粹身体的极限。它侵占人体的成长、发育和维持健康所需要的时间。……它克扣吃饭时间。"③ 这些控诉都在述说着剩余劳动时间对工人自由时间的侵占,换言之,自由时间即是工人发展的空间。这里所说的空间既包括物质层面也包括精神层面:物质层面而言,工人获得了自由活动的空间,不必再被局限于工厂之中;精神层面而言,工人获得了从事文体活动的时间,为人们实现艺术、哲学、科学等方面的发展提供了空间。如果人们自由发展的空间继续扩大,达到马克

---

① 《马克思恩格斯文集》第8卷,人民出版社2009年版,第169页。
② 《马克思恩格斯全集》第46卷(下),人民出版社1980年版,第32页。
③ 《马克思恩格斯文集》第5卷,人民出版社2009年版,第306页。

思所设想的未来社会的条件，那么必要劳动时间和剩余劳动时间都会随之而消失，因为到那时劳动将成为人们的第一需要，劳动是人们自发自觉的活动，劳动时间就是自由时间的一个方面。到那时，人们的活动空间（无论是物质上还是精神上）也会得到很大的扩展，并最终实现从"必然王国"向"自由王国"的飞跃。在马克思这里，时间与空间是统一于实践的，从物质层面看，时间内嵌于空间之中，空间是时间的结晶体，只有二者结合才能展现变动的世界；从精神层面看，空间的获得需要时间的解放，人们只有获得更多自身可支配的时间，才有可能在更大的空间中全面发展。

二 空间逻辑在当代的确立：知识界的"空间转向"

在19世纪资本主义工业革命的大背景下，马克思主义的主导性的分析逻辑无疑是资本逻辑，然而在他的众多分析逻辑中却一直隐藏着一个空间逻辑，这是马克思在主观上和客观上都不可能避开的。一方面，空间问题自古以来就是一个重要的哲学范畴，是自然哲学的基础和前提；另一方面，一切社会活动都是在时空背景下进行的，物质运动与时空具有不可分割性，马克思的论述即便聚焦于资本积累、阶级斗争，也始终存在着无法忽略的时空背景。所以马克思主义的空间逻辑不是有没有的问题，而是何时被凸显、为何被凸显的问题。正如上文所提到的，如果以1841年马克思的博士论文为起点，以1968年巴黎的"五月风暴"为转折点，那么马克思主义的空间逻辑从产生到它的当代确立，前后经历了127年的漫长演变，为何会如此？"空间转向"是否真的有现实依据，抑或是某些哲人的头脑实验？如果我们用马克思的唯物史观的方法论来分析这些问题就会发现，空间逻辑在当代的确立不是一个形而上的现象，不是哲人们制造的虚幻的概念，而是有着坚实的社会实践基础的，是历史发展的必然结果。具体而言，空间理论的兴起是伴随着资本主义城市化进程的加深而产生的，近代以来所形成的资本主义文明的实质，就是以工业革命为基础、以生产力发展为驱动的城市文明。这样看来，城市社会理论或者说空间理论的出现是早晚的事，事实证明，在19世纪和20世纪都出现了许多城市规划理论，到了20世纪60年代，这些理论中的很多人文性的内容才以空间理论的面貌出现。当然，理论产生的前提在于实践，要考察空间理论的起源，就必须将它与城市化关联起来。

在马克思主义的理论体系中，对于空间的关注除了上文提到的内容外，恩格斯对城市问题做了系统而直接的考察，例如《英国工人阶级状况》《论住宅问题》就是这方面的杰作。在分析了资本主义制度下的城市变迁、环境恶化、无产阶级的生活状况后，恩格斯提出了消灭城乡对立的构想。他指出："消灭城乡对立不是空想，不多不少正像消除资本家与雇佣工人的对立不是空想一样。"[1] 恩格斯的这个构想无意之中成为了20世纪空间正义论的先声。空间逻辑的确立除了这些理论上的准备外，在实践上也被积极推进着。例如，与马克思、恩格斯同时代的法兰西第二帝国所发生的奥斯曼巴黎改造计划，就是这方面的典型案例。路易·波拿巴（拿破仑的侄子）在1848年的革命风潮中登上了总统宝座，这或许是人们对"拿破仑时代"怀念的结果，可是到了1851年12月，路易·波拿巴却发动了政变，强化了总统的权力，实行军事独裁。马克思对这一时期的法国政局进行了精彩的分析，并给这篇文章起了一个充满讽刺性的标题《路易·波拿巴的雾月十八日》，在这篇文章中马克思说出了那句流传甚广的名言："黑格尔在某个地方说过，一切伟大的世界历史事变和人物，可以说都出现两次。他忘记补充一点：第一次是作为悲剧出现，第二次是作为笑剧出现。"[2] 一年以后，也就是1852年12月2日，路易·波拿巴正式称帝，开启了法兰西第二帝国的历史，马克思的预言成真。

当然我们在此要考察的不是波拿巴的闹剧，而是在他治下发生的巴黎旧城改造，这是发生在19世纪中叶的资本主义城市化运动的代表。在资本主义工业革命的推动下，巴黎的城市人口在19世纪上半叶快速增长，到1846年人口规模已经达到一百多万。但是中世纪以来所形成的巴黎城市格局已经无法容纳如此庞大的人口，巴黎成为了一个拥挤不

---

[1] 《马克思恩格斯文集》第3卷，人民出版社2009年版，第326页。
[2] 《马克思恩格斯文集》第2卷，人民出版社2009年版，第470页。

堪的城市，无数的马车瘫痪了城市的交通，城市里的街道、建筑、下水道已经非常陈旧，疾病、犯罪、堕落充斥在巴黎的街头巷尾。这样的局面极大地阻碍了巴黎经济发展的内在要求，路易·波拿巴在1850年就计划改造这座城市，他曾宣称："要开辟新的道路，并且改善人口密集区空气和光线缺乏的问题，我们要让阳光照射到全城每个角落，正如真理之光启迪我们的心智一般。"① 为了达到这个目标，波拿巴于1853年任命奥斯曼（Haussmann）为塞纳—马恩省省长，并负责巴黎的旧城改造计划。为了彰显新帝国的荣光，奥斯曼对旧巴黎进行了大刀阔斧的改造，在密集的旧城区拆除了大量中古时代的建筑；为了缓解交通拥堵，开辟了一条条宽阔的马路，并在马路两侧栽种了大量的行道树；更值得一提的是巴黎街道下的下水道系统建设，宽敞的下水道甚至成为了巴黎的一道令人瞩目的风景线。大卫·哈维在《巴黎城记》中对奥斯曼的改造计划进行过详细的描述："他仔细地监督街道陈设的设计（例如煤气灯、小报摊，以及街道便斗的设计），并且坚持各个环节都必须成直线排列……在局部地区则特意营造不对称的景观，好让整座巴黎市产生均衡对称的效果。"② 后世对奥斯曼的大拆大建可谓毁誉参半，他在打造19世纪欧洲首都的同时，也制造了不少社会矛盾，特别是他对所谓"危险阶级"的驱逐和对地主阶级、中产阶级的打击，为第二帝国的瓦解埋下了隐患。不过对于巴黎的城市面貌和宜居性来说，这次改造也算是一件幸事，毕竟奥斯曼的设计团队都是一群有着"极强的人格"（按照哈维的说法）和艺术感的人，因此哈维将奥斯曼的城市改造运动称作"创造性破坏"。巴黎的幸运之处体现在，不是每次历史上的大拆大建都能遇上富有艺术感和责任感的设计团队，如果遇上的是愚昧、短视、毫无艺术感的规划者，那么这个城市面临的将是毁灭性的破坏。

巴黎的城市改造只是整个资本主义城市化进程的一个缩影，进入

---

① ［美］大卫·哈维：《巴黎城记：现代性之都的诞生》，黄煜文译，广西师范大学出版社2010年版，第116页。
② ［美］大卫·哈维：《巴黎城记：现代性之都的诞生》，黄煜文译，广西师范大学出版社2010年版，第110—111页。

20世纪，城市化的步伐进一步加快，整个世界由以往的农业社会、工业社会朝着都市社会迅速转型，"据估计，1800年，世界人口中只有3%的人生活在城市；1900年，上升到14%；到1975年，上升到41%；预计到2025年将有60%的人生活在城市"①。

这意味着世界人口将在空间上和生活方式上有被城市化、市民化的趋势。在20世纪早期，有关城市化问题的理论贡献主要来自芝加哥学派，他们的理论刊物《美国社会学杂志》对美国的理论界产生了很大的影响，其研究旨趣主要在于现实的城市问题，为美国都市社会学的发展奠定了基础。在第二次世界大战爆发以前，较为著名的例子还有芒福德（Mumford）对田园城市理论的实践，芒福德的精神导师埃比尼泽·霍华德（Ebenezer Howard）在其著作《明日的田园城市》中阐述的理论，是笛卡尔的理性主义与欧文的空想社会主义的结合体②，该理论主张根据不同地区的功能和阶层结构，对城市进行理性的规划。为了实践这个理论，芒福德与克莱伦斯·斯坦因（Clarence Stein）在新泽西州的雷德朋市进行了一场规划实验，目的是要"打造一座为汽车时代设计的田园城市"③，但是这场实验因为美国经济大萧条而破产，雷德朋市最终沦为了"田园郊区和睡城"。不过芒福德依然对他早年的实验赞赏有加，他认为"尽管雷德朋市在大萧条中最终破产，但它却是一座拥有完整绿带的田园城市，足以媲美英国的莱奇沃思和韦林两座经典的田园城市"④。与芒福德差不多齐名的另一位城市规划评论家简·雅各布斯（Jane Jacobs）的隆重登场则是在二战以后了。雅各布斯原本是一位记者，她在进行社会问题报道的过程中关注到了美国城市发展过程中的矛盾和问题，并由此成为了一位颇有见地的评论家。20世纪50年代，

---

① Allan G. Johnson, *The Blackwell Dictionary of Sociology*, New Jersey: Blackwell, 2000, p. 307.

② 于洋:《亦敌亦友：雅各布斯与芒福德之间的私人交往与思想交锋》,《国际城市规划》2016年第6期。

③ 于洋:《亦敌亦友：雅各布斯与芒福德之间的私人交往与思想交锋》,《国际城市规划》2016年第6期。

④ 于洋:《亦敌亦友：雅各布斯与芒福德之间的私人交往与思想交锋》,《国际城市规划》2016年第6期。

美国正经历一场大规模的城市更新运动，和19世纪奥斯曼巴黎改造计划一样，这场运动引发了一些社会问题。当时有着"纽约奥斯曼"之称的著名规划师罗伯特·摩西（Robert Moses）打算在纽约推广"贫民窟清理计划"和社区重建项目，很多老街区都要拆除，其中一项高速公路修建计划需要拆除华盛顿广场公园，那是当地居民熟悉的场所，也是雅各布斯常带儿子玩耍的地方。对此，她抨击摩西的计划是在毁灭这座城市，并且组织了颇有规模的抵抗运动，甚至连芒福德也撰文支持雅各布斯的行动。最终，在与推土机的战斗中，雅各布斯取得了胜利。当然，雅各布斯最为人乐道的是1961年出版的《美国大城市的死与生》，在书中她抨击了传统的城市规划理论，提倡尊重城市发展的多样性与自发性。也正是因为此书，芒福德与雅各布斯最终分道扬镳，当然这并不是本书要讨论的重点。通过20世纪芒福德与雅各布斯的例子，我们可以看到城市化的进程在那个时期并没有停止，甚至到了五六十年代，这个进程的步伐还有所加快，正是在这样的客观环境下，理论界才有"空间转向"的现实依据，马克思主义理论中的空间逻辑才有展现的可能。

20世纪60年代，随着欧美战后城市化的规模和影响力不断扩大，都市社会学问题以及我们所处的空间本身的存在方式，引起了敏锐哲人的关注，他们纷纷开始"解释世界"。1967年，福柯在一次演讲中大胆宣告，空间的时代即将来临！这篇演讲就是1984年发表的《不同空间的正文与上下文》，在文中，福柯宣称："当今的时代或许应是空间的纪元。我们身处同时性（epoch of simultaneity）的时代中，处在一个并置的年代，这是远近的年代、比肩的年代、星罗散布的年代。"[①] 无独有偶，福柯的"空间号角"刚刚吹响，法国的"五月风暴"就来临了，在这场运动中，知识界的激情被极大地调动起来，左翼的力量也更加集中，在客观上加速了知识界的"空间转向"。例如，列斐伏尔正是在1968—1974年这段时期围绕都市问题、空间理论等话题发表了大量著作，试图探索出一套不同于苏联模式的马克思主义

---

① 包亚明：《后现代性与地理学的政治》，上海教育出版社2001年版，第18页。

理论，所以对马克思主义空间逻辑的系统挖掘，是从列斐伏尔这里开始的。列斐伏尔在日常生活批判的过程中逐渐发现了城市空间（社会空间）的重要性，他认为人类社会在经历了长期的农业社会和工业社会之后，将会进入到一个全球都市化的社会，到那时，世界上的大部分人口将生活在都市中，而整个社会形态也会以城市的组织结构出现。列斐伏尔最有影响力的著作当属1974年出版的《空间的生产》，在这本著作中他批判了传统的空间观，即认为空间只是一种静止的"容器"或"平台"，他指出："空间具有积极的——操作性或者工具性的——作用"①；"我们所面对的并不是一个，而是许多社会空间。确实，我们所面对的是一种无限的多样性或不可胜数的社会空间"②。列斐伏尔强调，空间不是单纯的背景，空间本身也可以被生产，并且是一个可以用来消费的对象，这种消费包括房屋、道路、土地、交通工具等。可以说，列斐伏尔是第一个明确将马克思主义的空间逻辑确立为主导逻辑的理论家，他不仅树立起了左翼空间理论研究的旗帜，还进一步启发了大卫·哈维和卡斯特，"哈维从左边继承了列斐伏尔对资本主义的批判。马克思的政治经济学批判被他彻底贯彻到空间批判和城市批判中。卡斯特从右边对列斐伏尔的理论进行了发展"③，不过卡斯特后来离开了马克思主义的理论立场并转而批判列斐伏尔。对于哈维的理论贡献，国内学界早已耳熟能详，伴随着知识界的"空间转向"，哈维于1973年撰写了《社会正义与城市》，标志着他从以往的实证主义地理学研究旨趣，转向了"社会空间哲学"的研究，并在这个转变过程中选择了马克思主义的立场和方法论。

三 多琳·马西的社会空间理论之形成

在整个知识界的"空间转向"中，英国马克思主义地理学家多

---

① Henri Lefebvre, *The Production of Space*, trans. Donald Nicholson Smith, Oxford: Blackwell, 1991, p. 11.
② Henri Lefebvre, *The Production of Space*, trans. Donald Nicholson Smith, Oxford: Blackwell, 1991, p. 86.
③ 强乃社：《论都市社会》，首都师范大学出版社2016年版，第4页。

琳·马西（Doreen Massey）在空间理论的构建中拥有很大的影响力，甚至有的英国学者认为她是 20 世纪最伟大的女性主义地理学家。当然这样的评价包含了情绪化的崇拜因素，客观地看，她提出的劳动的空间分工理论最具马克思主义的政治经济学色彩。在马克思看来，劳动分工是政治经济学的总范畴，一切研究以分工为起点，同样，马西在构建空间元理论的过程中以空间分工为起点，这样最能把握到空间的本质，符合唯物史观的分析方法。在马克思主义空间逻辑得以最终确立的当代，马西对资本主义城市社会问题的分析兼具时代特色、马克思主义分析方法以及女性主义的立场，她所构建的马克思主义空间理论在众多流派中可谓别具一格。马西的社会空间理论以劳动的空间分工为中心线索，针对现代主义、本质主义、新自由主义、男性至上主义等派别的空间观进行批判与反思，从而构建一套更能适应全球化趋势的马克思主义空间理论，并在此基础上形成了一种理解城市与地方的"社会关系"研究范式，进而塑造出动态的、开放的、联系的，并且具有性别视角的场所精神。

在马西的社会空间理论中，首要的问题是劳动分工，特别是劳动的空间分工何以可能的问题。劳动分工是整个政治经济学理论的起点，也是构建社会空间理论的重要根基。劳动分工理论的发展经历了三种逻辑的演变，即：生产逻辑、资本逻辑、空间逻辑。这三大逻辑层层递进，分工的生产逻辑是起点；分工的资本逻辑是资本主义社会进入工业革命时代后，由马克思主义政治经济学发展出来的理论视角；分工的空间逻辑则是资本逻辑在世界市场的一种延续，特别是伴随着全球时空压缩的加剧，劳动分工的空间形态，以及空间结构对分工呈现的反作用是非常值得考察的现象。马克思、恩格斯原本打算在他们的政治经济学理论中进一步考察资本主义世界市场、国际贸易的问题，以及"时间消灭空间"可能的演变方式。但遗憾的是，在他们的有生之年没能看到这些问题全面展开后的面貌。一百年后，马西沿着恩格斯的足迹继续探查英国产业区位经济发展等问题，提出了劳动的空间分工理论。加之 60 年代的"空间转向"运动，空间理论与政治经济学相结合，最终确立了劳动分工的空间逻辑。马西的一个得天独厚的优势在于，她和恩格斯的经济考察对象都是英国产业区，而她的考察正好就是经典马克思主义政治经济学在百年后的延续，某种程度上算是一种"跟踪调查"。马西在对英国各产业区的考察中，逐步形成了劳动的空间分工理论。这个理论关注的焦点在于：（1）劳动分工的空间形态；（2）劳动的空间分工与不平衡发展的关系；（3）由劳动的空间分工所引发的社会结构的空间分化；（4）社会关系的空间结构失衡与权力几何学。在对上述问题的探索过程中，马西逐步将经济关系同社会关系连接起来，并将话题转向了社会经济关系与空间结构的相互塑造之上。

地理的不平等发展与劳动的空间分工相互作用，导致了社会关系的空间结构失衡。空间中的不平等的权力关系及空间正义的可能性是马西关注的焦点，也是马克思主义人文地理学的核心议题。当然在讨论这个议题之前，必须确立社会性与空间性之间不可割裂的关系，必须与"空间科学"的概念区分开来，否则空间在社会关系中所扮演的重要角色就无法彰显出来。在社会空间理论中，存在着各种观点和主张，然而其中很多内容与现实生活中的社会空间现象存在很大的偏差，这些有偏差的观点可以概括为历时性与共时性的空间假象，其中的代表性观点包括：现代主义、殖民主义、"罗斯福推论"、拉克劳的空间理论等等。通过对上述这些观点的批判，马西在理论上树立了动态、发展的空间理论，并将这种空间理论引向更为具体的地方关系，在界定了空间与地方的基本概念与联系后，挖掘出地方的社会关系性与变动性，从而树立了一种具有全球地方感的场所精神。

作为一个女性主义者，马西的空间理论具有鲜明的性别视角，她从劳动的性别分工入手，探讨了性别分工与性别关系、性别分工及其空间结构的问题，并在此基础上阐述了空间女性主义。针对现代性空间观中的精英主义和性别视角缺失等问题，马西批判了以哈维和苏贾为代表的父权观念，强调了空间理论如果缺失了对女性或"他者"的关切，将会是一种片面的理论。同时她还反思了二元对立的性别化空间认知，特别是在劳动分工领域，应当打破固有的性别歧视与偏见，女性主义并不是要求女权至上，而是呼吁男女平等。在家庭领域，则要打破一些学者将地方等同于家园的做法，因为这其中不仅包含了地方的动态或静态之辨，还涉及女性在家庭中到底是安适其位或不得其所的问题。在批判与反思的过程中，马西坚持了经典马克思主义的性别视角，进一步分析了劳动的性别分工与性别关系的变化、劳动的性别分工及其空间结构等问题，并最终彰显空间女性主义的基本立场。

第二章　劳动的空间分工：社会结构的空间分化与权力几何学

英国著名社会学家安东尼·吉登斯（Anthony Giddens）曾经在他的《社会的构成》中抱怨理论界对空间概念的广泛忽视，人们只是将空间看作社会活动的环境。列斐伏尔在他 1974 年出版的《空间的生产》中也曾呼吁读者不要把空间简单地视作"容器""平台"，并指出："我们所面对的并不是一个，而是许多个社会空间。确实，我们所面临的是一种无限多样或不可胜数的社会空间。"① 在这里，空间的社会性被明确表述了出来，人们开始意识到，有组织的空间或许不是自然给定的，而是社会建构的结果。随着福柯在"五月风暴"前夕吹响了空间时代的号角，地理学家、社会学家、经济学家、左翼团体、马克思主义者都纷纷聚集到了"空间"旗帜之下，围绕着空间的本质、城市化问题等展开激辩。在整个 70 年代，空间理论中最为耀眼的人物莫过于列斐伏尔、卡斯特、哈维，他们在当时被称为空间理论的"三剑客"，并因此被后来的国内学界所熟知。比较有代表性的例子来自大卫·哈维，在知识界准备集体向空间话题进军的 60 年代，正好也是实证主义地理学占上风的时期，哈维在那个时期写下了具有强烈空间科学色彩的《地理学中的解释》。后来受到整个理论大环境与社会运动的影响，在 1973 年哈维写下了《社会正义与城市》一书，这标志着他个人的转型。在整个知识界开始转向空间研究的潮流中，作为地理学家的哈维选择把研究触角

---

① Henri Lefebvre, *The Production of Space*, trans. Donald Nicholson Smith, Oxford: Blackwell, 1991, p.86.

由实证主义地理学转向"社会空间哲学"研究，在这个过程中选择了马克思主义的立场，并开始挖掘马克思主义中的空间线索。这个故事在国内学界广为流传，但哈维并不是唯一一个马克思主义的空间理论家，严格说来，当时有不少学者做着同样的研究。例如，英国著名马克思主义地理学家多琳·马西就有着类似的理论研究轨迹，马西的立场转变同样发生在70年代，那时的她接触到了法国阿尔都塞的哲学，阿尔都塞那句"没有所谓的起点"的反本质主义的名言给予了马西莫大的鼓舞，并且为马西的女性主义立场提供了一些哲学上的支撑。当然，阿尔都塞哲学对马西最大的影响是转变了她的立场，那时的欧美学界正在经历着另一场激辩：马克思主义到底是一门科学还是充满人道主义关怀的形上哲学。为此，阿尔都塞专门撰写了《保卫马克思》来捍卫马克思主义的科学地位。多琳·马西深受此书影响，从那一刻起，她确信自己就是一位马克思主义者，不过在此之前她已经是属于左翼的社会主义学者了。

20世纪七八十年代，马西先后在英国环境研究中心（CES）、伦敦经济学院（LSE）、大伦敦议会（GLC）担任研究员，主要从事英国城市产业发展战略研究。1979年她在《何种意义上的区域问题？》一文中首次提出了劳动的空间分工这个概念，将传统的产业区位理论与地理不平等、劳动分工的空间结构联系在一起，这是一次具有开创性的理论尝试。1984年，马西的《劳动的空间分工：社会结构与生产地理学》正式出版，在书中马西对劳动的空间分工理论进行了全面而系统的阐述，该理论成为了她今后所建构的空间元理论的重要基础。如果说大卫·哈维的理论贡献是将空间视角引入到历史唯物主义中的话，那么马西的劳动空间分工理论则是将空间结构的概念引入到了英国经济产业的分析当中，在这个过程中展现了英国的社会结构是如何被空间化的，证明了空间结构何以可能影响城市产业经济的发展。从研究切入点来看，马西依循着英国古典政治经济学的传统，以劳动分工为起点，进而论及生产关系的空间结构，以政治经济学为例证，充分论证了"空间是一种社会建构，社会也是一种空间建构"的哲学式命题，同时也避免了纯粹哲学式的形而上的论证方法。从研究对象看，马西的劳动的空间分工理论堪称恩格斯《英国工人阶级状况》的当代再现，二者的考察对象都是英国不同产业、不同地区的发展状况和工人待遇，所不同的是恩格斯侧重于描述19世纪英国的工人生存状况，而马西则侧重于20世纪后半叶英国各产业区的发展与空间结构的关系，并且更加关切工人阶级中女性所处的地位。从论述风格和研究旨趣看，劳动的空间分工理论也带有几分《资本论》的色彩，是对《资本论》未竟事业的延续（例如对世界市场、国际贸易、地理扩张等问题的探索）。

第一节　恩格斯《英国工人阶级状况》的当代再现

如果把恩格斯和多琳·马西对英国产业区发展的论述贯穿起来，就能呈现出英国产业发展的全景图，如果再加上恩格斯在《英国工人阶级状况》导言部分对英国工业史的回顾，那么这幅全景图的时间跨度将会长达两百年。从1764年第一台珍妮纺纱机的发明到翼锭纺纱机、走锭精纺机、机械织机的出现，从人力发动、水力发动再到蒸汽机发动，英国的机器劳动逐步战胜了手工劳动，行会宗法制度进一步瓦解。蒸汽机的出现刺激了煤炭、铁矿的开采，煤铁资源的出现又进一步激发了机器制造业、铁路网、轮船制造业的快速发展。大英帝国正是在产业革命的驱动下迅速跃升为世界的工业中心。正是因为英国工业化的进程推动了其城市化的发展，大批农业生产者纷纷涌入城市成为产业工人，造就了英国的大型工商业城市。进入20世纪，英国的发展势头逐渐减弱，特别是经历两次世界大战后，英国的霸主地位受到了美苏两国的挑战。60年代后，英国经历了从威尔逊主义（政府干预、规模经济）到撒切尔主义（私有化、小企业制）的变迁，传统产业继续衰败，新兴电子业、金融业、服务业发展迅速。正是在英国60年代至90年代产业经济发展的背景下，马西透过英国地理不平等的形式，探索劳动分工的空间化类型，分析社会结构与空间结构的内在联系，并进一步发现空间因素在经济社会发展中所扮演的重要角色，由此提炼出能够面向21世纪"时空压缩"的权力关系地理学。

一 劳动的空间分工的时代背景

马西的劳动空间分工理论可谓恩格斯《英国工人阶级状况》的当代再现,二者对同一对象进行了时隔一百多年的考察,这样的比照是非常有益的,一方面可以对恩格斯当年作出的各种预言进行检验,另一方面则是将马克思主义理论引向20世纪末乃至21世纪,在都市社会的大趋势下,马克思主义中隐藏的空间逻辑将成为当代城市问题研究的理论宝库。让我们做一些简单的回顾,1842—1844年,恩格斯来到他父亲位于英国曼彻斯特的一家棉纺厂学习管理("欧门—恩格斯"公司),在此期间,恩格斯走访了英国各地的工人住宅区、贫民窟,对工人阶级的劳动和生活状况进行了广泛的调查,同时搜集了各种各样的官方资料。在1845年恩格斯写就了充满人道主义关怀的《英国工人阶级状况》。虽然这部著作不能算是经济学意义上的专著,但其中所讨论的问题却是深刻而细致的,因此恩格斯在1892年为该著德文第二版撰写序言时强调:"现在我的年纪相当于那时的三倍,但是当我重读这本青年时期的著作时,发现它毫无使我羞愧的地方。因此,本书中的这种青年时期的痕迹我一点也不打算抹去。"[①] 不仅如此,恩格斯在这个序言中的很多表述是对1845年后的四十多年情形的概括,同时也为20世纪理论和实践的可能性打开了一扇门,恩格斯似乎隐约预感到了世界市场、国际劳动分工的巨大力量,感受到了新式交通工具让世界更加紧密地结合在了一起。恩格斯指出:"前一时期末开始使用的新的交通工具——铁路和海船——现在已经在国际范围内应用起来;它们事实上创造了以前只是潜在的世界市场。这个世界市场当时还是由一些以农业为主或纯粹从事农业的国家组成的,这些国家都围绕着一个大的工业中心——英国。"[②] 这么看来,与其说马克思主义理论中缺乏对空间理论和城市问题的专门阐述,不如说时代、生产方式的整体水平还不足以使空间逻辑彰显出来。20世纪上半叶发生的两次世界大战对世界格局进行的

---

① 《马克思恩格斯文集》第1卷,人民出版社2009年版,第365页。
② 《马克思恩格斯文集》第1卷,人民出版社2009年版,第367页。

重新整合，其规模之大、程度之深也是马克思、恩格斯未曾料想到的。到了20世纪60年代，19世纪末初露端倪的世界市场、国际劳动分工、先进的交通工具、资本主义地理扩张已经成为常态，这一时期，恩格斯曾感叹的英国工业疯狂发展能持续多久、如果持续一百年会造成何种后果的问题有了答案。60年代后，英国的制造业变得低迷、传统产业的失业率持续攀升，整个资本主义社会也笼罩在经济发展"滞胀"的阴影之中，盛产廉价劳动力的英国北部地区和第三世界国家逐步成为生产加工的基地。在这样的背景下，马西依循恩格斯的足迹，对英国的产业空间结构进行了当代分析，不仅对英国传统的产煤区、纺织业区、服装和鞋类生产区进行了详尽考察，对于新兴的电子制造业、金融服务业也进行了全面的分析，让我们得以看到从19世纪到20世纪末英国产业发展的全貌，也看到了劳动分工空间化的当代意义。

二 恩格斯与马西对英国传统产业区的不同考察

就英国的传统产业区而言，马西和恩格斯都进行过不同视角的考察。马西对比分析了英国四个不同的产业区从19世纪到20世纪末的社会生产方式的变迁，这些地区包括英格兰东北部的达勒姆（Durham）煤矿区、英格兰西北部的产棉区、伦敦哈克尼区（Hackney）的血汗工厂、英格兰东部从事农业生产的芬兰区（Fenlands）。恩格斯对英国传统产业区同样做过细致的考察，在《英国工人阶级状况》中他分别论述了矿业无产阶级、工业无产阶级、农业无产阶级、爱尔兰移民等问题，同时他还对英国大城市（伦敦、曼彻斯特、爱丁堡、伯明翰、格拉斯哥等）展开了批判性分析。恩格斯在对英国矿区的考察过程中注意到了矿工艰苦的工作环境和悲惨的境遇，矿工每天的工作时间都在十一个小时以上，没有固定的吃饭时间，不少矿工都患有肺结核、哮喘病，平均寿命只有四十五岁甚至更低。而矿石运输和地面拣矿的工作则由妇女和童工来承担，最小的童工年龄只有四岁。恩格斯指出："运铁矿石和煤的儿童和少年都因工作太累而叫苦不已……孩子们一回到家，就倒在灶旁的石板地上睡着了，甚至什么东西都不能吃，父母得把睡着的孩子洗干净，抱上床去。孩子们常常疲倦得倒在路上睡着了，于是父母必须在深更半夜去寻找他们，把他们在睡梦中带回家去……女孩子和妇女的情形也是一样。"① 恩格斯的分析主要是将工人阶级作为一个整体来看待，妇女和儿童的权益问题只是作为一个侧面的例证加以描述。相比之下，马西在她的考察中则更加关注女性的地位，同样是在19世纪的英国矿区，马西这样描述道："对于所有矿工妻子和矿工的女儿来说，操持家务，花费大量时间却没有收入是她们的唯一选择。煤矿地区的社会结构造成了男性和女性之间不平等的经济社会关系，进一步加重了妇女的从属地位。矿工的工作给妻子和家庭带来极其繁重的家务负担。"② 看来情况远比想象的要复杂，除了阶级关系中的劳资矛盾外，在无产阶级内部也存在着矛盾，这其中就包括由性别分工所导致的矛盾。当然女性的从属地位在这里只是一个代表性的事件，马西所谈论的这种从属关系既包括女性，也包括那些被排斥的少数族裔、有色人种，这个问题我们在后面会详谈。进入20世纪以后，英国的矿区发展又是怎样的景象呢？情况依然不容乐观，特别是在二战后，矿区的工作机会不断减少，不过这倒为其他产业在这一区域的发展提供了空间，英格兰东北部逐步转型为工业生产基地，大量女性进入了劳动力市场，她们从事着枯燥而单一的包装与流水线的工作。这些工作技术含量低，女性劳动力又相对廉价，导致以往的男性矿工们失去了工作，沦为了"家庭主夫"，马西对此有一番生动的描述："一位前矿工妻子在1983年的《女性时间》上发言时回忆说，她的丈夫只有在夜晚黑暗的掩盖下才会极不情愿地将洗好的衣服晾出去！"③

让我们把目光转向农业生产区，恩格斯发现由于英国的小块土地逐步集中到了大佃农和大地主手中，英国的小农失去了自己的土地，成为了大地主的雇农，这些雇农丧失了生产资料，沦为农村中的无产阶级。

---

① 《马克思恩格斯全集》第 2 卷，人民出版社 1957 年版，第 534 页。
② Doreen Massey, *Space, Place and Gender*, Minnesota: University of Minnesota Press, 1994, p. 193.
③ Doreen Massey, *Space, Place and Gender*, Minnesota: University of Minnesota Press, 1994, p. 204.

加之来自外国农产品的竞争压力，英国农场主不得不以低廉的价格出售农作物，这使得农业生产区成为了"慢性贫穷的发源地"。为了提高农业生产效率，大农场主们开始选择工业化的生产方式，引进了脱谷机等农用机器，"这样，我们便看到，工业生产的制度也侵入到这里了：建立了大农场，摧毁了宗法关系（这种关系正是在这里才具有巨大的意义），采用了机器、蒸汽发动机以及妇女和儿童的劳动，把劳动人民中这个还没有被触动的最保守的部分也卷到革命运动中来了"①。恩格斯在这里所形容的"劳动人民中这个还没有被触动的最保守的部分"就是马西所说的"绿色劳动"，这部分群体以女性为主，她们大多缺乏工作经验，没有参加工会的意识，属于最廉价的劳动力。进入20世纪，英国的农业生产区的社会结构并没有太大的改变，乡村中仍然保留着森严的等级关系，性别关系上依然是男性占主导地位。对于生产方式和日常生活而言变化也不大，马西指出："生活和祖母、太祖母的生活没有什么不同。仍然是成群结队去工作，田间劳动的性质也几乎没有什么变化。给鲜花除草、采花都要靠手工。芹菜和红菜头的播种收获都要手工操作。这些工作都被认为是'女人的工作'。"②

最后让我们来看看20世纪后半叶伦敦内城区的血汗工厂的例子，这些工厂以制衣业为主，生产模式主要是以女性劳动为主的家庭作坊，其特点在于"杂项开支（照明、供暖、机器维护）都由工人自己承担；工人也没有社会保险；她们在空间上的彼此隔离也使得她们不可能联合起来要求提高薪资水平等待遇"③。这类小型家庭工厂的从业者中，有时也会有少数族裔的家庭参与其中，他们所承包的业务除了服装制作外，还包括包装贺卡、串项链、给鞋子定鞋垫、组装插座等等，而这些工作很可能是他们整个家庭的唯一收入来源。随着国际劳动分工的进一步发展，伦敦的制衣业受到了来自第三世界的挑战，很多公司为了生存

---

① 《马克思恩格斯全集》第2卷，人民出版社1957年版，第550页。
② Doreen Massey，*Space, Place and Gender*，Minnesota：University of Minnesota Press，1994，p. 204.
③ Doreen Massey，*Space, Place and Gender*，Minnesota：University of Minnesota Press，1994，p. 208.

下去不得不降低劳动力成本，工人的待遇进一步恶化，马西援引了哈里森所描述的案例来说明这个问题：四十五岁的英国妇女玛丽表示："过去如果老板要赶工期，他们会跪下来求你工作。而现在，他们不会再来求我们了，爱干不干……我现在有大量的衬衫要缝制，必须每小时做 16 件才能挣到 1.75 镑，这就意味着每件衬衫之间我连半秒钟都不能停下。"① 工人的不幸遭遇在马克思、恩格斯的许多著作中都有涉及，在《英国工人阶级状况》中，恩格斯批判了资产阶级对无产阶级的态度，他指出："英国资产者对自己的工人是否挨饿，是毫不在乎的，只要他们自己能赚钱就行。一切生活关系都以能否赚钱来衡量……厂主对工人的关系不是人和人的关系，而是纯粹的经济关系。厂主是'资本'，工人是'劳动'。"②

劳资矛盾、工人阶级待遇恶劣等是整个资本主义生产方式下难以避免的问题，是一个制度性问题，也是一个生产力整体水平的问题。马克思、恩格斯均认为，要解决这些矛盾不能从个别事件入手，而应该着眼于资本主义制度本身，这是 19 世纪提出的论断；到了 20 世纪末，多琳·马西的论述则是在此基础上融入很多时代的特色，对于英国的产业发展来说，它面临着世界范围内的劳动空间分工，技术含量低的劳动密集型产业已经转移到第三世界国家，英国要摆脱困境必须拓展新兴产业领域。在这个转型的过程中，制造业和服务业体现出了不同的空间结构，从行业内部来看则出现了"总部—分厂"的空间布局；反过来看，空间区位的选择与构成空间的社会关系又影响甚至决定着产业经济的发展。正是在对区位经济政策的研究过程中，人们意识到空间性的重要意义，并且有必要将空间结构的分析方式与马克思主义的阶级分析法结合起来，形成能够解释 21 世纪新型城市化问题的空间阶级分析法。

---

① Doreen Massey, *Space, Place and Gender*, Minnesota: University of Minnesota Press, 1994, p. 210.
② 《马克思恩格斯文集》第 1 卷，人民出版社 2009 年版，第 477 页。

第二节　劳动的空间分工与生产的空间结构

一　不平衡发展与劳动分工的空间化

在马克思主义的语境中，对劳动分工空间化的考察可以追溯到《德意志意识形态》，在这里马克思评述了劳动的空间分工的最初形式，表现为物质劳动和精神劳动的空间分化，即城乡分工的出现。这样的分工也将不同的劳动者限制在了一定的空间范围之内，对此马克思指出："城乡之间的对立是个人屈从于分工、屈从于他被迫从事的某种活动的最鲜明的反映，这种屈从把一部分人变为受局限的城市动物，把另一部分人变为受局限的乡村动物。"① 自城乡分工出现后，"城市动物"和"乡村动物"的斗争一刻也没有停止过，这对矛盾贯穿于人类文明发展史的全过程，并延续到了 20 世纪。如果把这对矛盾空间化，那么它将表现为不平衡的空间发展，在政治上体现为阶级斗争的空间化，在经济上表现为不同的产业区位特征及其阶级构成。特别是从经济层面而言，城乡分工只是最初的空间分工形式，此后这样的分工则演变为不同产业的空间分工和不同区域的市场的相互联系。在马克思的时代世界市场正在形成，从他的著作中也隐约能看到他对国际劳动分工的描述："资产阶级，由于开拓了世界市场，使一切国家的生产和消费都成为世界性的了……这些工业所加工的，已经不是本地的原料，而是来自极其遥远的地区的原料；它们的产品不仅供本国消费，而且同时供世界各地消费。旧的、靠本国产品来满足的需要，被新的、要靠极其遥远的国家和地带的产品来满足的需要所代替了。"② 当然，我们知道对世界市场、殖民地市场、国际贸易等问题的系统考察是马克思、恩格斯未竟的事业，这倒不是因为他们没能意识到这些问题，而是因为这些问题在 19 世纪只是刚刚显露，最明显的也不过是殖民地市场，所以他们没能在《资本

---

① ［德］马克思、恩格斯：《德意志意识形态：节选本》，人民出版社 2003 年版，第 48—49 页。

② ［德］马克思、恩格斯：《共产党宣言》，人民出版社 1997 年版，第 31 页。

论》及其后续著作中完成这些考察计划。这些问题是在 20 世纪后，特别是在第二次世界大战之后才完整呈现出来，一直到 80 年代，全球化这个概念才被人们广泛讨论。这样看来，福柯宣称 20 世纪是空间的时代这个论断并非偶然，而是世界市场、国际分工的形成和全球城市化的趋势使然，这些因素在 19 世纪开始萌芽，到 20 世纪后半叶已是遍地开花，急需理论上的解释。

正是在这样的背景下，多琳·马西系统考察了劳动的空间分工，她的考察以英国为对象，并关联至世界各地，对当代的劳动空间分工和社会结构的变迁提供了合理的理论解释，并且将马克思主义的分析方法带入到了当前的时空背景。这对我们也是一个很好的启发，真正的马克思主义者不是宗教信徒、不是教条背诵者，而是能够运用马克思主义分析方法解释现实问题并付诸实践之人。1984 年，马西出版了她最具马克思主义政治经济学色彩的代表作《劳动的空间分工：社会结构与生产地理学》，这也是她的成名之作。不过她提出劳动的空间分工这个概念的时间最早可以追溯到 1979 年，从那时起，这个话题就引起了西方学界的广泛讨论。从古希腊时期的哲人到古典政治经济学派，在谈到分工时总会论及分工的起源是什么，同样，空间分工的起源也是我们考察这个问题的开端。从分工的起源看，柏拉图认为分工源自人们禀赋的不同，而亚当·斯密则认为人们能力上的差异与其说是分工的原因，不如说是分工的结果，在他看来，分工起源于人们对交换的需要，为此他列举了弓箭制作者和猎人之间的交换关系。这个问题我们在第一章谈到过。这里要指出的是，斯密的论述也存在漏洞，善于制作弓箭的人与猎人进行交换有利于使双方获益更大，由此来看，分工确实是交换的需要，但弓箭制作者更善于制弓箭、猎人更善于打猎也是不争的事实，斯密的例证并不能否定柏拉图的观点。所以讨论分工起源的决定因素是什么，无异于陷入"鸡生蛋、蛋生鸡"的循环论证之中。应当说，分工的起源既有人们能力差异的因素，也有交换需求的因素，还有提高劳动生产率的需求因素，至于这些因素谁更具有决定意义这种问题没有必要进行讨论，我们没有必要为决定论和本质主义的思维模式进行背书。

既然分工的起源与上述因素有着直接的关系，那么劳动的空间分工作为分工的一种重要形式，同样会受到这些因素的影响。所不同的是这些因素将以空间形态展现出来，集中表现为地理不平等、空间差异或者说是不平衡的空间发展。这里提到的不平衡发展应从广义层面来理解，不仅仅指人们禀赋能力上的差异，还包括不同地区有着不一样的自然地理条件、阶级构成、工作机会、薪资水平、社会制度、文化特征……诸如此类，这些都是空间分工产生的条件，有时是自发型分工，有时则是企业有意利用某个地区的空间特质来推行其选址战略。正是由于空间的不平衡发展，使得劳动分工的空间化成为可能，特别是对区域经济的发展来说，这决定了不同地区的产业模式。相应的，"如果不同产业利用空间差异的方式不同，那么这些方式将产生或导致不同形式的地理不平等。产业的不同应对模式意味着整个生产过程中会出现不同的劳动的空间分工，可能因此产生不同形式的'区域问题'"①。这里呈现出了一种相互作用的关系，空间差异使劳动的空间分工成为可能，而这样的分工方式又进一步强化了不平衡的空间发展，甚至导致某些特定的地区性问题。

　　随着经济的发展，劳动的空间分工逐渐演变为两种主要的形式，马克思所描述的城乡分工是第一种形式，也是最基本的形式，这种形式发展到当代则进一步表现为不同产业的空间分工，例如受自然资源和地区发展状况的影响，出现了纺织业、煤炭业、造船业、钢铁产业在空间的不同分布，各类生产企业都体现出了一种空间专业化的特征。以英国为例，"格拉斯哥的克莱德河代表了船舶和重型机器制造业；东北部代表了煤炭、钢铁、船只出口和重型机器制造业；兰开夏郡代表了棉花和某些工程行业；约克郡的西莱丁代表了煤炭和羊毛产业；南威尔士代表了煤炭和钢铁出口"②。劳动分工在此以空间的形态展现出来，但是这不仅限于一种静态的产业地图，因为这些产业会随着英国国内的经济状况和国际局势而不断变动，并且产业发展本身对相应区位也会产生直接的影

---

① Doreen Massey, *Space, Place and Gender*, Minnesota: University of Minnesota Press, 1994, p. 52.

② Doreen Massey, *Space, Place and Gender*, Minnesota: University of Minnesota Press, 1994, p. 53.

响,如果某个地区的支柱性产业不景气,最终有可能导致地区的就业率走低、收入下降、人口迁移等问题,直接后果是整个地区随着产业的衰败而衰败,空间的差异制约着产业的性质,产业的发展又影响着空间。

第二种空间分工的形式是在60年代的英国大规模兴起的,这种分工不再像产业分工那样表现为空间的专业化,而是同一个产业、同一个资本在空间中的分工。这种分工模式的最初动机是企业为了降低劳动力成本而进行的区位战略选择,例如将生产部门搬迁到有更多廉价劳动力的英国北部地区或是第三世界国家,特别是像英国传统的煤矿区在二战以后普遍衰败下来,恩格斯曾考察过的英格兰最北部的诺森伯兰郡的采煤区,到60年代后已经成为企业的生产部门的选址对象,那里聚集的大量"绿色劳动力",尤其是女性劳动者成为了企业理想的雇工。而负责研发和管理的公司总部则位于类似于伦敦、纽约、巴黎这样的国际大都会,这就形成了一种"总部—分厂"的经济模式。在这种模式下,企业的研发、管理和生产出现了空间上的分隔,企业的经营权和所有权也随着空间分工而被空间化了,对此马西评价道:"在一个极端,是那些从事研究、设计、开发工作的人,主要涉及脑力劳动,工作任务与总体战略概念构思有关……在另一个极端,组装工人履行着重复性的执行任务,即体力劳动。"[①] 而处于这两个极端之间的则是熟练的工艺工人,他们对自己的生产设计有一定的自主权。由此便形成了企业内部的一个科层体系,位于最顶端的部门从事管理和研发工作,中间层级负责将设计与执行相结合,多以熟练工为主;最低层级从事的是重复性的体力劳动,加之机器设备的运用,这一层级的劳动者还表现出去技能化的倾向。在劳动分工的空间化过程中,这三个层级的劳动出现了空间上的分化,例如,"在1977年,英国前500强公司有350家将它们的总部和所有的高层管理人员安置在伦敦和英国东南部。相比之下,所处管理阶层越低,越接近实际生产地。"[②] 最具代表性的劳动空间分工出现在英国

[①] [英]多琳·马西:《劳动的空间分工:社会结构与生产地理学》,梁光严译,北京师范大学出版社2010年版,第69页。

[②] Doreen Massey, *Space, Place and Gender*, Minnesota:University of Minnesota Press, 1994, p.75.

的电子产业,那些技术研发人员和组装工的工作区位是有明显划分的,技术工程师们"绝大部分集中在东至汉普郡、东英吉利、西至布里斯托尔的英格兰东南部大城市外围地区……1968年,63%的英国电子工程师居住在英格兰东南部。也有另外一些聚集地,尤其是柴郡北部和爱丁堡地区"①。

当然,生产部门和技术研发部门的空间分工不完全是出于资本积累的考虑,有时也是因为这两个部门有着不同的工作方式和工作时间。生产部门的计划性和规律性较强,工作时间固定,甚至连衣着都有统一的要求。而技术研发部门则要灵活得多,不存在非常规律的工作时间,薪资待遇也更高。为了避免不必要的矛盾,公司负责人通常会在地理上将这两个部门分割开来。对此,马西援引了伯恩斯(Burns)和斯托克(Stalker)的一项调查来说明这个问题,"生产部门人员不管地位如何都必须遵守的规定,尤其是作息时间,(公司的)开发工程师执行时却可以普遍比较松散……开发工程师在一栋幽雅、位置宜人的大楼里,周围是草地和花园,装饰和陈设精致。相比之下,生产车间和生产经理的办公室既拥挤又凑合"②。有趣的是,生产经理从不愿意到研发部门的实验室去参观,按他们的说法是"眼不见心不烦"。这里其实已经涉及一个更深层次的问题,即阶级关系的空间分化,如果放到更大的社会层面来考察,则是社会结构的空间分化。对于这个问题,本书在下一节会作出专门的分析。

二 管理科层制与生产的空间结构

多琳·马西对于劳动的空间分工的两种形式的划分方式,是对马克思《资本论》的一种研究范式的延续。在《资本论》中,马克思区分了社会内部分工和工场手工业分工的不同,在本书第一章曾分析过它们不同的几个方面,分别是:掌握生产资料的主体不同、承认的权威不

---

① [英]多琳·马西:《劳动的空间分工:社会结构与生产地理学》,梁光严译,北京师范大学出版社2010年版,第135—136页。
② [英]多琳·马西:《劳动的空间分工:社会结构与生产地理学》,梁光严译,北京师范大学出版社2010年版,第142页。

同、组织状态不同。社会内部分工体现的是各自独立的主体由于生产对象的不同而出现的分工；而工场手工业的分工则是在同一个资本、同一个企业内部的不同生产环节的分工，因此这样的分工组织性更强，属于资本主义的生产方式。如果把马克思对分工的区分方式空间化，我们就能更加清晰地看到劳动的空间分工的两种形式所依循的思路。第一种，不同产业的空间分工（空间专业化），其实质就是社会内部分工的空间化，表现为钢铁、煤矿、纺织、造船、电子行业、服装业的空间分工；第二种，企业内部的空间分工（"总部—分厂"模式）则类似于将工场手工业分工进行空间化，所不同的是相较于两百年前的工场手工业，20世纪后半叶的生产方式更加发达，生产设备更加先进，管理模式则发生了质的飞跃。在马克思所处的时代，大工业机器生产模式才刚起步，而20世纪60年代的英国已经开始步入后福特时代，在世界大战前资本主义社会还经历过泰勒制、福特制的发展。因此"总部—分厂"模式虽然和工场手工业的分工模式在一些形式、原则上具有很大的相似性，但在发展阶段和实质内容上已经呈现巨大的差异。在上文中我们也曾提到，英国的一些新兴产业逐步发展起了一套管理科层体系，其基本机构包括：顶层的管理与研发部门、中层的工艺型生产部门、底层的组装部门。这是一种最为简单易懂的分析模型，对于一个拥有多个区位的公司而言，情况要比这个复杂得多，这些企业由于拥有更为多样的部门设计以及更为广大的区位选择范围，因而呈现出不同的企业生产空间结构，这也是当代劳动空间分工的一个重要考察对象。按照实证主义地理学的传统，对于产业区位的分析结果通常是一张产业/就业分布图，而马西的贡献则在于：她超越了这种分析方法，将空间结构的概念引入到产业经济的分析之中，让人们不仅能看到一幅有关产业的地图，还能看到动态的生产关系。对此，马西强调："经济体系的社会结构，即社会生产关系，必定是在空间中发展的，并以多种形式发展。这些形式，我们称之为生产空间结构（spatial structures of production）。"[①]

[①] [英] 多琳·马西：《劳动的空间分工：社会结构与生产地理学》，梁光严译，北京师范大学出版社2010年版，第65页。

对于一个企业的空间分工而言,通常可能出现三种生产的空间结构,分别是:集中型的空间结构、克隆型空间结构、部分流程型空间结构。具体来说,集中型的空间结构最为简单,这种结构的特点在于企业只位于一个地区之内,并没有将其分厂设置于不同的区域。因此这样的企业规模也较小,就业人数有限,财务规模也不大。企业的经营权和所有权也处于同一个地区,没有发生空间分化,这是生产的空间结构的最基本的形态。另一种分工形式呈现出的是克隆型空间结构,在这个结构中,一个总部和多个分厂分别位于不同的地区,科层体系在这里明显地被空间化了。但是分厂的职能和总部的职能并没有太大的差异,分厂和总部同时拥有整个生产系统,也就是说每一个生产环节可以独立地在单个分厂中完成,当然也可以在总部完成。二者的唯一区别在于总部拥有完全的管理和控制权,而各分厂则只具有局部的管理控制权。例如,服装和鞋类行业的分工就以克隆型空间结构为主,对于小型服装公司而言,它们中的"很大一部分是以分包、从事外围工作、接制造商——或者只是交易商(它们通常用制造商的名称,只发挥某种商业角色)或零售商——订单的方式经营"[1]。而对于大型服装公司而言,它们往往有着规模更大数量更多的分厂,更有可能进行机械化的生产,与经销商的关系也会更密切。在大型厂商的空间结构中更容易体现多区位的科层体系,"这种空间结构是一种总部职能在一个地区执行、在另外一些地区的生产从属于外部所有权和最终控制权的空间结构。换言之,存在着一种所有、监督和控制的科层体系,即经济所有和占有关系的科层体系"[2]。在英国,这类行业的资本规模都不大,技术含量低,就分工的精细化而言无法与科技类产业相比,因而这样的科层体系并不以科技分工作为基础,在研发设计与直接生产之间并不像电子产业那样有着巨大的分化,比较容易实现在一个分厂中完成集中一体化的生产。所以这类行业常为克隆型空间结构,当然,这并不是说服装和鞋类行业就不会出现其他类型的空间结构。

---

[1] [英]多琳·马西:《劳动的空间分工:社会结构与生产地理学》,梁光严译,北京师范大学出版社2010年版,第151页。
[2] [英]多琳·马西:《劳动的空间分工:社会结构与生产地理学》,梁光严译,北京师范大学出版社2010年版,第160页。

最后一种也是最为典型的分工形式是部分流程型空间结构，这类分工一般出现在分工比较精细的技术型产业中，在生产过程中不同的环节和流程会被分配到不同的地区完成，进行这样的区位分配是为了充分利用不同的空间特质及其差异，以便合理利用不同的资源，从而使得企业利益最大化。在这样的结构中，管理权和技术研发集中于总部所在的地区，而分厂只具有部分管理权，与此同时每一个分厂（包括总部在内）只完成整个生产过程中的部分流程。例如通信设备的生产就包括了多个生产流程，从电气机械的生产到半电子、完全电子部分的生产。进入21世纪，部分流程的空间结构有了广泛的发展，很多跨国公司在生产分工上都具备部分流程空间结构的特点，尤其是苹果手机的生产分工是这方面的典型代表。从科层体系来看，苹果公司的总部位于美国加利福尼亚州的库比蒂诺（Cupertino），负责管理控制和技术研发。中间层级的"工艺工作"则由日本、韩国、新加坡、德国、荷兰以及中国台湾地区的厂商完成，主要负责供应手机的零部件。根据苹果公司提供的供应商信息，我们可以看到：中国台湾地区的供应商富佑鸿，为苹果供应扬声器和麦克风等产品，并在苏州设有一家工厂；日本的阿尔卑斯电气株式会社（Alps Electric）为苹果供应触控面板；韩国的三星电子（Samsung Electronics）为苹果供应处理器、存储芯片、OLED面板等；德国的英飞凌（Infineon Technologies AG）为苹果提供芯片。苹果公司在全世界的供应商还有很多，在此不一一列举。低端层级的组装工作则由中国等发展中国家的厂商负责完成，苹果公司一共有18家组装工厂，有14家位于中国，其中富士康就占了6家，分别位于深圳（2家）、成都、郑州、太原、上海。除了生产过程外，苹果手机的生产还依赖原材料的供应，这是科层体系的"外围层级"，例如，"2011年10—12月香港《电子通讯》刊载了一篇题为'What's Apple?'的文章，并把iPhone称为'血手机'。原因在于其组件来自刚果（金）等非洲一些地区的'冲突矿产'。为了采掘这些'冲突矿产'，不仅当地的自然环境受到极大的破坏，而且还产生了诸多的人权问题"[①]。这个

---

① 周延云、闫秀荣：《数字劳动和卡尔·马克思——数字化时代国外马克思劳动价值论研究》，中国社会科学出版社2016年版，第2页。

问题涉及劳动的空间分工与社会结构、阶级冲突等问题，我们会在后文详细讨论。苹果公司的科层体系正是以上述的这些方式在全世界展开的，该企业的劳动分工与世界市场紧密结合到了一起，是当前有关生产的空间结构的典型案例。

需要强调的是，上述劳动空间分工的三种生产空间结构，是在空间分工中出现的典型结构，但并非只有这三种结构。既不能把某一种结构绝对化，也不能僵化地套用这些结构。空间结构的概念是一种重要的理论分析工具，它"从一开始就承认存在着多样性，而且它很重要。它试图为人们就资本看上去无穷无尽的适应性和灵活性形成概念并对此进行考察而提出一种方法……它们代表了生产关系可以在空间中组织的许多方式中的三种"①。可以说，提出这三种结构不是要让问题更复杂或是限制考察问题的维度，而是要将劳动的空间分工的形式进行概念化，这样才能形成"理论武装"，从而为多变的现实问题提供一些理解范畴和解释途径。

三　劳动的空间分工理论的三种分析标准

劳动的空间分工理论研究的焦点问题是各类生产部门及其生产过程与空间的关系，要分析这个问题就必须明确生产主体的所属类别和生产的阶段性特征，这就是我们在此提到的分析标准的问题。确立这样的分析标准对于经济学研究具有普遍意义，最常见的分析标准有两种：一种是马克思对于物质资料生产所划分的第一部类（Ⅰ）和第二部类（Ⅱ）；另一种是以劳动过程及其发展阶段作为标准，以此来划分在不同的生产力发展水平阶段下产业发展的状况。另外还有一种分析标准不具有普遍适用性，它属于不同国家和地区自行设立的行业标准分类，英国的行业标准分类法（SIC）就是这方面的代表。

第一种分析标准因马克思的《资本论》对其进行了详尽阐述和运用而被人们广泛熟知。马克思在探讨社会再生产与资本积累的问题时指

---

① ［英］多琳·马西：《劳动的空间分工：社会结构与生产地理学》，梁光严译，北京师范大学出版社2010年版，第349页。

出,社会再生产的核心问题是社会总产品的实现问题,在此基础上,他将关注点转移到了社会总产品的问题上。马克思发现,社会总产品具有价值和物质两种形态,从价值形态看,社会总产品的价值由三个部分构成,分别是:不变资本(c),这种资本是包含在产品中的生产资料的转移价值;可变资本(v),这种资本属于工人在必要劳动时间内创造的价值;剩余价值(m),这是工人在剩余劳动时间内创造的价值,是资本家榨取的部分。从社会总产品的物质形态看,可以将其划分为两个部分,即用于生产性消费的生产资料和用于生活消费的生活资料,马克思对此下的定义是:"Ⅰ.生产资料:具有必须进入或至少能够进入生产消费的形式的商品。Ⅱ.消费资料:具有进入资本家阶级和工人阶级的个人消费的形式的商品。"① 相应的,社会总产品的生产主体也可以被划分为两类生产部门,"一个是生产资料的生产部门,另一个是消费资料的生产部门。两个生产部门各自使用的全部资本,都形成社会资本的一个特殊的大部类"②。这种对于生产部门的二分法是政治经济学研究中的一个主要的分析标准,在20世纪的产业经济分析中也被经济学家们广泛运用,例如,在对英国的战后产业经济分析中就能看到对这种分析方法的运用。卡尔尼(Carney)、刘易斯(Lewis)、赫德森(Hudson)在分析战后英国的宏观经济与空间结构时就指出,英国第一部类的企业在不断衰落并集中在北部地区,而第二部类的企业则集中于英格兰东南部地区。英国的劳动分工所呈现出来的空间结构是第一部类集中于英格兰北部和苏格兰部分地区,第二部类则集中于英格兰南部及东南部。这种结构造成了产业发展的南北差异,北方的衰落成为南方产业市场扩张的制约因素,但是从另一个角度看,正是北方产业的衰落使得南方的第二部类获得了来自北方的大量劳动力,"北部的失业者及他们向南部的迁移,使不断增长的第二部门(注:即第二部类)各行业的工资保持低水平,并使利润保持高水平"③。不过这种分析标准也具有一

---

① 《马克思恩格斯文集》第6卷,人民出版社2009年版,第439页。
② 《马克思恩格斯文集》第6卷,人民出版社2009年版,第439页。
③ [英]多琳·马西:《劳动的空间分工:社会结构与生产地理学》,梁光严译,北京师范大学出版社2010年版,第20页。

定的局限性，由于其划分方式过于宏观，对于某些特殊问题和新兴产业缺乏精确的解释力。在对英国的产业与区位的分析中，同一个部类的产业发展情况可能会有很大的差异，也就是说某个行业的发展状况无法代表整个第一部类或第二部类；同样，第二部类也不能成为新兴产业的代名词，其中既有传统的服装业，也有新兴的电子行业。而且就电子行业来说，它的某些产品既可以进入生产消费领域，也可以进入生活消费领域，这就造成了产品类别划定的困难。因此，对于这种分析标准的运用，不能以偏概全，其作为一种方法论不应该被绝对化。

第二种分析标准是根据劳动过程的不同阶段而划分的。劳动过程是人们利用一定的生产资料并作用于客观物质世界的实践过程，马克思对这个概念的定义是："制造使用价值的有目的的活动，是为了人类的需要而对自然物的占有，是人和自然之间的物质变换的一般条件，是人类生活的永恒的自然条件……它为人类生活的一切社会形式所共有。"[①]随着分工的细化和生产力的不断发展，劳动过程也呈现出了不同的阶段或类型，阿格列塔（Aglietta）在分析产业区位问题时将劳动过程分为四个阶段，第一个阶段被称为制造阶段，以往分散在乡间的劳动者或者不同生产部门的劳动者被聚集到了一个工厂中，这种情况类似于马克思所描述的工场手工业阶段；第二个阶段是机器制造阶段，这个时期的劳动过程采用了机器设备，劳动生产率有了很大提高，这可以和马克思提出的机器大工业相对应；第三个阶段出现在20世纪初，以泰勒制和福特制的推广为代表，前者强调对工人的生产活动进行科学的设计和管理，后者则是以市场为导向的大规模、规格化、流水线型的生产；到了60年代后，劳动过程进入第四个阶段，即新福特制时期，这个阶段的劳动分工变得更加碎片化和去技能化，对产品的生产越发个性化，而资本积累的方式也更为灵活。值得注意的是，在刚才的描述中，劳动过程的发展体现出了时间上的先后顺序，但这并不代表早先的阶段特征会随着新阶段的到来而彻底消亡，很多时候这四个阶段是同时存在的，不同的地区可能有着不同的劳动过程，因此我们也可以将上述四个阶段称为

---

① 《马克思恩格斯文集》第5卷，人民出版社2009年版，第215页。

四种类型。然而，劳动过程的四种类型作为一种分析标准，并不能成为解释区位选址和产业发展的决定因素，它只是在发展中呈现出来的现象，所以它虽然能直观地展现出产业发展的不同特征，但是单纯依靠这种方法进行分析则会有很大的局限性。例如影响产业区位选择的因素并不能解释为对"劳动过程"的选择，在马西看来决定区位选择的因素"是对利润的追求和劳资之间起起伏伏的冲突。所有各种因素都可能影响着劳动过程与选址之间的关系……由于这个原因，在确定经济体系内部主要划分界线时使用劳动过程这一标准的实际方法，必须是一个通过经验研究解决的问题。它必须是任何一种分析的一部分，而不是分析的单一输入要素"[1]。也就是说，在运用这种分析标准时，必须考虑特定的社会地理环境和相应的历史背景，并且与其他的分析标准相结合，才能避免因果倒置和片面论证的问题。

第三种分析标准是比较特殊的行业标准分类法（Standard Industrial Classification），这种方法对于各产业的生产产品进行了细致的分门别类，在每一个大的产业序列之下又包括了划分更细的最小门类列表（Minimum List Headings）。例如，70年代末的英国面临城市制造业衰败的问题，马西围绕这个问题分析了英国的产业重组和城市就业状况，在这个过程中便以《1968年标准行业分类》为分析标准（如图表所示）。具体而言，马西将英国产业的金融重组分为三种类型，第一种类型是针对产能过剩与高成本的重组，属于这种类型的产业是重型电气机械，"尤其是汽轮发电机，开关设备以及变压器（MLH361）；超高压电缆（MLH362）；航空航天设备（MLH383）"[2]。第二种类型指的是实现规模优势的重组，这类重组包括的产业有"工业系统、过程控制等（MLH354）；电子计算机（MLH366）；无线电，雷达和电子资本货物（MLH367）"[3]。第三种类型属于实现市场信誉的重组，涉及的产业有

---

[1] ［英］多琳·马西：《劳动的空间分工：社会结构与生产地理学》，梁光严译，北京师范大学出版社2010年版，第24页。

[2] Doreen Massey, *Space, Place and Gender*, Minnesota：University of Minnesota Press, 1994, p. 30.

[3] Doreen Massey, *Space, Place and Gender*, Minnesota：University of Minnesota Press, 1994, p. 34.

"军用便携式电台、原子核物理工程（MLH354 的一部分）；中等规模的电机（MLH361 的一部分）；计算机软件（MLH366 的一部分）"①。列举这些内容是为了展现运用标准行业分类法的分析范式，但是必须指出的是，这种分析标准也是有弊端的，单纯利用这个静态的标准会使分析过于笼统，甚至出现偏差。在每一个精细门类之间存在的差异有时是巨大的，例如在"标准行业分类·序列9"（电气工程）中，它们中的绝大部分虽然都被大资本所控制，"但在劳动过程方面存在着差异，例如361门类与366门类之间的差异是巨大的。而且，从它们在整个经济结构中的位置来看，mlh361、mlh366 与 mlh368 也不同。前两个行业都是生产一些实际上是生产资料的商品，而后一个行业生产的是消费品"②。再比如鞋类（mlh450）产业内部的企业规模也有很大的差别，既有小微企业，也有跨国公司，它们在经营模式、所有制、就业情况等方面都存在着差异。

因此对于产业标准的研究，不能只看到其划分的细致程度，还要考虑产业本身的多样性和多变性，这样看来，在考察劳动的空间分工问题时，需要将不同的分析标准结合起来，才能使研究更为准确。上述三种分析标准在某些层面上都展现出了很强的解释力，但是如果将研究范围进一步延伸就会发现，单个分析标准的囊括能力是有限的。因此在实际操作中应该将这些标准结合起来，同时要考虑到多变的社会历史环境和区位因素。

表2-1　　　　　　　　　　　1968年标准行业分类

序列8：仪器仪表工程	
MLH354	科学、工业仪器和系统
MLH361	电气机械
MLH362	绝缘电线和电缆

---

① Doreen Massey, *Space, Place and Gender*, Minnesota: University of Minnesota Press, 1994, p. 37.

② ［英］多琳·马西：《劳动的空间分工：社会结构与生产地理学》，梁光严译，北京师范大学出版社2010年版，第18页。

续表

	序列 9：电气工程
MLH363	电报和电话装置
MLH364	无线电和电子元件
MLH365	广播接收和放音设备
MLH366	电子计算机
MLH367	无线电、雷达和电子资本货物
MLH368	家用电器
MLH369	其他电子产品
	序列 11
MLH383	航空航天设备制造和修理

资料来源：Doreen Massey, *Space, Place and Gender*, Minnesota：University of Minnesota Press, 1994, p.27.

第三节 社会结构的空间分化

在这部分开始前，让我们再次回到《德意志意识形态》，这个文本中提到物质劳动和精神劳动的最大一次分工是城乡分工，这是劳动分工在历史上最具代表性的一次空间分离。因为这样的劳动分工不仅展现出了其空间形态，而且导致了社会结构（包括社会关系、阶级关系）在空间中的分化，正如马克思所指出的那样："在这里，居民第一次划分为两大阶级，这种划分直接以分工和生产工具为基础。城市已经表明了人口、生产工具、资本、享受和需求的集中这个事实；而在乡村则是完全相反的情况：隔绝和分散。"① 在劳动的城乡分工的基础上，人们的身份也被打上了地理标签，划分为城市平民和农民，或是资产阶级和地主，每一种身份都生活在特定的地理范围之内。随着经济不断发展，各类产业在空间中展开了不同程度的分工，促使各企业进行空间分工的原因很多，或是资本积累的需求使然，或是自然地理环境、资源区位使

---

① ［德］马克思、恩格斯：《德意志意识形态：节选本》，人民出版社2003年版，第48页。

然，不一而足。空间分工所导致的直接后果是社会各阶层在空间中的流动与集结，伴随着产业的发展，社会结构的形态也会随之改变。这便呈现出了一种很明确的因果关系：劳动的空间分工直接导致了社会结构的空间分化，这差不多已经成为了必然联系。然而这样的空间分化往往是不平衡的，由此形成的空间结构通常都存在失衡的问题，阶级矛盾、社会冲突与地理不平等在很多情况下都可以用空间结构失衡来解释。解决空间失衡的办法有很多，社会学家、政治学家、经济学家都提出过很多"药方"，本书并不打算寻找一种具有普适性的终极解决方案，因为欲速则不达，一劳永逸的办法从来就不存在。需要看到，社会结构的空间分化是复杂多变的，在宏观理论层面，我们或许可以诉诸一种抽象的解决方案，但是在具体的实践层面，则需要考虑很多现实矛盾及其社会历史背景。

一 从资产阶级到无产阶级：一个光谱结构

马克思、恩格斯在《共产党宣言》中宣称，迄今一切人类社会的历史都是阶级斗争的历史。在不同的历史时期，社会等级呈现出了各种各样的层次，"在古罗马，有贵族、骑士、平民、奴隶，在中世纪，有封建主、臣仆、行会师傅、帮工、农奴，而且几乎在每一个阶级内部又有一些特殊的阶层"①。然而，随着工场手工业的出现以及中世纪的城关市民逐步向资产阶级转变，以往多层次的阶级关系演变成了两大阶级的对立，正如马克思所言："资产阶级时代，却有一个特点：它使阶级对立简单化了。整个社会日益分裂为两大敌对的阵营，分裂为两大相互直接对立的阶级：资产阶级和无产阶级。"② 两大阶级的对立观成为了整个 20 世纪国际共产主义运动的根本性认知方式，甚至到了 20 世纪后半叶，对很多学者而言，这样的两分法依然是重要的分析框架和研究尺度。例如，多琳·马西对于社会结构与空间结构的分析，正是从这样的阶级分析法入手的。在马西看来，资产阶级和工人阶级是资本主义的基

---

① ［德］马克思、恩格斯：《共产党宣言》，人民出版社 1997 年版，第 28 页。
② ［德］马克思、恩格斯：《共产党宣言》，人民出版社 1997 年版，第 28 页。

石，这两个阶级相互影响、相互定义，二者的关系是资本主义生产关系中的焦点。对于资产阶级与工人阶级的区分而言，马西从是否拥有企业的所有权和经营权的角度进行界定，她指出资产阶级"是既拥有经济所有权，又占有生产资料——换言之，'资本家'通过投资决策控制积累过程，决定实物生产资料如何使用，并控制劳动过程中的权威结构。工人阶级的特点是缺乏这种控制，被排除在经济所有权和占有权之外"[①]。

马西在分析阶级结构时借用了赖特（Wright）提出的阶级关系研究框架，这个阶级关系的框架由三个端点构成，从而形成了一个三角形，其中的三个端点分别是：资产阶级、小资产阶级、无产阶级。这里的小资产阶级指的是个体劳动者，他们既不受雇于资本家，也不雇佣工人，他们独立地占有生产资料，经营权与所有权在他们这里是统一的。虽然个体劳动者是前资本主义时代的产物，但是这个阶层在今天依然广泛存在着，例如个体手工业者、微型杂货店主、小型文印店主、小摊贩等。在这个分析框架中，小资产阶级与无产阶级的区别主要在于自主性的强度，即对于自身劳动有多大的自主性。无产阶级属于非自主性雇员，小资产阶级属于自主性个体劳动者，而在此二者之间则存在着一系列的工作职位，包括熟练的体力工作和工艺工作，这些从业人员属于半自主性雇员。当然在20世纪后半叶，出现了大量新式雇员，他们本身是被雇佣者，但却具有很强的自主性，例如科学家、实验室研究人员、技术精英，"这些职位通常也不包括对他人劳动的很大控制，但其中每一种职位都包含着对工作的条件和组织的合理控制权"[②]。从这个角度看，他们既不属于资产阶级，也不能被直接归类为个体劳动者，作为被雇佣者，他们又具有"非无产阶级化"的特点。接着把目光转向小资产阶级与资产阶级的关系，他们二者的共同点是都占有生产资料，并且对自身的生产活动拥有很强的自主性。而他们的不同点，从根本上来说在于是否雇佣工人、是否剥削剩余价值。在他们之间也存在着一个渐变系

---

① ［英］多琳·马西：《劳动的空间分工：社会结构与生产地理学》，梁光严译，北京师范大学出版社2010年版，第29—30页。
② ［英］多琳·马西：《劳动的空间分工：社会结构与生产地理学》，梁光严译，北京师范大学出版社2010年版，第36页。

列，该系列由若干小雇主组成，渐变的依据是看这些雇主雇佣工人的人数及其资本规模、生产规模的大小。在这些小雇主中，比较有代表性的是60年代后英国兴起的一批小型高科技公司，在英格兰南部的伯克郡，有不少曾在跨国公司工作的技术人员自己组建了小型高科技公司，其阶级特征也因此发生了改变，马西指出："他们不再像以前那样被公司的结构层级所埋没（虽然他们毫无疑问属于精英），他们的工作也不再受到'无产阶级化'的影响，他们正日益把他们对技术知识的垄断权、所有权与控制权相结合。"①

另外，对于无产阶级这个端点来说，人们往往觉得它是不可拆解的，很多时候只注意到这个阶级不占有生产资料的特点，而忽略了无产阶级内部也是存在层级划分的。如果按照马克思的说法，这个阶级中的最低层级——"流氓无产者"是"旧社会最下层中消极的腐化的部分，他们在一些地方也被无产阶级革命卷到运动里来，但是，由于他们的整个生活状况，他们更甘心于被人收买，去干反动的勾当"②。当然这是革命斗争时期的一个极端案例，不过在劳动分工的过程中，无产阶级内部确实存在着一个层级关系，地位较高的包括早期所谓的"工人贵族"、白人男性熟练工、技术工人等；而女性劳动力、黑人劳工、少数族裔甚至童工则是无产阶级中地位较低者。例如在英国的电子类行业中，工程师、电工师、熟练劳动力几乎都是男性，而比较低端的组装工作通常都交给女性去完成，这些低端的工作被认为更适合女性去做，原因据说是女性比较灵巧，对此马西反问道："并没有更多女性从事注重细节的、仔细摆弄的脑外科手术工作，这一点就显得奇怪了。"③ 当然这并不是说所有女性都不能从事技术含量高的工作，更不代表资产阶级中就没有女性，而是要表明在无产阶级内的系列层级中，女性劳动力和黑人劳动通常处于何种地位。

---

① Doreen Massey, *Space, Place and Gender*, Minnesota: University of Minnesota Press, 1994, p. 103.
② ［德］马克思、恩格斯：《共产党宣言》，人民出版社1997年版，第38页。
③ ［英］多琳·马西：《劳动的空间分工：社会结构与生产地理学》，梁光严译，北京师范大学出版社2010年版，第135页。

从资产阶级和无产阶级这两大对立阵营的关系看，他们的差异非常明显，一方占有生产资料并拥有总体的控制权，而另一方除了能出卖自己的劳动力外，什么也没有，按马克思的说法是"自由"得一无所有。在恩格斯的《英国工人阶级状况》中甚至将英国的资产阶级与无产阶级形容为两种不同的民族，恩格斯指出："资产阶级和地球上所有其他民族的相近之处，都要多于它和它身边的工人的相近之处。工人比起资产阶级来，说的是另一种方言，有不同的思想和观念，不同的习俗和道德原则，不同的宗教和政治。这是两种完全不同的人，他们彼此是这样地不同，好像他们属于不同的种族。"① 两大对立阵营的叙述方式适用于阶级革命，在20世纪的阶级斗争史中我们经常能看到这种表达方式。但是在资产阶级与无产阶级之间并不是一个真空地带，特别是资本主义社会经历了泰勒制和福特制的发展，基本建立起了一套企业的科层体系，而这个科层体系就填充在资产阶级与无产阶级之间。在这个科层体系中，每个层级的成员会拥有一定的企业所有权和控制管理权，从结构上看类似于资产阶级向下逐级授权，从顶端到底端权力递减，对于一些中下层级的成员来说则只拥有局部控制权，无法分享企业的所有权。以赖特的分析框架为例，资产阶级与无产阶级之间的层级关系依次是：高层管理者、中层管理者、底层管理者、工头和生产线监督员。这些层级都是资产阶级与无产阶级之间的系列阶层，类似于一种渐变的光谱结构。这其中的每个层级都拥有一定的控制管理权，这种权力分为两个方面，一个是对实物生产资料的控制，另一个是对劳动的控制，它们各自的特点是："在前一种控制方面，已经发展出了从控制整个公司生产机构的最高管理者到下层职能人员的管理科层制。在后一种控制中，已经发展出了监管的科层制，从高层经理到车间工头。"② 在这个渐变光谱中逐渐形成了一个明显的分野，即概念构思（conceptualisation）职能与执行职能的分离，表现为控制管理与设计研发从直接生产中剥离了出来，而执行的职能由于劳动分工的精细化而变得更加破碎，由此便产生

---

① 《马克思恩格斯文集》第1卷，人民出版社2009年版，第437—438页。
② [英]多琳·马西：《劳动的空间分工：社会结构与生产地理学》，梁光严译，北京师范大学出版社2010年版，第35页。

了"非熟练化"的工人阶级。随着劳动的空间分工的深化，这样的分野表现出了特定的空间形态，越来越多的管理与研发人员集中于一个地区，而从事直接生产的劳动者则集中于另一个地区。

二 阶级关系的空间结构

巴尔扎克的《人间喜剧》算得上是资本主义社会的一部百科全书，他的作品针对19世纪法国社会的阶级状况、城市社会、资本主义、人性道德等方方面面的问题进行了文学性的考察和描述。有意思的是，文学爱好者大卫·哈维敏锐地捕捉到了这一点，他在探索巴黎的城市社会问题时便以巴尔扎克的文学作品为窗口，并结合巴黎发展的历史案例，再现了这个19世纪的现代性大都会的诞生。在哈维的《巴黎城记》中，他大量引用了巴尔扎克对巴黎的描述，其中有一段很有代表性，"巴黎将它的头放在阁楼上，居住的是科学家与天才；二楼住的是装得满满的胃；一楼则是店铺，是腿与脚，因为忙碌的商人一直在此匆忙地进进出出"①。这段描述至少体现了两个方面的信息：其一，法国社会的阶级划分以脑力劳动和体力劳动的形式表现出来，如果把这种划分放到企业的科层体系中来衡量也并不过时，只是说法上会表述为管理职能（概念构思职能）与生产职能（执行职能）之间的区别；其二，劳动职能的区分在空间中展现了出来（劳动的空间分工），并且由此导致了社会阶级的空间分化，不同的阶级根据其所履行的分工职能而在一定的空间范围内集结，在产业经济中这个现象最突出的表现就是高层管理和设计人员和底层的体力劳动者在空间中的区隔（不论是在工作上还是生活上）。传统的社会学或政治学理论对这个问题的分析路径是直接考察社会矛盾本身，从而进一步论证矛盾产生的根源在于不平衡发展或是资本家追逐剩余价值的结果。不过随着资本主义社会城市化进程的加快，特别是二战后时空压缩的程度加剧，促使理论界开始以空间视角来分析问题，人们开始意识到如果只去研究不平等的社会关系，而忽略了不平

---

① ［美］大卫·哈维：《巴黎城记：现代性之都的诞生》，黄煜文译，广西师范大学出版社2010年版，第46页。

衡发展与空间存在的内在联系，这样的研究方法是有缺失的，至少也是跟不上时代发展需要的，因为"这些不平等的社会关系并不是存在于针尖之上，它们以一种空间方式组织起来，空间组织应当成为探究不平衡发展本质的一个重要因素"①。正是基于这些因素，将空间结构的概念引入产业经济的分析之中便成为一种趋势，从另一个角度看，许多西方左翼学者在理论上的"空间转向"也让马克思主义元理论中隐藏的空间逻辑得以彰显。

阶级关系随着劳动分工的空间分化而在空间中进行分布，从而形成了一个能够反映阶级关系的空间结构，它在企业科层体系中首先表现为"总部—分厂"的经济模式，紧接着就会出现在总部与分厂所处地区的阶级分化，这两件事差不多是同时发生的。70年代，劳动的空间分工延伸到国际市场，使得阶级关系的空间结构在世界范围内布展，例如在当时兴起的电子行业内部存在着明显的阶级差异，"一方面是乘飞机环球旅行的微型芯片科学家、发明家、企业家这些男性飞行'使领阶层'（Ambassador Class）；另一方面是时薪约20美分（70年代）的年轻女性半导体组装人员，后一些人，如果工作一两年后企业还没有搬走的话，她们就会随着自己视力的衰退而失去工作"。而这种阶级差异同时也存在一种空间形态——"它不仅仅从加利福尼亚的帕洛阿尔托延伸到韩国的马山自由加工区，而且是有意做出这样的空间分布"②。从60年代开始，韩国的廉价劳动力吸引了大量企业将生产基地搬迁到那里，在此后的三四十年中，亚洲陆续出现了新生的廉价劳动力市场，先是改革开放后的中国，然后是现在的泰国、越南、印度尼西亚等东南亚国家。国际劳动分工造就了世界级的阶级空间结构，展现了从第一世界国家到第三世界国家的阶级图景。同样是从60年代开始，英国内部也经历了新一轮的劳动空间分工，阶级的空间结构也随之改变。很多企业中的高层管理人员、金融财务和法务人员开始向伦敦和英格兰的东南部集中，

---

① Doreen Massey, *Space, Place and Gender*, Minnesota: University of Minnesota Press, 1994, p. 87.

② [英] 多琳·马西：《劳动的空间分工：社会结构与生产地理学》，梁光严译，北京师范大学出版社2010年版，第131页。

与之相反的是，从事直接生产的劳动者在空间上则呈现出分散的局面，根据他们从事的不同工作性质和企业生产基地的选址等因素，从事生产性工作的阶层广泛分布于英格兰的北部、中部和西部地区，这样的空间结构呈现出了一种分散化集中（decentralized concentration）的特点，这也导致了位于英格兰东南部的中上层阶级的联系更紧密，而下层阶级的联系性更松散，这对某些地区的工会组织而言是毁灭性的打击。除此以外，社会服务部门也进行了空间重组，这样的重组行为通常是为了降低成本，如果将其中的一些文职工作的办公场所搬迁到伦敦以外的地区，场地租金和人力成本都会有所下降。特别是在70年代后，英国的社会服务部门的区位转移塑造了非常独特的阶级空间结构，"东北部的朗伯顿区（Longbenton）是一个典型的例子——6000个文职人员在这里的卫生和社会事务部办公。在斯旺西（Swansea）有近4000个类似的文职人员从事和驾照颁发相关的工作。东北部等地区的女性就业机会有所增加……在中东部地区，服务业迫使制鞋业（承受着和服装业一样的压力）进一步北迁"①。

处于阶级系列的上层人士——科学家与技术人员的空间结构则显得十分集中，他们大多集中于从英格兰南部到东部的一条阳光地带（sunbelt），这个地区的范围从布里斯托尔（Bristol）到南安普敦（Southampton）、再到剑桥（Cambridge），有着宜人的田园风光，并远离喧嚣的大都市。这片地区之所以能吸引大量的科研技术人员，除了有适宜的工作环境外，还有一些先前就存在的优势，那就是靠近英国的国防设施和研发基地，这不仅为科研人员提供了工作机会，也为新兴的电子行业带来了大量订单。因此英国的阳光地带成为了特定阶级组合的空间，科学家、技术人员、商业投资者都选择在这里工作和生活，随着空间的特定阶级性的不断强化，这个空间自然而然地就成了特定阶级群体最好的选择，其他地区如果想要和英格兰东南部争夺科技人才，就"必须塑造

---

① Doreen Massey, *Space, Place and Gender*, Minnesota: University of Minnesota Press, 1994, p. 77.

相同的形象——半田园化，独立住宅，'优质的'的学校"①。高科技研发人员在空间上聚集的现象不仅仅在英国出现，某种程度上说，世界各国都有类似的情况，名气最大的莫过于美国的硅谷，这个地理名词不仅意味着地球上的一个方位，人们已经赋予了它特定的意义，它是计算机产业的代名词，是芯片专家、世界首富和科技天才的聚集地。这片位于旧金山半岛南端的圣塔克拉拉县（Santa Clara County）的谷地在一百年前还是片果园，而现在已经成为世界级的计算机行业和电子产业的王国，汇聚了上万家企业，苹果、英特尔、谷歌、雅虎、特斯拉等高科技公司都坐落于此。不少拥有雄厚科研实力的一流大学也坐落在硅谷周边，这其中就有斯坦福大学、圣塔克拉拉大学等，加州大学伯克利分校的优秀毕业生中有不少成为了硅谷的技术领军人物。据不完全统计，硅谷的科研人员中有近千人拥有美国科学院院士的称号，有三十多位科学家获得过诺贝尔奖。硅谷的阶级空间结构与英国的阳光地带非常相似，提到这些地区，人们马上就能想到科学家、技术人员、投资商、科技富翁、金融家，而不会想到纺织工、矿工、服装制作商，因为后者的空间位于其他地方。类似于硅谷这样的空间结构之所以能够形成，还得益于国际性的劳动空间分工，因为硅谷所负责的职能相当于科层体系中的控制和研发环节，直接的生产环节则分布在世界各地，尤其是在发展中国家。在这里体现出的便是分工的差别和由此导致的阶级空间分化，"有些人对那种有战略意义的脑力工作拥有垄断权，这种工作被赋予了高地位和高报酬，而另一些人则被分派给了组装线上的沉闷事情"②。

劳动的空间分工塑造了阶级关系的空间结构，空间的阶级性是如何确定的？为什么有的地区会成为"上层人士"的聚集区，而另一些地区则属于劳工呢？影响空间阶级性的因素有很多，其中包括自然地理环境、产业区位传统、企业选址战略、从业者的职业心理等等。以英国的东南部地区为例，这里之所以能成为高科技人才的聚集地、企业总部青

---

① Doreen Massey, *Space, Place and Gender*, Minnesota: University of Minnesota Press, 1994, p. 78.

② ［英］多琳·马西：《劳动的空间分工：社会结构与生产地理学》，梁光严译，北京师范大学出版社 2010 年版，第 109 页。

睐的地方的原因在于：从地理区位看，这片区域毗邻国际性大都市伦敦——各种经济关系、政治关系、社会关系的汇集点，这意味着这个地区能为设计研发和管理控制的工作职位提供便利的硬件设施，同时也能提供快捷的资讯服务，甚至有的企业直接选址于伦敦金融城。从交通网络看，这里是铁路、公路、航空的枢纽，不少区域还毗邻运河、码头，这样的优势是其他地区所不具备的。当然并不是所有企业都会选址于伦敦，不少高科技小型公司就选择伦敦周边的乡村地区，就像上文提到的广大的英国阳光地带，那里有着宜人的景色和幽雅的环境，但是所承载的已经不是传统的农业或制造业，而是新兴科技产业。所以科研和管理阶层的空间结构不一定呈现出乡村到城市或城市到乡村的趋势，至少这只是一个表象，后面隐藏着更复杂的因素。另一方面，从职业心理学的角度看，英国文化中有着强烈的职业身份认同感，即认为在某些有历史传统的地区从事特定行业，身着考究的西装、梳着精致的发型，手里最好再拿一把雨伞或一份报纸，这是绅士的象征！很多高学历的阶层向往这种生活方式，这在一定程度上影响了他们的择业空间导向。例如20世纪七八十年代欧美出现的雅皮士（yuppies）群体就是这种社会心理的代表。他们是当时受过高等教育的年轻人，拥有较高的知识水平或技能，从事的职业多半以程序员、律师、医生、高管等为主。他们之所以能成为一个群体，不是因为有着相同的职业，而是因为他们有着类似的价值观和心态，思想前卫、高端消费、踌躇满志、工作上进是他们共同的特点。这个群体在英国伦敦及其外围的东南部聚集，形成了特定阶层的空间结构。

  并不是每一个人都能像英格兰东南部或是美国硅谷的"高端人士"那样幸运，还有很多低收入的劳动者生活在其他地区，有着不一样的空间结构。底层劳工阶级对于他们自己的就业区位选择，通常没有多少自主权，即便他们选择到某个地区工作，也是纯粹出于生计压力，或是在信息极度不对等的情况下作出的将信将疑的选择，或者干脆是资本选择了他们，而不是他们选择了资本。然而不幸的是，为了获取更多的剩余价值，资本总是有很多办法来对付劳动力，其中一个办法就是转移生产基地，从而降低可变资本，或者说压低劳动力成本。以英国的鞋类行业为例，几百年来，伦敦一直是英国制鞋业的中心地区，但是随着这座城市的劳动力成本不断上升、行业竞争压力加大以及越发激烈的工会斗争，资本选择了一个最简单的办法来化解这些危机，那就是区位转移。所以从19世纪开始，伦敦的制鞋业便往北迁移，那里有大量的廉价劳动力和丰富的资源供应，这让成本控制成为了可能，为资本的继续积累创造了条件。在区位选址的过程中，北安普敦被确立为主要的生产中心，因为这个地区同时满足廉价劳动力和充分的资源供应两个条件，更为重要的是这个地区的工人组织性弱，不能对资本家形成强有力的工会压力。这个地区存在着很多失去土地的劳动力和外来的失业劳动者，他们急切地想找到工作，以至于当地工会根本无法有效地把工人组织起来，"因为来自全国各地的不愿参加罢工的劳动者们，源源不断地来找工作，也不管厂主可能开出什么样的价格"①。这样一来，当地的制鞋工人协会就无法为提高工人报酬而和资本家展开斗争，最终使得工会成为了纯粹帮助工人寻找工作的组织，这也就不难解释为什么资本家青睐北安普敦了。这样的事例在不同的时代都有体现，20世纪70年代，菲亚特公司在意大利的产业地理调整就有着相似之处。成立于1899年的菲亚特公司是意大利著名汽车制造商，总部位于都灵。同样是为了控制成本，菲亚特公司将生产性的工作部门迁往意大利南部地区，那里有着大量的贫困农民，产业经济不够发达，当地劳动力不仅廉价，而且和英国北安普敦的劳动者一样，他们缺乏组织性和战斗力，便于资本家管理。这样的区位转移很快就造成了阶级关系的空间分化，"搬到南方的是组装工作，以及一些提供供应品和某些分装零件的工厂。因此确立起来的是一种部分流程的、科层制的空间结构，以南方作为这个科层体系的底部。那里的工作主要是低报酬、被定义为熟练程度低的工作……较高层的管理、财务和服务职能都没有离开都灵"②。

总之，阶级关系的空间结构非常直接地展现了社会结构空间化的过

---

① John Foster, *Class Struggle and the Industrial Revolution: Early Industrial Capitalism in Three English Towns*, London: Methuen, 1974, p. 103.
② [英]多琳·马西：《劳动的空间分工：社会结构与生产地理学》，梁光严译，北京师范大学出版社2010年版，第81—82页。

程和形态,这种空间结构的形成与劳动的空间分工有着紧密的联系,但同时也会受到社会历史条件、自然资源、不平衡发展等因素的制约。将空间结构这个概念和更广大的社会关系结合起来,并将其理论化为一种产业地理的阶级分析法,或者叫作空间阶级分析法,运用这个方法来考察政治经济、城市社会等问题,就会有不一样的发现。

三 空间生产与失衡的空间结构

空间结构的布展源自于劳动的空间分工,而空间分工的形成又是依循着区域不平衡发展的纹理产生的,这其中包含着很多差异、冲突、不均甚至是异化,这就导致了生产关系的空间结构在形成之初就被打上了不平衡发展的烙印。空间结构从来就不是一个对称结构,在多数情况下,它是以非对称的形态出现的,或者可以说空间结构总是处于失衡的状态中。这里所说的空间结构失衡指的是社会关系差异的空间形态,表现为不平衡的空间发展、地理不平等、空间对抗、阶级斗争空间化等等,这是一个广义上的概念,在社会层面上的具体表现更是层出不穷,最常见的例如城乡矛盾、本土与外地的矛盾、富人区与贫民窟的矛盾、沿海与内地的矛盾、省际矛盾、国际矛盾等。从另一个角度看,由空间结构失衡而引发的矛盾实质上就是空间化的资本主义基本矛盾,《共产党宣言》曾指出:"资产阶级除非对生产工具,从而对生产关系,从而对全部社会关系不断地进行革命,否则就不能生存下去。"[①] 资本主义存在下去的前提是要能够不断地化解由基本矛盾所引发的各种危机,这就要求它不断发展生产力、调整生产关系。进入 20 世纪以来,伴随着资本主义社会城市化步伐的加快,以及马克思主义中隐性的空间逻辑被挖掘出来,我们发现当代资本主义化解危机的方式具有鲜明的空间色彩,或者说我们开始发现转移危机、化解危机的办法是调整失衡的空间结构。事实上,60 年代后的很多学者从不同的研究视角出发,都发现了这个问题。多琳·马西从劳动的空间分工的视角探讨过空间结构失衡的表现及原因,大卫·哈维沿着马克思和列斐伏尔的足迹,阐述了资本

---

① [德]马克思、恩格斯:《共产党宣言》,人民出版社1997年版,第30页。

主义怎样以"空间修复"(space fix)的方式来化解危机。当然,这里最具元理论意义的还是列斐伏尔提出的空间生产的概念。列斐伏尔思考的出发点是资本主义何以可能从19世纪矛盾尖锐、冲突不断的危机之中存活至今?他发现:"自《资本论》的写作完成以来的一百年中,资本主义已成功地取得了'发展'。我们无法计算其代价,但我们的确知道其手段:占有空间,并生产出一种空间。"① 空间生产(to produce space)不同于空间中的生产(production in space),但前者并不是对后者的否定,而是将后者的内涵引入到前者之中,换言之,在空间生产的过程中,形成了一种流动经济(economy of flow),"能量之流、原料之流、劳动力之流与资讯之流等。工业与农业生产的各单位之间,不再是相互独存与孤立的"②。这些流动经济将贯穿于空间生产全过程,这意味着空间生产不只是搭建一些钢筋水泥的景观,而是在生产社会关系的空间。

资本主义不断进行的空间生产引发了一系列的连锁反应,其中之一就是现代社会的空间爆炸(the explosion of spaces),如果把列斐伏尔创造的这个名词换一个说法,我们也可以将其理解为空间结构的疯狂再生,对此,列斐伏尔指出:"在即时的、生活的层次上,空间在所有的方面爆炸,不论其为生活空间、个人空间、学术空间、监狱空间、军队空间或医院空间……在区域的层次上……它们采取行动,挑战其相对于国家、经济和政治中心的从属地位……在国际层次上,不仅是所谓的跨国公司,还有伟大的世界性策略,预备且引向了不可避免的新空间爆炸。"③ 空间结构的这种不断再生是资本主义社会转移矛盾、化解危机的重要方式,在短暂的时期内可以弱化由空间结构失衡所导致的矛盾,甚至在局部地区实现了某种结构上的平衡,但是过不了多久,空间结构内部就会被不断产生的矛盾、过剩的产能、过剩的资本、过剩的劳动力

---

① [美]爱德华·W.苏贾:《后现代地理学——重申批判社会理论中的空间》,王文斌译,商务印书馆2004年版,第139页。
② [法]亨利·列斐伏尔:《空间:社会产物与使用价值》,载包亚明《现代性与空间的生产》,上海教育出版社2003年版,第47页。
③ [法]亨利·列斐伏尔:《空间:社会产物与使用价值》,载包亚明《现代性与空间的生产》,上海教育出版社2003年版,第52—53页。

所填满，从而导致新出现的结构再次失衡（当然有的结构在一开始就是失衡的）。所以，空间生产的实质就是不断产生失衡的结构，从而让资本主义制度能够在危机中延续下去。

为了说明这个问题，让我们来看一些案例。空间结构失衡的现象广泛存在于城乡对立关系与城市化的进程之中，恩格斯在《论住宅问题》中就有过非常细致的探讨。在19世纪后半叶，由于资本主义机器大工业的发展，英国和欧洲大陆的许多工业型大城市迅速崛起，大量农村劳动力源源不断地涌入城市，极大推动了资本主义工商业的发展。这种趋势如果再加上获得战争赔款的利好因素的话，那么工业发展和城市化的进程就会进一步加快。1871年，作为普法战争中胜利一方的德国同战败的法国签订了法兰克福和约，这项和约使德国获得了50亿法郎的战争赔款，刚刚起步的德国大工业在这笔巨额资金注入之后进入了一个繁荣期，曾经的工场手工业开始向大工业转变，大量的农村劳动力也开始向大型工业城市聚集，在这个过程中出现了新型空间结构失衡现象（如果说以往的结构失衡是城乡对立的话），那就是工人住房短缺或城区内部发展不平衡的问题。恩格斯为这种失衡的空间结构（住房短缺）作出了明确界定："今天所说的住房短缺，是指工人的恶劣住房条件因人口突然涌进大城市而特别恶化；房租大幅度提高，每所住房更加拥挤，有些人根本找不到栖身之处。"[1] 更为不幸的是，工人人口的大量增加并不能成为扩建适合工人收入水平的廉租房的理由，城市的不断扩张使市区的地价大幅上涨，市区中原先的老旧住房与周围新开发的城市景观显得格格不入，更为重要的是这些老旧住房成为了资本积累的障碍。对此，资本的选择就是毫不留情地将它们拆除，恩格斯指出："这些住房被拆除，在原地兴建商店、货栈或公共建筑物。波拿巴政权曾通过欧斯曼在巴黎利用这种趋势来大肆敲诈勒索，大发横财……结果工人从城市中心被排挤到市郊；工人住房以及一般较小的住房都变得又少又贵。"[2] 这样就造成了一种特定的失衡的空间结构：一方面大量涌入城市的工人

---

[1] 《马克思恩格斯文集》第3卷，人民出版社2009年版，第250页。
[2] 《马克思恩格斯文集》第3卷，人民出版社2009年版，第252页。

急需可以廉价租用的住房,另一方面资本为了扩张又在拆除这些住房,并将这些区域的工人彻底排除在外,从而也就改变了空间的阶级性。

即便工人能够找到自己居住的空间,这些空间往往也会沦为城市里的"恶劣街区"或者贫民窟,在19世纪,城市里的流行病经常是在这些街区爆发的,恩格斯注意到,"霍乱、斑疹伤寒、伤寒、天花以及其他灾难性的疾病,总是通过工人区的被污染的空气和混有毒气的水来传播病原菌;这些疾病在那里几乎从未绝迹"①。贫民窟与非贫民窟的对立是空间结构失衡的重要表现形式,而且这种失衡的结构有着固化的趋势,这并不是说工人不愿意搬离条件恶劣的工人街区,而是说他们的生活条件无法得到改善,区域间的不平等总是存在着,例如19世纪美国堪萨斯城的工人就面临着这样的问题,这些工人通过抵押贷款的方式在城郊购买了"一些可怜的小木屋",每栋木屋内有三个房间,房屋所占用的土地价格是600美元,房屋本身又值600美元。这些住宅周边谈不上有什么配套设施,而且距离城区还有一个小时的路程,恩格斯指出,工人如果要购买这样的住宅,"就必须负起沉重的抵押债务,才能得到这种住房,于是他们就真正变成了自己雇主的奴隶;他们被自己的房屋拴住了,不能离开,只好同意接受向他们提出的任何劳动条件"②。贫民窟的存在是所有大中型城市都会面临的挑战,而更大的问题是这种空间的不平衡发展的固化,甚至到了20世纪,这个问题也没有缓解的迹象。对此,我们可以看看著名城市规划评论家简·雅各布斯(Jane Jacobs)对美国大城市的考察。20世纪五六十年代,美国经历了大规模城市更新运动和郊区化运动,雅各布斯对城市问题的研究就是在这样的背景下展开的。美国大城市中的有些贫民区同样面临着结构固化的问题,雅各布斯用"永久性贫民区"来形容这个现象,即:"在长时间里,这些地方没有表现出社会或经济环境改善的迹象,或在有了一点改善以后又陷入了衰退。"③雅各布斯发现,这些贫民区之所以不能成功

---

① 《马克思恩格斯文集》第3卷,人民出版社2009年版,第272页。
② 《马克思恩格斯文集》第3卷,人民出版社2009年版,第264页。
③ [加拿大]简·雅各布斯:《美国大城市的死与生》,金衡山译,译林出版社2006年版,第249页。

转型为非贫民区，乃是因为逐渐发展起来的有财力和影响力的居民不断迁出，而新的贫民不断迁入，这让空间结构固化的问题很难得到解决。这其中也存在一定的种族歧视的因素，例如在某些街区出现过部分居民集体迁走的情况，原因就在于这个街区离黑人贫民区很近，或者是因为这个街区靠近意大利人、犹太人、爱尔兰人的聚居区，这样的歧视还不仅限于对待异族群体，甚至因为某些街区居住的人口是外地来的白人"乡巴佬"，也会导致那些更有财力、更"上进"的居民迁走。正因为这样的街区无法留住潜在的中产阶级人群，而新的、对这个街区没什么感情的贫民又填满了前者的居所，导致这些区域最终成为贫民区或无法转型为非贫民区。对此，雅各布斯指出："居住者经常不断地迁出……造成的是整个社区永远处于一种原始的状态中，或者是处于一种无助的'婴儿'时期，或者是向着这种状态倒退。住宅建筑的年代并不表明一个社区的年代或历史，一个社区的标志是居住者的连续性。"[①] 在这种局面下，人口不断流动的贫民区反而陷入到了静止的、单调的、僵化的空间结构之中，不平衡的空间关系和空间的阶级差异就这样被固化了下来。

早在很多年前，人们就曾思考过如何解决空间结构失衡的问题，但遗憾的是这些解决方案都以失败而告终。在上文提到的《论住宅问题》中，恩格斯就曾批判过蒲鲁东主义者和资产阶级的慈善家们提出的解决住房短缺的方案。小资产阶级（以蒲鲁东主义者为代表）提出的解决方案主要是废除房屋租赁制度，代之以租房赎买制度，即规定承租人在一定时期内支付特定数额的租金，这笔钱将转变为购买房屋的资金，等承租人付清这笔款项后，房屋的所有权将归承租人所有。这种理想主义的计划在具体的实践中会遇到很多意想不到的问题，它很可能被一些投机商所利用，最终受益的不是工人，而是资本家。更为严重的是，在工人运动风起云涌的19世纪，这样做会消磨工人的革命意志，使工人成为小土地所有者，其后果是导致工人被彻底地束缚在特定地区的工厂之

---

① ［加拿大］简·雅各布斯：《美国大城市的死与生》，金衡山译，译林出版社2006年版，第252页。

中，在经济上完全沦为资本家的奴隶。当城市无产阶级暴动兴起的时候，这些小土地所有者会成为革命运动的阻力。另外，大资产阶级的慈善家们也关注到了工人住房短缺的问题，不过他们的解决方案则更具有资本主义制度转移危机的特点，那就是进行空间生产——建立小宅子制或营房制。换言之，大资产阶级提出了解决空间结构失衡的两种住房制度："一种是小宅子制，每个工人家庭都有自己的小屋子，而且可能还有一个小园圃，像在英国那样；另一种是营房制，每所大房屋中都住有许多户工人，像在巴黎、维也纳等等地方那样。"[1] 从当时的情况看，建立属于工人的小宅子基本上是自欺欺人，城市中昂贵的地价让这个方案无法实现，即便建起这些住房，工人也没有财力购买，小宅子制最多只能在乡村地区推行。因此能在城市里推行的方案就只剩下建造营房了，然而这个办法依然是以失败而告终的。米卢斯（Mulhouse）的工人镇被恩格斯称为波拿巴的社会主义实验，它在建设之初，政府为其垫付了三分之一的资本，并在十四年内修建了八百所住房，工人则需要在十五年内每月支付昂贵的房租，以此取得房屋的所有权。但是这个项目充满了"霸王条款"，例如"工人在 15 年内累计付出 4500 法郎以后，能取得一所在 15 年前值 3300 法郎的房屋。一个工人如果要搬到别的地方或者哪怕仅仅欠了一个月的房租（在这种场合，他就可以被赶出去），人家就按房屋原价的 $6\frac{2}{3}$ % 计算他的年租（例如，房屋价值是 3000 法郎，每月就是 17 法郎），而把余数退还给他，但不付分文利息"[2]。法国在波拿巴时期建立的工人营房（空间生产的一种形式），在表面上看是为了解决工人的居住问题，但实际上它成为了资本家牟利的另一种手段，工人的生活不仅没有因此得到改善，反而制造出更多失衡的空间结构。

在此必须明确强调的是，空间生产只是资本主义制度转移危机的方式，正如它有不断发展生产力的内在要求一样，只要有足够的空间供资本主义转移危机，它就能继续存活下去，但后果是在它所踏足的地方不

---

[1]《马克思恩格斯文集》第 3 卷，人民出版社 2009 年版，第 282 页。
[2]《马克思恩格斯文集》第 3 卷，人民出版社 2009 年版，第 291 页。

断制造出失衡的空间结构。虽然列斐伏尔、大卫·哈维等学者在他们的著作中反复谈及空间生产对资本主义的影响，但这不代表空间生产是什么灵丹妙药，它只是资本主义内在生发出来的危机应对机制，最终只会产生更多的危机。恩格斯在《论住宅问题》中已经发现了空间生产不能从根本上解决问题，只不过当时还没有"空间生产"这个概念。恩格斯指出："资本主义生产方式使我们的工人每夜都被圈在里边的这些传染病发源地、极恶劣的洞穴和地窟，并不是在被消灭，而只是在……被迁移！同一个经济必然性在一个地方产生了这些东西，在另一个地方也会再产生它们。"[1] 差不多在80多年后的美国，雅各布斯说了和恩格斯几乎一模一样的话，在评价美国大城市拆除贫民区的计划时，她指出："但是，这个计划失败了。从最好的方面看，它至多是把贫民区从一个地方转移到另一个地方，给贫民区平添了一份困苦和混乱。"[2] 在雅各布斯看来，改造贫民区的办法不是以空间占有的方式驱离贫民，也不是以空间生产的方式制造更多不平等的空间，而是要培养居民的归属感，鼓励他们通过自我奋斗不断完善自身，从而使贫民区向非贫民区转化。不过，对于这个问题，马克思和恩格斯提出的方案更为宏大，或者说更加触及根本。在恩格斯看来，住宅短缺只是我们所说的空间结构失衡的一个现象，本质上是由资本主义的生产方式造成的，只有消灭了这样的生产方式，并且让工人占有全部的生产资料和生活资料，问题才有可能解决。在这样的前提下，进一步要做的就是消除城乡对立，"只有使人口尽可能地平均分布于全国，只有使工业生产和农业生产发生紧密联系……才能使农村人口从他们数千年来几乎一成不变地在其中受煎熬的那种与世隔绝的和愚昧无知的状态中挣脱出来"[3]。恩格斯的这种主张，其实早在1848年的《共产党宣言》中就已经有了显现，马克思、恩格斯在《共产党宣言》中提出了一系列的革命纲领，其中一些内容就是马克思主义对待资本主义空间生产和空间结构失衡的解决方案，例

---

[1]《马克思恩格斯文集》第3卷，人民出版社2009年版，第307页。
[2]［加拿大］简·雅各布斯：《美国大城市的死与生》，金衡山译，译林出版社2006年版，第247页。
[3]《马克思恩格斯文集》第3卷，人民出版社2009年版，第326页。

如:"1. 剥夺地产,把地租用于国家支出……3. 废除继承权……6. 把全部运输业集中在国家手里。7. 按照总的计划增加国家工厂和生产工具,开垦荒地和改良土壤……9. 把农业和工业结合起来,促使城乡对立逐步消灭。"①

四 权力几何学:一个总结性的框架

从劳动的空间分工到社会结构的空间分化、再到空间结构的失衡,这一系列的现象可以归结为一个具有总结意义的解释性概念——权力几何学(power geometry)。虽然这个名词在本章的末尾才出现,但是本章谈论的全部内容都是关于权力几何学的问题,这个概念在马西空间理论中颇有代表性,是马西在分析劳动的空间分工的过程中逐步提炼出来的一种分析视角。前面我们提到,在劳动的空间分工中有三种生产的空间结构,分别是:集中型空间结构、克隆型空间结构、部分流程型空间结构,特别是在克隆型和部分流程型的分工中呈现出了空间化的科层体系,而这个科层体系也是形成阶级关系空间结构的基础。值得注意的是,马西的理论分析并没有就此止步,而是在这里进行了升华,她发现在一切的社会关系(包括阶级关系)中都内嵌着一种权力关系,这里的权力应该作广义的理解,它指的是人们掌握自己命运和影响他人发展的力量,某种程度上也包括个人享有的权利。这样看来,人类的所有社会过程都包含着权力关系,并且随着劳动分工的空间化和社会结构的空间化而获得了一种权力的空间形态(这也是权力几何学这个名词的内涵所在)。但正如上文提到的,社会发展、地理环境等因素都具有不平衡性,权力作为一种资源在分配上也必然是不平等的,所以在空间化的过程中,不平衡的权力关系也就具有了空间形态,这就是空间结构的失衡。空间结构的失衡实质上就是权力关系的失衡,只不过这种失衡获得了空间的形态。

20世纪80年代后,全球时空压缩程度进一步加剧,这让权力几何学所要描述的那些概念得以充分地展现出来,整个世界性的社会流动在

---

① [德]马克思、恩格斯:《共产党宣言》,人民出版社1997年版,第49页。

不断加快，不同的社会群体被放置到了不一样的位置和空间结构之中，并且进一步产生了差异化的权力关系，"一些人比其他人更多地拥有权力……一些人是这种权力的接收终端；一些人被这种权力有力地囚禁了起来"①。如果考虑到不同的权力所属的空间，就出现了典型的空间结构失衡。在这样的关系中，有的人是掌控时空压缩的人，他们从事的工作通常都是一些具有很强的社会流动性与影响力的工作，例如金融家、大企业 CEO、电影发行人、记者、学者等，这些阶层掌握着一定的话语权和资讯权，在整个社会过程中占据主导地位，某种程度上他们也是规则的制定者。与此相反，处在权力的接收端（权力关系的另一极）的人们几乎没有多少控制权，即便他们在世界上有较强的流动性，但依然处于被支配的地位，例如，"从萨尔瓦多或危地马拉而来的难民，以及从墨西哥米却肯州（Michoacán）而来的非法移民工人……那些来自印度、巴基斯坦、孟加拉国、加勒比海地区的人们，可能走到一半就会被阻止在伦敦希思罗机场的审讯室里"②。再比如居住在里约热内卢贫民窟里的人们同样被"囚禁"在了权力关系的另一端，他们对世界足球有很大的贡献，国际大都市中流行的桑巴舞和兰巴达也源自他们的文化，"可是他们却从不踏入里约的市中心。一方面，他们对于我们所谓的时空压缩有着极大的贡献；另一方面，他们被囚禁于其中"③。很明显，这个话题又回到了上文所讨论的有关贫民区的问题，所以再次证明了空间结构的失衡在本质上就是权力关系的失衡。这个不平衡的关系可以继续延伸到资本和劳动的关系之中，这里的资本体现出了很强的流动性，而劳动则显得相对静止。在劳动的空间分工中，资本为了降低成本，常常会选择转移空间，把生产基地设立到有大量廉价劳动力和资源的地方，在资本和劳动的斗争中，资本通过区位选择策略，继续占有着主导权，从宏观层面看，则是以此继续维护着资本主义的运作。这个现

---

① Doreen Massey, *Space, Place and Gender*, Minnesota: University of Minnesota Press, 1994, p. 149.

② Doreen Massey, *Space, Place and Gender*, Minnesota: University of Minnesota Press, 1994, p. 149.

③ Doreen Massey, *Space, Place and Gender*, Minnesota: University of Minnesota Press, 1994, p. 150.

象同样处于权力几何学的解释范畴之内。

所以在这里可以得出结论,权力几何学作为一种解释性的概念,它所描述的是广义上的社会关系(包括生产关系、阶级关系、权力关系)的空间结构的失衡状态,具体表现为权力在空间维度中的不平等分布。这个概念蕴含着更深层次的内容,既然不平等的权力关系可以通过失衡的空间结构表现出来,那么权力关系或者说社会关系和空间是一种怎样的关系?空间与社会关系不是一种简单的"放置"关系,而是一种有机的关系。权力几何学这个概念的深层次意义在于激发人们去思考空间的本质到底是什么。

第三章 从空间到地方：社会性空间与全球地方感

地理的不平等发展与劳动的空间分工相互作用，一个直接的后果就是社会关系的空间结构失衡，这是在上一章中所论证过的。尤其是在产业劳动分工中出现的克隆型空间结构与部分流程型空间结构，在它们的结构中体现出了非常典型的科层体系，其中内在地包含了体脑分工、权力关系、阶级构成在空间中的分化，因而也可以将其视为等级关系的空间化。如果把这个现象理论化，便形成了"权力几何学"这种解释性的概念。这里提到的"权力"要作广义上的理解，除了指代在生产关系中的掌控力外，还包括不同的阶级成员在社会中的相互关系以及各自所享有的差异性权利。不平等的权力关系在获得空间形式后就表现为空间结构的失衡，这就引发了人们的思考，空间的本质是什么？空间与权力关系、社会关系存在何种联系？这样的问题也拷问着传统的非空间或者说反空间的思维模式，以往对于资本主义生产关系的分析通常是在"空间不在场"的情况下进行的，但如果把多样性的空间因素作为变量引入到分析中，我们可能会得出不一样的结论、看到不一样的景象。当然，除了一贯无视空间外，人们也习惯于机械地看待时间，将时间仅仅看作钟表刻度，或者固执地持有"时间优先于空间"的观念，在很多情况下，对于空间的打压往往来自时间（这主要指的是人们的思维方式）。对此，吉登斯也曾指出："大多数社会学家只把时间和空间视为行动的环境，不加反思地接受了现代西方文化所特有的时间概念，即可度量的钟表时间。除了晚近地理学家的著作外，社会科学家们未能围绕那些从时间和空间建构社会体系的模式来进行他们的思考。"① 从时间——空间的关系来看，时间具有流动性已经成为大家的一个共识，但这并不意味着空间就是固定的、僵化的，我们所生活的空间也不是均质的、空洞的。相反，空间是一种同期异质性（contemporaneous heterogeneity）的存在，是多元轨迹并存的领域。空间与地理不会被时间与历史所取代，时间与空间存在着一种辩证法：时间内嵌于空间之中，空间的差异也影响着时间。同样，这种辩证法也可以理解为：历史内嵌于地理，地理塑造了历史。

第一节 从空间到地方：社会关系的场所化

在人们的日常经验中，空间与地方这两个概念通常是可以被混用的同义词，在某些特定的语境下为了更清晰地表达，人们最常用的是"地方"这个概念，因为它具有较强的指代性。而"空间"这个概念则更加抽象化、神秘化，给人以更多想象的余地。换句话说，空间与地方并不是天然对立的，而是浑然一体的，空间是抽象化的地方，地方是具体化的空间，二者具有辩证统一的关系。"空间"与"地方"一直以来就是许多人文地理学家、社会学家所关注的基础性问题，这其中比较有代表性的观点是由安东尼·吉登斯提出来的。在吉登斯看来，现代性的一个重要后果就是空间与地方的分离，这是一个"空间虚化"的过程，即空间抽象于具体地方的过程。当然这里有个不变的前提条件，那就是空间与地方都是围绕着社会关系而展开的，它们的分离其实是社会关系在层级上的分化。对此，吉登斯做了一个对比："在前现代社会，空间和地点②总是一致的，因为对大多数人来说，在大多数情况下，社会生活的空间维度都是受'在场'（presence）的支配，即地域性活动的支配。现代性的降临，通过对'缺场'（absence）的各种其他要素的孕

---

① ［英］安东尼·吉登斯：《时间、空间与区域化》，载［英］德雷克·格利高里、约翰·厄里《社会关系与空间结构》，谢礼圣、吕增奎译，北京师范大学出版社2011年版，第262页。
② 注：此书中译本将place译作地点，本书统一称其为地方。

育,日益把空间从地点分离了出来,从位置上看,远离了任何给定的面对面的互动情势。"① 这里所要强调的是,空间与地方的分离,在本质上体现了某个地方的人们可能经历到的社会关系在范围上和程度上得到了延伸,一个地方内部的社会关系会受到空间中许多其他地方的社会关系的影响。当然这个过程是伴随着全球"时空压缩"而产生的。吉登斯将这种"空间虚化"后所形成的关系比喻为航海图与特定地方的关系。不过,他的这种假设也有许多值得质疑和反思的地方,比如,空间的抽象化是否意味着地方比空间更具有现实意义?空间与地方谁更具有流动性?或者像奥克斯(Oakes)那样,从"前现代社会"入手,质疑那时的空间与地方的关系是否真的就是统一的。不论如何,吉登斯至少提供了一个概念化的视角,让人们意识到区分清楚空间与地方的关系,对于地方特性的研究具有十分重要的意义。

一 空间与地方的不同界定方式

从空间到地方的考察过程,是一个不断细化的、多层次、宽领域的探索过程。这个过程也可以被理解为将宏大的、不可见的社会关系具体化为可感知的、有场景的社会关系,也就是说,社会关系的场所化便是从空间转向地方的核心内容。政治地理学家约翰·阿格纽(John Agnew)曾指出,将空间概念具体化为地方概念,需要涉及三个层次的问题:首先是特定区位(specific location)的问题。它所回答的是"在哪里"的问题,这是一个可观测、可量化的层面,包括地球经纬线、坐标、地图绘制等都属于这个层面的应用。其次是场所(locale)的问题。"场所"这个概念属于社会学讨论的范畴,借用吉登斯给出的定义,"场所指的是社会活动的物质环境在地理上的分布"②。场所是社会关系发生的地方,它可以是某个街道、某个咖啡馆、某所房屋内,甚至是正在飞行中的机舱内。它并不强调地方的区位性,而是要凸显其社会关系性,这也是社会空间理论的研究主旨所在。最后是地方感(sense of

---

① [英]安东尼·吉登斯:《现代性的后果》,田禾译,译林出版社2011年版,第16页。
② [英]安东尼·吉登斯:《现代性的后果》,田禾译,译林出版社2011年版,第16页。

place）的问题。这个问题在后文还会专门提到，它指的是人们对于一个地方所形成的依附感和认同感，并常常与乡愁联系在一起。不同的地方感会导致不同的价值取向，有的地方比较容易接纳外来文化、外来移民，而有的地方则比较容易滋生出排外主义或狭隘民族主义情绪，这些都是地方感的不同体现，总的来说这个层面讨论的是认知方式的问题。阿格纽提出的有关地方的这三个层次的问题，基本上囊括了当前学界所讨论的地方性议题的主旨类型，起到了一定的提纲挈领的作用。虽然区位、场所、地方感这三个层次的问题分别体现了地方的不同面向，但它们都存在着一个共同的指向，那就是"有意义的空间"，没有不体现意义的地方。如果说空间概念在实证主义者眼中还可以是苍白的、无意义的话，那么地方概念一经提出便天然地具有人文主义的倾向。

在讨论空间与地方的相互关系时，最常见到的一种观点是认为地方是将意义镌刻于其上的空间，也就是说当某个空间被社会关系赋予了意义时，它便成为了地方。相反，如果空间没有被赋予意义会如何？它自然就只是苍白而又空洞的载体。例如，蒂姆·克瑞斯威尔（Tim Cresswell）在阐述空间与地方的关系时，不经意间就落在了这样的思维模式中。他以一位初次搬入宿舍空间的大学新生为例，指出宿舍空间，包括其桌椅、床铺、橱柜等设备虽然具有一定的历史，但对这位新生而言是没有意义的，如何才能把这个空间变成他自己的地方呢？克瑞斯威尔认为："增添你的财物、在空间范围里重新安排家具、在墙上张贴你自己的海报、特意在桌上摆放一些书。这么一来，空间就变成了地方。你的地方。"[①] 这倒不是说克瑞斯威尔说法有误，而是说他代表了一种理解方式，一种将空间与地方对立起来的观点。这种二元对立观点剥离了空间本身所具有的社会性，是地理学者通常在实证分析与人文主义分析之间切换的过渡型思维模式。与大学新生探索宿舍相类似的比喻是航海家探索新大陆。1792年，英国海军上校温哥华（Vancouver）率领皇家海军发现号来到巴拉德湾一带绘制海岸地图。在评价这个事件时，克瑞斯

---

① ［英］蒂姆·克瑞斯威尔：《地方：记忆、想象与认同》，王志弘、徐苔玲译，台北：群学出版有限公司2006年版，第7页。

威尔有一段很有代表性的描述:"殖民者望着海洋,看见单调空荡的空间,原住民却看见了地方……空间因而有别于地方,被视为缺乏意义的领域——是'生活事实',跟时间一样,构成人类生活的基本坐标。当人将意义投注于局部空间,然后以某种方式(命名是一种方式)依附其上,空间就成了地方。"① 地方是被赋予了意义的空间,但空间本身具有的意义却被剥离了,这样的界定方式明显与我们上文所强调的社会性空间的概念存在分歧。

在以列斐伏尔、哈维、马西、苏贾等为代表的一批左翼地理学家看来,空间是一种社会建构,它与社会过程是不可分割的,将空间与地方对立起来就有可能会落入"空间科学"的思维模式中,这也是整个70年代的学界所反思的问题。地方毋庸置疑具有意义,是社会关系的产物,但也不能据此否认空间所具有的社会性。哈维曾指出:"无论以什么形式出现,与时间和空间一样,地方也是一种社会构造。"② 在哈维看来,不论空间还是地方,都是社会关系的产物,唯一值得讨论的是社会过程的差异性。这个观点的价值在于提醒我们不一定非要把空间与地方对立起来才能界定其内涵。马西便成功地将空间与地方的关系整合到了一起,并且在她的论述中依然能分辨出空间与地方的区别。马西把"空间与地方"放置于全球关系网中进行考察,与之相对应的概念是"全球与本土"的关系,全球相较本土而言,更加抽象和宏观,但它们都在一个整体中相互影响和制约,这样的解释也同样适用于空间与地方。在界定空间与地方的关系时,最好的办法不是使二者对立,而是从更广泛的关联性视角加以理解,"如果确实将空间放到关系中加以思考,那么它就只是我们的种种关系和相互联系的总和,以及种种关系和相互联系的缺乏……真正地将空间放在关系中思考,那么空间就是我们所有联系的总和,并且在这一意义上是根基深厚的"③。其实这里所讨

---

① [英]蒂姆·克瑞斯威尔:《地方:记忆、想象与认同》,王志弘、徐苔玲译,台北:群学出版有限公司2006年版,第17—19页。
② [英]戴维·哈维:《正义、自然和差异地理学》,胡大平译,上海人民出版社2015年版,第337页。
③ [英]多琳·马西:《保卫空间》,王爱松译,江苏教育出版社2013年版,第250页。

论的问题在上文有关空间性与社会性的论述中已经做过充分的探讨,这是马西的一个基本立场,坚持从相互关系的角度看待空间,甚至可以说空间的外在表现只是社会关系的一种空间形态,基于这样的立场,马西对空间与地方的关系作出了明确的界定,她指出:"我们可以将地方看作在相互交织的社会关系中的一个特定的片段,看作一个随着时间的推移而编织出来的网,并与其他的社会关系网相互作用,周而复始。这些关系中的一部分可以说将会构成地方;而其他的关系则会继续延展并超越这个地方,携带着其特有的本地特征进入到更广阔的关系和进程中,而这些关系和进程又和其他地方有着千丝万缕的联系。"① 在马西的这个界定中,集中体现了空间与地方同属社会关系的产物,而地方则属于社会关系中某些"片段"的产物,其余的关系将会生产出更多的地方。如果我们将空间比作关系流的话,那么地方就是这个关系流中的无数个节点,地方在本质上是建基于社会性之上的空间组织。

二 空间与地方:流动性或固著性

空间与地方的二元对立观,总是倾向于认为空间是空洞的、无趣的、没有边界的、充满危险的;而地方则是有意义的、有边界的、安全的。这样的观念往往会推导出一个结论:社会关系在空间载体中不断流动,从而使空间具有了流动性。当这些流动的社会关系汇聚在一起时,便形成了具有稳定意义的地方,因而使地方天然地具有固著性。持这种观点的学者不在少数,其中比较有代表性的是段义孚(Yi-Fu Tuan)。段义孚认为空间较之地方更为抽象,如果空间代表的是移动的话,那么地方就意味着暂停。他曾指出:"随着我们越来越认识空间,并赋予它价值,一开始混沌不分的空间就变成了地方……我们可以由地方的安全和稳定得知空间的开放、自由和威胁,反之亦然。此外,如果我们将空间视为允许移动,那么地方就是暂停;移动中的每个暂停,使得区位有

---

① Doreen Massey, *Space, Place and Gender*, Minnesota: University of Minnesota Press, 1994, p. 120.

可能转变成地方。"① 这样的观点从理论上看似乎没什么破绽，而且在现实中也能得到印证，当然也不能用简单的对与错来衡量。不过这种理解方式最终会形成封闭的、固著的、乡愁式的地方观，与马西所坚持的开放型地方观存在一定偏差。问题的根源就在于，地方的本质是否真的是固著性？一座城市有行政区划的边界，一座城堡有城墙作为其边界，这些地方会形成特有的文化或方言，这些都是能看到的边界性与独特性。然而这些地方与其他地方也是存在相互关联的，特别是国际贸易的发展，一个地方被卷入到了世界市场中，世界各地的社会关系都会对这个地方产生影响，这也就是开头我们提到的吉登斯所谓"空间与地方分离"的现象。从这个角度看，与其说地方具有固著性，不如说地方具有独特性，而这种独特性又是建立在流动性的基础之上的。这里有一个生动的例子能够对强调根性的地方概念造成挑战，哲学家苏珊·兰格（Susanne Langer）认为地方作为一种意义存在的场所，不必然要有一个固定的区位，"不断变换位置的船舶，仍然是个自给自足的地方，吉普赛营地、印第安营地或马戏团营地也是如此，不论它们多常改变大地测量上的定位"②。这些地方本身就处于不断流动的过程中，同时又保留了自身的独特性，相较固著性的地方概念而言，一个没有固定方位的地方或许是难以想象的。

地方的流动性不只体现在区位的变动上，在有固定区位的地方中，流动性还体现在地方内部的社会关系、风俗习惯、饮食习惯等各方面的变动，这些变动必须放在更为庞大的世界关系中来考察。例如中国某些传统的农作物已经存在了几百年，深刻影响了中国各地的社会关系与饮食习惯，它们甚至成为了某些乡愁作家笔下的重要元素，它们是根性的代表。然而这些农作物中的很大一部分是在明清之际才传入中国的，在明代以前，我们的祖先与这些所谓的地方"根性"还未曾谋面。今天的中国是全球最大的甘薯种植国，同时是全世界第二大的玉米种植国，

---

① ［英］蒂姆·克瑞斯威尔：《地方：记忆、想象与认同》，王志弘、徐苔玲译，台北：群学出版有限公司2006年版，第16—17页。
② ［英］蒂姆·克瑞斯威尔：《地方：记忆、想象与认同》，王志弘、徐苔玲译，台北：群学出版有限公司2006年版，第39页。

而这些作物是 16 世纪前后才传入中国的。美国作家查尔斯·曼恩（Charles C. Mann）详细地记述了这个过程："甘薯、玉蜀黍、大花生、烟草、辣椒、菠萝、腰果、树薯（木薯），所有这些都流入了福建（通过大帆船贸易）、广东（通过澳门的葡萄牙船）和朝鲜王国（通过日本人，他们是从荷兰人手中获得的）。这一切都成为了中国人日常生活的一部分——谁能想象，若没有成堆的辣椒，今天的川菜会是什么样子？"① 这说明，地方本身具有的特色是会受到其他地方影响的，固著性建立在流动性的基础上。曼恩还考察了一个很有趣的现象，烟草在明代传入中国后，改变了很多地区的生活习惯，他引用了明代张景岳的《景岳全书》，描述了烟草对当时云南地区军民的影响，"师旅深入瘴地，无不染病，独一营安然无恙，问其所以，则众皆服烟……由是遍传，而今则西南一方，无分老幼，朝夕不能间矣"②。当地山林中携带病菌的蚊虫因不喜烟味而远离了明朝军士，这使得烟草在中国西南地区迅速流转，进而改变了人们的生活习惯，甚至成为一种时尚，社会关系也因为从美洲流入的烟草而得到重塑。

地方的流动性不仅体现在其内部的风俗习惯、社会关系等会间接或直接受到其他地方的影响，就连其较为稳定的固著性也受到来自外部的挑战，从而使地方成为一个多元轨迹并存的场域。哈维在探讨地方理论时也意识到了地方"永恒性"的暂时性，他指出，地方可以由双重意义构成，一个是方位（position），另一个是地点（location）。前者可以用经纬坐标来表示，属于纯粹的实证主义地理学的方法，而后者则包含了某些固著性的特征。例如，"在世界地图的 30.03°S 和 51.10°W 坐标那里做一个标记，或者把一个城市称为巴西的阿里格利港。在后一种情形中，被命名的实体表明了在一个特定地点上某种有界限的永恒。"③ 注意哈维在这里用到了"永恒"这个词来形容一个特定地点，这倒不

---

① ［英］查尔斯·曼恩：《1493：物种大交换开创的世界史》，朱菲、王原译，中信出版社 2017 年版，第 195 页。
② ［英］查尔斯·曼恩：《1493：物种大交换开创的世界史》，朱菲、王原译，中信出版社 2017 年版，第 192 页。
③ ［英］戴维·哈维：《正义、自然和差异地理学》，胡大平译，上海人民出版社 2015 年版，第 338 页。

一定意味着哈维是这样看待地方的，但却代表了某一类学者在地方概念上所持有的见解。地方的固著性其实是暂时的，并且会随着时间的推移被取代或是消亡，马西对这个问题有过很细致的考察。她在《城市世界》一书中特别借用了位于墨西哥市中心的三朝文化广场（La Plaza de las Tres Culturas）来加以说明。在三朝文化广场上依次并置着阿兹特克（Aztec）的金字塔废墟、17世纪巴洛克风格的罗马天主教堂以及具有现代国际风格的建筑物。这个文化广场见证了五百多年来墨西哥市这个地方的发展轨迹。阿兹特克文明是14—16世纪的中美洲印第安文明的一部分，1325年阿兹特克人建立的特诺奇提特兰城（Tenochtitlán）便位于今天的墨西哥市中心，文化广场上的金字塔就是那一时期的杰作。到了1521年，西班牙殖民者发现了这片土地，并与当地人爆发了军事冲突，最后的结局是特诺奇提特兰城被夷为平地，西班牙人征服了这个地方并建立起另外一套文化体系，或者可以理解为形成了一种新的地方固著性。西班牙殖民者在这个地区统治了近三百年之久，到1810年时，拿破仑的大军占领了西班牙，墨西哥人乘势展开了独立运动，最终在1821年获得独立。值得注意的是，在整个独立运动中，主要的参与者不仅有印第安人，还有许多混血种人和土生白种人，墨西哥独立运动的早期领导人伊达尔哥就是土生白人。这样的民族融合的程度也瓦解了许多人关于地方的单一特性的片面看法。

墨西哥的这段历史在三朝文化广场上得到了非常直观的体现，在这片土地上汇聚了不同的文明和历史，"新的人群抵达，新故事便加入已经存在的故事之中……城市汇聚起来的不同人群或历史，本身就已经是混杂的了"①。地方在本质上就是由一系列变动的时空事件（spatial-temporal events）所建构的，在某个局部的时间段上，你或许能发现它独特的固著性，但如果把地方置于更久远的历史长河中来考量，它便是一种尚未完成的事物，总是处于拆毁或建构的变动之中。不仅如此，我们还应当把地方置于更广大的社会关系中来考察，从全球的关联性考察地方

---

① ［英］朵琳·马西：《世界中的城市》，载［英］朵琳·马西、约翰·艾伦、史提夫·派尔《城市世界》，王志弘译，台北：群学出版有限公司2009年版，第111页。

问题,把本土和全球联系起来进行分析,由此我们会发现,"地方性将是这更广泛背景内部的这些交集的产物,也是构成这些交集的东西的产物。而且,也是没有相会、没有联系、尚未建立的关系、排除的产物。所有这些都对地方的独特性做出了贡献"①。

三 变动不居的"地方原则"与结构化理论

诚如上文所述,固著性不应当成为地方特性的代名词,地方是建基于社会性之上的空间组织,本身也处于不断流动之中,与其说地方具有固著性,倒不如说地方具有独特性和多样性更为准确。这样的前提一经确立,人们便会习惯性地认定一种"地方原则",即固著性意味着静态和封闭,流动性意味着动态和开放。争论往往围绕着应当坚持什么样的"地方原则"而展开,从而在封闭性与开放性之间形成了一种二元对立的关系。有特殊乡愁的人群忌惮外来力量所引发的改变,他们倾向于封闭、排外的"地方原则";新兴雅皮士们(通常是拥有高学历的外来人口)则欣然接受开放、包容的"地方原则",因为这有助于他们融入当地。除了在社会层面上存在这样的分歧,在学术层面上有关地方封闭性和开放性的争论也从未停止过。以多琳·马西为例,她积极构建了开放、动态的空间理论,并以提倡进步地方感而闻名于学界,因而大家都认为她所提倡的"地方原则"一定是动态开放的,很多学者也是这么论述的。但事实真的如此吗?我于2015年拜访马西时向她当面求证过这个问题,我提出的问题是我们是否应当坚持开放性的"地方原则",反对封闭性的"地方原则"?她的回答是"这要视情况而定"(it depends)。这样的回答颠覆了我当时的片面认知,实际情况没这么简单,并不存在一种普遍均一的、绝对正确的"地方原则"。开放性或封闭性不应当成为地方的价值追求,维持事物的多样性、保持一种平衡的制约关系才是目的所在。

在不同的案例中,人们所选择的"地方原则"是变动不居的,时而体现出开放性的价值,时而又展现了封闭性的意义,没有哪一个原则

---

① [英]多琳·马西:《保卫空间》,王爱松译,江苏教育出版社2013年版,第179页。

是"永恒正义"的。在有关地方开放性的论证中，马西挖掘到了一个很有说服力的案例，她注意到一幅由斯特凡·伯勒（Steffan Bohle）设计的宣传画，画面上有一个巨大的岩石，在岩石上开了一道通往德国汉堡的大门，这幅宣传画的由来要从 1999 年说起。那年秋天，汉堡的工人在易北河河床上发现了一块巨石，它是几千年前被移动的冰川从南方携带来的漂砾。这个事件得到了当地媒体的广泛报道，最后家喻户晓。据此，很多人开始反思一个问题，这块巨大的岩石能不能算作"本地的"？从它最初的所属地看，它是一块"外来石"，并不属于这里。但它毕竟在汉堡这个地区待了几千年，如果连它都不属于本地，那恐怕所有汉堡人甚至所有德国公民都没有资格成为"本地人"了。这些反思与讨论直接导致了德国公民权法的调整，使得许多在德国生活了多年的外来移民最终获得了公民权，获得了"本地人"的资格。这个案例充分说明空间的流动性（外来移民）必然会赋予地方开放性的内涵，它打破了地方主义的狭隘界限，使开放性占据了某种道德上的制高点。许多人把这个案例当作进步地方感的胜利，当然这本身也没什么错。

不过在另一个案例中，道德的天平恐怕就会倾斜到相反的一边了。绿色和平组织曾经对位于巴西西部的亚马孙邓尼印第安人的土地问题进行过一项调查。马来西亚伐木公司 WTK 购买了 31.3 万公顷的亚马孙原始雨林，但他们购买的这片雨林有一半属于邓尼印第安人，遗憾的是当地居民对这笔土地买卖毫不知情，在不知不觉中自己的家园就被倒卖给了外国公司。当然，这件事最终还是被邓尼人所知晓，并引起了国际社会的关注。在多方的努力下，政府不得不派官员去当地核查邓尼人的领地范围，根据巴西的法律规定，印第安人的土地一旦被划定，这片土地将永久归属印第安人，任何破坏林地的行动都将被禁止。为了帮助邓尼人划定自己的土地，绿色和平组织专程到当地进行勘查，运用了卫星定位系统等当地人没有的技术设备，有效维护了邓尼人的合法权益，促使当地政府在雨林划界问题上作出了让步。这个事件所展现出的"地方原则"很明显是封闭性，如果从纯粹开放性的角度来评判，是否意味着邓尼人应该放弃自己的家园和固有的生活方式？按现代文明的标准看，邓尼人的雨林生活比较原始，我们是否应该统一他们的生活方式呢？答案是否定的，因为地方的开放性并不意味着均质与破坏，开放必须以保护多样性及维护当地人合法权益为界限，否则无异于"入侵"。特别是对于不同族群的生活方式而言，每个族群都有选择自己生活方式及发展道路的自由，在合法的范围内不应被强迫一致。消灭一种族群文化，然后把它们扔进博物馆，这样的举动，短期看是愚蠢，长期看是"犯罪"。遗憾的是，很多破坏多样性的举动，并不是基于某种成熟的理论或坚定的信念，而仅仅是基于少部分人眼前的经济利益。从这个角度看，地方的封闭性在某些时候反倒使地方免受侵害，具有正面意义。

人们所坚持的"地方原则"是因时因地而不断变化的，上述两例涉及的地方开放性与封闭性的对立是泾渭分明的，而80年代伦敦的左翼政治力量在是否支持道格斯岛的工人诉求上，则显得游移不定。那一时期，马西正好参与了左翼大伦敦议会的研究项目，她发现了一个生动的案例。伦敦港区开发公司在道格斯岛推行了一个私有住宅的销售项目，房屋的售价超过了当地劳工的支付能力，而有支付能力的雅皮士们则通过购买房屋涌入了这个地区。为了维护工人的权益，左翼政治力量在议会中作出了抗议，提出"这是劳工阶级的土地"！此刻的左翼政治力量无疑坚持的是地方的封闭性。没过多久，情况发生了转变，议会通过了另一项住宅项目，这导致28%的房产被划拨给当地的孟加拉裔。白人劳工对这样的结果非常不满，他们喊出"这是白人劳工阶级的土地"！甚至有人认为孟加拉人获得房产，对白人来说就是一场入侵。有趣的是，这个时候的左翼政治力量感到手足无措，对于他们来说，支持劳工阶级是题中应有之义，但他们无法接受种族主义的立场，反对种族歧视使得左翼力量在这场地方斗争中倾向于开放性与包容性的立场。这个案例再一次证明，没有所谓普遍均一的"地方原则"，对此，马西指出："问题不是本质上是封闭的还是开放的；不是空间的开放性和空间的封闭性之间的简单对立。不是空间拜物教……不存在任何先验的政治学。一个人是否赞成开放性或封闭性的决定，必定是一个结果，对特殊情境的独特权力关系和政治——独特权力几何学——做出评估的产物。"①

开放性或封闭性不是地方天然自生的属性，而是不同的社会群体根据各自的价值标准赋予地方的特定意义。当然，社会群体的价值评判也不是随心所欲地进行的，而是会受到地方环境、空间结构等客观因素的制约。这种相互关系不禁让人想起马克思在《路易·波拿巴的雾月十八日》中的那句名言："人们自己创造自己的历史，但是他们并不是随心所欲地创造，并不是在他们自己选定的条件下创造，而是在直接碰到的、既定的、从过去承继下来的条件下创造。"② 马克思提出的这种唯物史观的思想，在社会学家吉登斯那里被进一步理论化了，吉登斯在《社会理论的若干中心问题》一书中将行为理论与结构主义相结合，发展出一套结构化理论（theory of structuration），并在随后出版的《历史唯物主义的当代评论》中做了进一步的阐述。该理论的一个显著特点在于，它区别于其他的结构至上主义，反对机械式的结构决定论，特别强调了"结构的两重性"（duality of structure），即社会结构与主体的能动性之间是一种相互影响、相互交织的关系，结构制约着行动者，行动者也改变着结构。行动者的实践活动虽然能赋予结构一定的意义，但他们的活动无法凌驾于结构之上，而是被严格限定在了结构范围之内，并且行动者的能力大小在很大程度上受到了整个结构为他们提供的资源类型和多寡等因素的影响。结构化理论与上文论述的社会性空间理论、"空间是一种社会建构，社会亦是一种空间建构"等观点是吻合的，甚至可以为这些观点提供进一步的理论支撑。

社会空间（包括作为空间组织的地方）以及空间中的社会地理环境、政治法律制度等都是广义上的"结构"。与此相对应的社会关系（主体的能动性）则塑造了结构的面貌、赋予了结构以诸如封闭性或开放性的意义，这实际上指向了一个我们之前讨论过的观点——空间（结构）是被实践出来的。不论是德·赛托提出的作为战术的实践，还是苏贾的"第三空间"都试图阐释空间（结构）的这种未完成性，空间

---

① ［英］多琳·马西：《保卫空间》，王爱松译，江苏教育出版社2013年版，第223、226页。

② 《马克思恩格斯文集》第2卷，人民出版社2009年版，第470—471页。

并非某种先验的结构,而是社会关系运作的结果。时间地理学家哈格斯特朗(Hagerstrand)曾经对人们的实践活动与时空的关系做过很直观的考察。他针对瑞典一个本土教区人口统计资料,分析出了当地人口在一百年中的生活路径(life-path)轨迹。这项工作的突破性是在传统的地图上展现了人们的活动轨迹与时间的流动。哈格斯特朗将单个人的行动轨迹称作"束",将社会关系汇聚的场所称作"站点"。这套理论分析法对吉登斯的结构化理论有很大的启发,为了直观体现这些概念,吉登斯将其简化为一幅时间—空间地图(见图3-1)。在这个地图中,图(1)体现的是两个人在同一天的生活轨迹,他们在某一段时间在一家餐厅相遇,然后又再次分离。图(2)则是人们活动于其间的三维时空(结构)。"站点"乃至整个时空的面貌、内涵、意义会直接受到"束"(人们的活动路径)的塑造与影响。

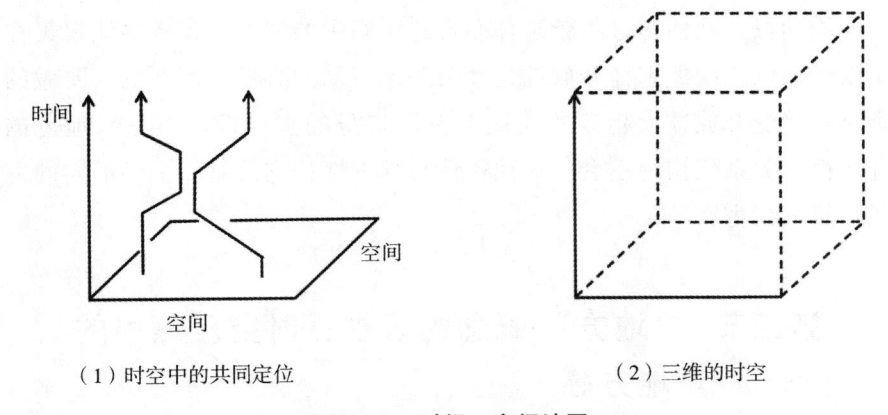

(1)时空中的共同定位　　　　(2)三维的时空

图3-1　时间—空间地图

资料来源:[英]德雷克·格利高里、约翰·厄里:《社会关系与空间结构》,谢礼圣、吕增奎译,北京师范大学出版社2011年版,第265页。

与此相应的是,结构本身对主体的能动作用的发挥也具有很大的约束力。在上文中提到的德国汉堡与邓尼印第安人的居住区展现出了不同的"地方原则",究其原因来说,不能简单归结为当地人的思想境界或实践活动,他们坚持开放性或封闭性的立场,并不是一种偶然,而是结构性的资源配置所导致的必然结果。如果我们拿德国的汉堡市与邓尼人的热带雨林做一个对比就会发现，汉堡是德国的第二大城市，是德国最大的外贸中心和重要的海港，拥有"世界桥城"之称。这样的结构性特征使得汉堡市必须选择开放之路，因为它是连接德国与世界的重要窗口，这是汉堡市的重要属性所在，也是它得以繁荣发展的基础。反观巴西的亚马孙雨林，它本身保留了雨林的原始风貌，同外部世界往来较少，但却是当地印第安人的家园，是多样性文明的所在，当然也为世界保留了可贵的森林资源。对于这样的结构特征，我们要做的不是破坏、不是过度开发，而应当是保护。这便是"结构两重性"的另外一方面的体现。如果用吉登斯的理论来解释，两个地方拥有的资源不同，汉堡市拥有更多的权威性资源与分配性资源，它需要履行连接世界的责任；而邓尼人的雨林缺乏上述两种资源，他们拥有的主要是自然资源，且容易受到外部的伤害，他们要做的就是保护好自己，并且使他们的文明能够延续下去。如果用马西的理论来解释，汉堡市与亚马孙雨林之间体现了不同的权力几何学，相较雨林而言，空间中的权力关系较多地聚集在了汉堡地区，汉堡选择开放性是社会关系运动的必然，而邓尼人要做的则是在接受开放性大趋势的前提下保留自身的多样性，毕竟"地方的开放性的关系建构绝不会反对独特性与唯一性；它只是以一种不同的方式理解其衍生物"①。

第二节 "地方"概念的演进：时空压缩中的地方感

地方这个概念不仅是地理学的一个核心话题，也是整个空间理论发展过程中的论战焦点。从19世纪末维达尔·白兰士（Paul Vidal de La Blache）与埃米尔·涂尔干（Emile Durkheim）那场著名的对话开始，围绕地理学与其他各门学科的相互关系的论争，直到今天都没有结束，这些论争所涉及的问题包括文化、历史、经济、数学、物理等，当然也不

---

① ［英］多琳·马西：《保卫空间》，王爱松译，江苏教育出版社2013年版，第229页。

能忽略了地理学本身，因为一切学科的发展、文明的演进最终都会聚焦于空间（无论有意或是无意），毕竟事物不能脱离时空而孤立地存在，人类的历史也并非是在"针尖上跳舞"。有鉴于此，20世纪70年代后，一批西方人文主义地理学者向刻板的空间科学发出了挑战，使得原本灰白的、可有可无的空间背景顿生色彩。这期间，诸如段义孚（Yi-Fu Tuan）、西蒙（David Seamon）、瑞尔夫（Edward Relph）等学者重新诠释了"地方"的概念，让这个传统的跨学科的话题，成为了空间理论发展的一个新取向。多琳·马西（Doreen Massey）吸收了人文主义地理学者的观点，在批判的基础上阐发了全球地方感的概念，她的观点在西方空间理论界引起了广泛的关注并被许多学者引用。对于国内学界同仁而言，马西立足于地方的空间理论也颇为新颖，值得研究。

一 "地方"概念的演进

"地方"通常被视为一个传统的话题，许多学科将其视为一个常识而忽略了对这个问题的反思。这个概念源于地理学，但又不仅止于地理学，它实在是各类学科的交集所在，用地方哲学家凯西（Edward Casey）的话说就是："生活就是在地方上过活，认识就是首先认识我们所在的地方。"[①] 作为空间理论的核心概念，地方这个名词在不同时期和学派那里，有着不一样的定义，其概念的演进差不多经历了一个世纪，总体而言，它的发展轨迹主要有四个阶段：

第一，1960年以前的区域地理学，通常将地方等同于区域，研究的是某个区域的独特性。区域地理学家的研究模式非常固定，一般而言都会论述某个区域的地形地貌、气候特征、物种分布或是一些当地文化，同时还会对不同区域作出划分和对比。这样的思维模式让地方概念局限在了地图上的某一个点上，区域间的边界性很明显，诸如"东亚与西亚""大不列颠群岛地区"这样的话题都是当时理论研究的经典范式，"每一种方式的焦点都在于，区别一个清楚界定的区域（地方）与

[①] ［英］蒂姆·克瑞斯威尔：《地方：记忆、想象与认同》，王志弘、徐苔玲译，台北：群学出版有限公司2006年版，第40页。

其紧邻的区域,并且解释定义的逻辑"①。这一时期的地理学兼具自然科学与人文科学的特点,为往后的发展奠定了基础。

第二,从 20 世纪 60 年代开始,由于受到实证主义的影响,地理学的研究方法和侧重点发生了转向。这一时期的地理学家们越来越不满足于研究特殊性的区域问题,他们试图追求一种放诸四海而皆准的科学规律,在研究方法上特别推崇量化分析法,各种各样的数学模型不断涌现,似乎一切事物都能被模型化,人们欣喜地发现科学的大门终于向人文学科打开了,故而那个时期的研究成果亦被称作空间科学。以往的区域概念被一种普遍均一的(nomothetic)空间概念所取代,相应的地方概念也就丧失了实际意义,沦为了一张白纸或是一系列网格,任由几何学在其间发展,马西对此评论道:"数学(或数学中的问题)而不是现实世界的问题指导了研究的方向。"② 空间科学发展的典型案例是德国经济学家冯·杜能(von Thünen)提出的"杜能圈"理论,该理论为城市周边农村土地的利用提出了一种模式,这是一种以城市为中心的同心圆圈层结构,从内到外分别有自由式农业圈、林业圈、轮作式农业圈等。"杜能圈"这样一种经济模型中的空间,仅仅是一个距离,除此以外没有太多意义,这种纯几何学式的区位理论后来受到了许多人文主义地理学家的批判。

第三,到了 1970 年,人文主义地理学有了较快发展,这种发展势头直至今天都能感受到。前面我们提到,空间科学的出现让空间本身失去了意义,有的实证主义学者甚至主张"有一个纯空间的世界,有一些没有实质和内容的空间规律,并且有一些可能脱离社会环境的空间过程"③。为了应对这些挑战,人文主义地理学家尝试向空间中灌注"意义",强调空间本身所具有的价值,为了完成这个使命,他们选择了"地方"作为着眼点,不断挖掘地方的意义,探究地方之所以是地方的

---

① [英] 蒂姆·克瑞斯威尔:《地方:记忆、想象与认同》,王志弘、徐苔玲译,台北:群学出版有限公司 2006 年版,第 31 页。
② [英] 德雷克·格利高里、约翰·厄里:《社会关系与空间结构》,谢礼圣、吕增奎译,北京师范大学出版社 2011 年版,第 9 页。
③ [英] 德雷克·格利高里、约翰·厄里:《社会关系与空间结构》,谢礼圣、吕增奎译,北京师范大学出版社 2011 年版,第 10 页。

原因。不过这并不是向区域地理学回归,人文主义地理学所定义的"地方",既不同于空间科学中那种无意义的地方,也不同于区域地理学所界定的独特的、固定化的地方,这里所说的地方是可变的、有弹性的。段义孚在《空间与地方》中对这个问题有清晰的界定,他通过阐述空间与地方的相互关系来定义地方,在他的语境中,整个空间被视作一个流动体,而地方则是这种流动过程的暂停或休憩,并在这个暂停(地方)的基础上产生出了归属感与价值。这样的界定方式使得地方的尺度可大可小,因此,段义孚认为,"在一个极端,一把最喜欢的扶手椅是个地方;在另一个极端,整个地球也是地方"[①]。很显然,这个看法突破了传统地理学的区域概念,地方可以是任何场所,只要能赋予它一定的意义即可。从这个角度我们也能发现,地方实际上就是被赋予了意义的空间。

海德格尔(Martin Heidegger)在《存在与时间》中提到的"此在"(dasein)这个概念,与段义孚所定义的地方有互通之处。隐居黑森林农场的海德格尔试图挖掘出人类存在的真正本质,而"此在"作为哲学上的一种存在状态,并非强调具体的方位和地区,乃是一种意义范畴里的概念。地理学家瑞尔夫也认为,从地方的深层含义看,根本没必要强调其具体位置所在,例如一艘移动中的轮船是一个地方,不断迁移的吉卜赛营地也是一个地方,但若是从地球经纬度的角度看,它们的位置又是在不断变动的。

随着地方概念的进一步发展,以瑞尔夫、西蒙为代表的一批人文主义地理学者开始转而采用现象学的研究角度,探索地方之所以成为地方的本质所在。比较典型的如西蒙对于"空间的日常移动性"的研究,西蒙坚持从法国现象学大师梅洛庞蒂(Maurice Merleau-ponty)的论点出发,认为地方的本质就是身体移动性(bodily mobility),例如"走到信箱取信、开车回家、从住家走到车库、伸手从抽屉里拿剪刀"[②],并

---

① [英]蒂姆·克瑞斯威尔:《地方:记忆、想象与认同》,王志弘、徐苔玲译,台北:群学出版有限公司2006年版,第36页。
② [英]蒂姆·克瑞斯威尔:《地方:记忆、想象与认同》,王志弘、徐苔玲译,台北:群学出版有限公司2006年版,第57页。

把这些人的日常活动命名为"时空惯例"（time-space routine），当这些个体的"时空惯例"同时汇聚于同一个区域时便出现了西蒙所说的"地方芭蕾"（place-ballet），这或许可以理解为某个地方所共有的生活习惯和行为习惯，因此在这里就能够产生出所谓的地方感（sense of place）。归结起来看，西蒙认为地方的形成"乃是透过人群的日常生活而日复一日操演出来的"①。其实，多琳·马西也认为地方本质上就是一种实践的过程，她在《保卫空间》中阐述空间所具有的建构性时就指出："你半小时之前所离开的伦敦不是此刻的伦敦。伦敦已经前进了。生活急速推进，伦敦城里已经进行了投资和收回投资，它已经开始下起倾盆大雨……有人在大联合运河逮到了一条鱼。"② 总的来说，人文主义地理学者对地方概念的发展作出了很大贡献，其发展的脉络主要体现在两个方面，从存在主义的角度看，地方不是某个特定的区域，而是被赋予了意义的空间，因此它没有尺度和边界上的明确限制；从现象哲学的角度看，研究的问题主要在于地方形成的本质。

第四，1980年以后，新文化地理学兴起，这是对人文主义地理学的批判、继承与发展，其代表人物有多琳·马西、凯·安德森（Kay Anderson）、蒂姆·克瑞斯威尔（Tim Cresswell）等。如果说人文地理学打造了一件批判的武器，那么新文化地理学则展现出了武器的批判。从宏观上看，新文化地理学者是人文主义地理学者中批判性较强的一群人，同时也有一些人受到了西方马克思主义的影响，为空间理论注入了政治经济学的内容。马西等一批新文化地理学者从学术分工的角度对传统的人文地理学进行了反思，指出"地理学遭到了低估"，马西要强调的是，人文主义地理学"力图解释的对象的根本原因不在本学科之内，地理学家要么不得不改行学习另一门社会科学，要么站在社会科学的过渡地带的末端，忠实地描述那些属于其他社会科学研究的过程的结果"③。

---

① ［英］蒂姆·克瑞斯威尔：《地方：记忆、想象与认同》，王志弘、徐苔玲译，台北：群学出版有限公司2006年版，第59页。

② Doreen Massey, *For Space*, London：SAGE Publications Ltd, 2005, p. 118.

③ ［英］德雷克·格利高里、约翰·厄里：《社会关系与空间结构》，谢礼圣、吕增奎译，北京师范大学出版社2011年版，第10页。

因此，他们强调要重新重视地理学的重要性，尤其是要将地方作为分析问题的变量或是分析问题的工具，除此以外，地方还可以作为一种认知方式而存在。

地方如何作为分析问题的重要因素，甚至于是一种分析工具？这个问题在马西的《劳动的空间分工》一书中得到了详细的解答。例如，英国伦敦的制砖公司在区位选址时，倾向于选择牛津地区，因为该公司对当地的黏土比较依赖，这个看似简单的地理因素不仅影响到公司选址问题，还影响到了公司往后的发展模式。在竞争加剧和工人工资上涨的双重压力下，制砖公司并不像其他制造业那样，可以通过空间流动来降低成本，唯一的办法就是进行生产变革，从这个角度看，空间因素还能影响生产组织。此外，一个企业的社会分化，一定程度上也体现在空间层面，而这种空间上的差异，反过来也能加剧这种社会分化，对此，马西指出，"在职能上越靠近总部，社会地位就越高，而且既然等级体系拥有一种空间形式，社会分化和空间分化显然是相关的"①。

二 全球地方感的建立

近三十年来，全球化和时空压缩（time-space compression）的加剧越发侵蚀着地方的多样性，这引起了许多人的警惕。瑞尔夫的《地方与无地方性》就专门讨论过这个议题，在全球范围内，机场、车站、大型连锁超市、肯德基、麦当劳无所不在，而这些场所不论在哪都具有同样的风格，甚至于城市里的现代建筑都已经失去了区分不同文明的能力，瑞尔夫将这类场所描述为"无地方性"（placelessness），我们的世界正在经历同质化的过程。人类学家马克·欧杰（Marc Augé）的研究则更进一步，他将这种全球化的过程细化为流通空间、消费社会、大众传播三个方面，正是这三方面的发展才促使了时空压缩的进一步加剧，同时他还提出了比"无地方性"这个概念更为中立的说法——"非地方"（non-place）来解释这些越来越同质的公共空间。所有的这类讨论

---

① [英]德雷克·格利高里、约翰·厄里：《社会关系与空间结构》，谢礼圣、吕增奎译，北京师范大学出版社2011年版，第13页。

都表明人们的同一种焦虑，那就是全球化的流动会不会抹掉地方的多样性？传统的地方认同感是否还有存在的必要？坚持地方的独特性会不会形成极端的排外主义，从而演变为"反动的"地方感？

关于地方感这个概念，如果按照政治地理学家阿格纽（John Agnew）的定义来看，就是指人们对于一个地方的主观情感上的依附，这种情感需要居民在某地生活几年甚至几代人才能产生，新近移民很难对某地有深刻的依附感，即便有也是肤浅的，许多人在感叹地方感流逝的同时也不得不接受全球化的后果，因为这是大势所趋。在西方马克思主义学者中，有不少人都撰文强调当前全球化对于地方的侵蚀就是马克思所说的"以时间消除空间"的理论在当代的体现。在这种大环境中，自然会催生出一些坚守地方独特性的人群，大卫·哈维（David Harvey）对这个现象做过专门的考察，并对空间的封闭性及其价值进行过研究，认为地方是抵抗资本全球流动冲击的重要堡垒。不过哈维也很担忧那种极端排外的地方政治所带来的不利影响，所以说人们面临的焦虑也比较矛盾，一方面是全球化对地方的冲击，另一方面则是"反动"排外的地方感。

马西的论文《全球地方感》正是对于上述这些焦虑的回应，她承认在英国出现的地方均质化也是同样明显的，但是她觉得人们没有必要过于担心地方特色的消失，因为这些特色是由前人建构出来的，难道我们就不能在全球化的基础上建立起新的地方感吗？她呼吁人们接受一种进步的地方感（progressive sense of place），以区别于前面提到的"反动"地方感。她在《全球地方感》一文中也提到，人们发现曾经熟悉的街道失去了原来的味道，布满了各种外来文化，例如墨西哥烤肉店、中东银行的分行、印度咖喱鸡等；对于那些第三世界的人民而言，生活中则充斥了诸如可口可乐这样的美国产品，甚至于连饮食习惯都发生了改变。这个例子确实能够说明地方原本的独特性发生了改变，但也暗示了新的地方特色正在生成，换言之，地方在经历均质化的同时也产生了新的多样性，这就是马西提出建立全球地方感的内在逻辑。

对于坚持传统的追求稳定性和认同安全感的人们来说，全球化对地方的侵蚀，使得他们总有一种身在故乡的乡愁，并且很自然地产生排外情绪。马西分析了这种地方感的三个特点：其一，认为地方的认同感是单一的。例如提起英国人们总会想起伦敦塔桥、大本钟、伦敦腔或是《雾都孤儿》；提起美国则想到了西部牛仔、自由女神像、清教徒。其二，这种地方感强调其单一的历史性，它建立在一种悠久的历史之上，人们可以通过"寻根""缅怀"等方式来强化这种认同感。其三，试图建立起清晰的边界，用来区分"我们"和"他们"，以此来保持独特性和安全感。面对这种被称为"反动"的地方感，马西的策略是回归生活，以她的生活环境所具有的特点来对其进行逐一反驳。马西住在伦敦西北边的基尔本（Kilburn），那是一个有着众多外来移民的社区，她在《全球地方感》中描述了基尔本所具有的世界各地的文化元素，以及生活在这里的不同族裔。橱窗里的印度女装、贩卖《太阳报》（Sun）的穆斯林，还有头顶上那些往返于希斯罗机场的飞机都能激发她对于地方性的思考。她发现基尔本这个地方的确有"自己的性格"，但这种特色同上述传统的地方性并不一样，这里所形成的地方感具有全球性。来自世界各地的移民按照自己的"时空惯例"生活着，各种世界文化在不经意间相互交织融合，再过几代人，自然可以形成对于基尔本这个地方的全新的认同感。

　　马西在基尔本生活了很多年，对这个充满异国情调的地方很有感情，完全没有觉得自己的地方受到了侵犯，与那种"反动"地方感的观点截然相反。这些不同点在于：第一，基尔本的事例说明，对于一个地方的认同感并不是单一的，这里的居民有着很不一样的文化背景和生活习惯，他们对同一个地方的认识方式并不是一致的，"大家到这个地方的路径，他们最喜欢去的所在，他们所造成的此地和世界其他地方的关联（物理上的，或利用电话和邮局，或在记忆和想象中的关联），都有很大的差异"[①]。马西在这里还指出了一个认识上的误区，"国族主义"者们往往会把地方和社群（community）相混淆。社群不一定要有一个固定的地方，例如宗教团体、民间社团、网络中的朋友圈都可以算

[①] ［英］蒂姆·克瑞斯威尔：《地方：记忆、想象与认同》，王志弘、徐苔玲译，台北：群学出版有限公司2006年版，第112页。

作社群，人们因为某些共同的价值观或利益而走到一起，这种情况下比较容易形成单一的认同感。但是地方却不一样，它可以容纳各种不同的社群，因此地方的认同感不必然是单一的。第二，从基尔本居民的文化背景看，这里显然不存在单一的历史性，不同的族裔有着不一样的故事，地方并不是孤立存在的，它总是处于与外部世界的相互关联之中，我们甚至应该把外部世界视作我们所处地方的一部分。威廉·克罗农（William Cronon）对此有相同的观点，他认为"必须将地方视为连接世界其他地方的位址，置于不断演变的社会、文化与自然、环境网络中来理解"[1]。艺术评论家李帕德（Lucy Lippard）在其著作《地域的诱惑》中也认为，地方"关涉了连结"，指出我们应该关注的是地方发生了什么事，将来会发生什么事。其实这种将地方视为事件的观点和西蒙的"空间日常移动"理论是不谋而合的，地方是由各种变动的事件构成的。因此建立在这种观点上的地方感必然是开放的发展的，由此可以很自然地引导出第三点，清晰的地方边界是否必须存在？第三，很显然，马西并不认为地方需要建立清晰的边界来区分"我们"和"他们"，这是同地方的开放性背道而驰的，她明确表示："相较于防御、反动的观点来看待地方，我实在没办法借由划出封闭的边界来界定基尔本，也不想这么做。"[2]

在马西看来，对于全球化和时空压缩的担忧是不必要的，因为这正是建立全球地方感的契机；对于"反动"地方感的焦虑也是多余的，因为在考察真实地方的过程中，我们发现这样的地方感正在瓦解或是根本不存在，"国族主义"者的转变只是时间问题，这是大势所趋。地方的价值并不会因为时代的发展而消逝，正如李帕德评价的那样，"即使地方力量减小，而且往往沦丧消失，地方（作为缺席者）还是界定了文化和认同。地方（作为现身者）也继续改变我们的生活方式"[3]。

---

[1] [英]蒂姆·克瑞斯威尔：《地方：记忆、想象与认同》，王志弘、徐苔玲译，台北：群学出版有限公司2006年版，第73页。

[2] [英]蒂姆·克瑞斯威尔：《地方：记忆、想象与认同》，王志弘、徐苔玲译，台北：群学出版有限公司2006年版，第113页。

[3] [英]蒂姆·克瑞斯威尔：《地方：记忆、想象与认同》，王志弘、徐苔玲译，台北：群学出版有限公司2006年版，第83页。

三 全球化语境下的社会空间观

基于上述分析，现在我们可以来整理一下全球地方感视角下的空间理论的要点，这些内容或是对以往空间理论的继承，或是对其他空间理论的批判。不同的研究切入点往往会产生不同的结论，我们在此尝试挖掘一些空间理论的共通性。

首先，空间具有开放性。这在前面已经提过，这个观点主要是为了避免给地方划定明确的边界，不过这也是空间理论争议最大的一个焦点，集中体现在空间的开放性与封闭性的论争。大卫·哈维从政治经济学批判的角度，分析了当代资本主义在全球范围的扩张给地方造成的冲击，他所论述的空间问题主要是从其封闭性入手的。的确，空间封闭性的特点是客观存在的，从美国的门禁社区对白人和黑人的划分上我们就能明显地感受到，包括历史上出现的种族隔离制度和当前存在的地方保护主义，都是这种封闭性的体现。不过有趣的是，哈维一方面担忧极端的排外主义的出现，另一方面他又认为空间的封闭性有积极的一面——对抗资本主义的全球扩张。他将城市（地方）视为抵挡资本主义冲击的战斗堡垒，并且在《叛逆的城市：从城市权利到城市革命》一书中论述了这种地方堡垒的作用。他以2011年美国人"占领华尔街"的事例来说明城市（地方）的堡垒作用，他指出："'占领华尔街'向我们显示，在没有其他办法的时候，在公共空间中的人的集体力量依然是最有效的对抗手段。"[①]

与哈维的研究角度不同，马西在阐述空间开放性时，采用了比哈维更为宏观的角度，在马西的语境中，本土和世界的关系总体来看是相互关联相互融合的，这种互动关系甚至于包含了哈维所说的对抗性，也就是说对抗本身也是一种互动和融合的过程；另外，作为一个地理学者，马西要为地理学正名，她无法忍受"地理学遭到低估"的现状，正如她在《保卫空间》一书中所说的那样，"世界是一个本土和全球在其中

[①] ［英］大卫·哈维：《叛逆的城市：从城市权利到城市革命》，叶齐茂、倪晓晖译，商务印书馆2014年版，第162页。

真实地'相互构成'的世界……地理学将不再是简单的领地的地理学"①。总而言之，开放性和封闭性都同时存在于空间之中，选择不同的角度便能看到不同的特性，马西是在一个较为宏观的层面来论述开放性的，她深知开放、进步的地方感对于一个城市发展的重要性，她在《城市世界》中就曾指出："城市的能量大部分来自对外部的开放性；来自抵达且加入了的混合体，并可能参与创造新文化的新移民；来自贸易连结及文化影响；来自金钱流动。如果一个城市不处理其基础所在的交会，就有可能停滞不前，城市也将因此完全把自己封闭起来。"②

其次，空间处于不断地动态建构过程之中。在这里，马西做了一个类比，马克思主义者们经常会强调一个事实：资本不是具体的物，而是一个过程。马西认为地方也有这个特点，地方不是某个固定的位置，它是一个过程。其实这个观点是对西蒙的"空间日常移动"理论的一种延续，认为地方就是人们的实践活动操演出来的，而这些实践活动通常也可以被看作是一种事件，所以这样的逻辑推导出来的结果就是：地方是事件的地方。在这里，我们就能够点明全球地方感的空间理论的核心话题，那就是作为事件的地方和作为地方的空间。

除了西蒙以外，有不少学者都认为地方是人们日常的实践活动操演出来的，因而总是处于变动之中。普瑞德（Allan Pred）就曾指出："地方从未完成，而总是处于流变（becoming）之中。"③ 吉登斯（Anthony Giddens）则在此基础上发展出了结构化理论（structuring theory）作为对西蒙理论的补充。结构化理论为人们的实践活动加上了一些限制条件，讨论的是如何在这些限制条件下进行日常生活实践。德·塞托（Michel de Certeau）提出了实践中平衡自由与限制的方式，即"战术与

---

① Doreen Massey, *For Space*, London: SAGE Publications Ltd, 2005, p. 184.
② Doreen Massey, John Allen and Steve Pile, *City Worlds*, London and New York: Routedge, 2005, p. 122.
③ ［英］蒂姆·克瑞斯威尔：《地方：记忆、想象与认同》，王志弘、徐苔玲译，台北：群学出版有限公司2006年版，第59页。

战略"理论，人们的实践战术必须在宏观的战略限制下来进行。这些理论都论证了空间的动态建构性，马西在评价这种建构性时也说："如果我们的寓所将从我们离开它的地方继续前进，从这个意义上看，我们做不到'回家'，那么在相同的意义上，我们也不能在周末来到乡村，回到自然，自然也一直在继续前行。"①

最后，空间是多元轨迹并存的领域。在《全球地方感》中马西已经阐述了地方的认同感和历史不一定是单一的，真实的地方不可能只由一个社群、一个民族构成，历史上的很多城市都承载着不同文明的碰撞。例如马西在《城市世界》一书中以墨西哥城的三朝文化广场（La Plaza）来说明这种多元共存的含义。这个广场上同时陈列着前哥伦布时期的阿兹特克金字塔、西班牙殖民时期的巴洛克风天主教堂、国际化的现代建筑。这是一个典型的案例，它以最直观的方式诠释着多元轨迹并存的领域，同时也诉说着墨西哥城不一样的历史故事。不过，习惯用单一视角来看待文明，忽略地方的多样性，似乎是殖民主义文化的传统。厄尔金斯（Elkins）对于英国殖民主义的生动描述，最能说明这一点，他写道："日不落那广袤的帝国是由一个帝国精神整合起来的，即文化使命……不列颠通过将所谓的土著人转变为'进步公民'的方式，将光明带向黑暗大陆……他们自命为那些倒霉'土著人'的受托者，在他们眼中这些人还没有进化到一定的高度来发展自身或作出对自己负责的决定。"② 在今天全球化的背景下，这种传统视角显然已经无法适应世界的新变化，空间的流动还在加速，文明还将继续碰撞融合下去，"城市是个多元的地方，很难将其理解为只有一种声音的单一实体。进一步讲，并非所有城市都被包含在一切网络里，也没有单纯被包含或被排除出去的整个城市"③。

---

① Doreen Massey, *For Space*, London: SAGE Publications Ltd, 2005, p. 137.
② David Featherstone and Joe Painter, eds., *Spatial Politics: Essays for Doreen Massey*, Hoboken: A John Wiley & Sons, Ltd, 2013, p. 73.
③ Doreen Massey, John Allen and Steve Pile, *City Worlds*, London and New York: Routedge, 2005, p. 125.

第三节　资本全球化背景下的地方精神：
全球地方感的价值

20世纪六七十年代所发生的"空间转向"是一个涉及多学科、多领域的事件。在地理学界，这场转变意味着人文主义地理学对实证主义"空间科学"的胜利，在这些人文主义地理学者中，有不少人坚持的是马克思主义的立场，或是在此过程中转向了马克思主义。因此，这场"空间转向"本身也带有左翼的色彩。正如上文提到过的那样，实证主义地理学过于强调"量化研究"的方法，导致空间概念变得僵化、停滞、毫无生命力，甚至使地理学沦为其他学科的解释工具。面对这样的局面，许多人文主义地理学家开始大声疾呼："地理学遭到了低估！"在马西早年的多篇论文中，始终有一个共同的论点："地理学很重要！"正是在与"空间科学"的激烈碰撞中，人文主义地理学家们开始提出了具有社会建构性的空间理论，并进而推动了人们对地方概念的理解方式。

实证主义地理学为空间确立了一套科学法则，这套法则在使空间概念变得"中规中矩"的同时，也影响到了人们对地方概念的理解。地方只是用来描述某个聚落的功能、区位、气候、人口的概念，它的意义被严格地限制住了，正如艾斯柯巴（Escobar）所说："自柏拉图以降，西方哲学（往往得神学和物理学之助）将空间奉为绝对、无限与普遍的，却将地方限定于特殊、有限、在地及受限的领域。"① 但是当社会性空间的概念提出以后，情况就变得不一样了。既然空间是社会关系的产物，时刻处于流变之中，那么地方就应当是充满意义和生命力的，而不仅仅是地图上的一个坐标。段义孚在20世纪70年代便提供了理解地方概念的新视角，他指出地方是一种"关怀的场所"（field of care），在人与地方的关系之中，有一种情感联系，它可以被理解为人们对故土的

---

① ［英］蒂姆·克瑞斯威尔：《地方：记忆、想象与认同》，王志弘、徐苔玲译，台北：群学出版有限公司2006年版，第34页。

眷恋，或者将其称为"恋地情结"（topophilia）。地方概念所包含的信息除了地理方位以外，还包括了价值、意义、生活、乡愁等等。这种理解方式，突破了实证主义理解地方概念的尺度，段义孚指出："地方可以像房间里的角落一样微小，或者和地球一样庞大：地球是我们在宇宙中的地方，这对思乡的太空人而言，是个简单的观察事实。"① 如果将地方的尺度、地方的形象作为意识现象来看待的话，那么它们便会随着人们的情感意志而变化，段义孚实际上提出了理解地方概念的新方式，那就是把地方的意义同人们的情感、价值观、认知方式关联起来，总的来说就是提出了以情感认知为基础的地方概念。

一 守护地方的独特性

场所精神（genius loci）这个概念来自古罗马的信仰体系，古罗马人相信，每一个独立的本体都拥有自己的守护神，包括不同的人与场所，都有各自的神灵与之相伴一生，并赋予他们特殊的本质和意义。在场所精神的英文单词中，"genius"有精神的意思，"loci"则意指地点或轨迹，所以场所精神也可以被引申为"地方精神"（the spirit of place），指的是某个地方或场所具有的意义、价值、独特性、历史文化和精神气质。场所精神就是场所（地方）的本质（essence），是一事物区别于另一事物的根本依据，如果我们用海德格尔的方式，将场所视为一种物（不论其显现与否）的话，那么"精神"便是这个场所的物性（die Dingheit）所在。挪威城市建筑学家诺伯舒兹（Christian Norberg-Schulz）在他的《场所精神——迈向建筑现象学》一书中对场所精神的内涵有过详尽描述。对于场所精神在日常生活中的体现，诺伯舒兹引用了劳伦斯·杜瑞尔（Lawrence Durrell）的一段生动描述来说明："如果你想慢慢地了解欧洲的话，尝一尝酒、乳酪和各个乡村的特性，你将开始体会到任何文化的重要决定因素到底还是场所精神。"② 地方的独特

---

① ［英］蒂姆·克瑞斯威尔：《地方：记忆、想象与认同》，王志弘、徐苔玲译，台北：群学出版有限公司2006年版，第36页。
② ［挪］诺伯舒兹：《场所精神——迈向建筑现象学》，施植明译，华中科技大学出版社2015年版，第18页。

气质是深深扎根于当地的自然环境与人文景观中的，提到北欧，人们往往会想到一个冰天雪地的场景或是想到冬季的绚丽极光。而提到阿拉伯，则会令人联想到石油、沙漠、骆驼、中东局势等。同样的，如果谈到"黑森林小木屋"这样的话题，就会让哲学家们眼前一亮，因为这幅景象差不多成了海德格尔思想的代名词。海德格尔在托特瑙堡山上为自己搭建了一座远离城市喧嚣的小木屋，在这个昏暗的小屋中他得以沉浸在与康德和尼采的"对话"中，并在此地创作了大量作品。当然更重要的是，他本人与小木屋、周遭的冷杉林、新鲜的空气、潮湿的泥土、砍树的斧头融为了一体，他声称自己"与建筑和周围的环境有一种理智和情感上的亲密，甚至认为风景能通过他进行表达，山的精神能通过他的声音发声"[①]。对于海德格尔而言，他的思想被打上了黑森林小木屋的烙印，而对于黑森林小木屋这个场所而言，它的"场所精神"就体现在其本身的自然环境和海德格尔所赋予它的价值、意义和眷恋上。

在诺伯舒兹看来，场所精神对于某场所（地方）中的定居者而言意味着方向感（orientation）和认同感（identification）。方向感是人们建立场所认同感的前提，人们首先要明确自己置身于何处，自己与所处环境具有怎样的关系，在此基础上才能作出进一步的价值判断。这里说的方向感不是简单的方位问题，它指代的是一种空间环境，用凯文·林奇（Kevin Lynch）的概念来解释，叫作"环境意象"，他指出："一个好的环境意象能使它的拥有者在心理上有安全感。"[②] 定居者必须在空间环境中感到舒适、感到安心，才有可能愿意继续居住下去，并由此产生对环境的认同感。不过林奇和诺伯舒兹的关注焦点主要在怎样营造良好的空间环境及建筑学方面，主要考虑的是"居的艺术"。而左翼地理学者们则把焦点放到了后者，也就是认同感的问题。从现实层面看，人们即便获得了方向感，定居于某个场所中，也不一定就能产生出认同感。一

---

① ［英］伊冯·谢拉特：《希特勒的哲学家》，刘曦、杨阳译，上海社会科学院出版社2017年版，第144页。
② ［挪］诺伯舒兹：《场所精神——迈向建筑现象学》，施植明译，华中科技大学出版社2015年版，第19页。

部分社会群体可能不得不生活在他们并不喜欢的环境中，例如在自家窗口下新建了一个气味浓烈的垃圾处理站，而居住者对此无能为力，既无参与社区规划的权利，又无搬迁的能力，那么他只能忍受这样的环境，对这个居住场所也就不会产生认同感。再如背井离乡的外来务工人员，他们对长期工作的场所又能有多大的认同感呢？他们的子女由于年幼，只能留守于乡村，他们的配偶由于工作原因也不一定在身边，所以这个社会群体进城务工是以"拆散家庭"为代价的，他们在踏入城市的那一刻就已经被打上了"流离失所"的印记。城市对他们而言只是一个冰冷的赚钱机器，只是他们为了养家糊口而被迫与之为伍的场所，他们很难真正定居于城市，认同感也就无从谈起。当然，要解决这个问题不能直接靠说服教育的办法，说服教育是产生不了认同感的，必须从空间环境的营建以及权力几何学的角度入手。主要的矛盾在于务工人员的数量已经远远超过了城市为他们提供市民待遇的能力，这是一个系统性的问题，需要完善城市的配套设施、综合管理水平、社会福利、医疗教育资源配置、交通保障等等，此外还要平衡权力关系在整个空间结构中的配置。需要从务实的层面入手，才能解决务虚的问题，一句话，需要解决结构性的空间问题，才能让居民对所属的场所具有认同感。

只有当人们对某个场所产生了方向感和认同感，他们才真正在这个场所中获得了一个"存在的立足点"，由此才会产生更进一步的情感——归属感。有了归属感的居民才能算作真正的定居者，他们将成为"场所精神"得以形成的重要基础，很难想象一种"场所精神"是建立在一群对当地毫无归属感的人之上的。正如段义孚所说的那样："一个真正有根的社会可能拥有圣地和纪念碑，但它不太可能用博物馆和协会来保存过去。"① 博物馆是对往昔的"场所精神"的见证，述说着一个地方曾经的辉煌。拥有很多博物馆是地方文明的象征，但如果一切有价值的绚烂的文明都在博物馆中，那只能说明这个地方的文明正在凋敝，这个地方的"场所精神"正在或者已经沦丧。哈维注意到了"场所精

---

① [美]戴维·哈维：《正义、自然和差异地理学》，胡大平译，上海人民出版社2015年版，第347页。

神"沦丧的另一种形式,那就是文化遗产的商业化。某个地方看似很有"场所精神",时刻都在宣扬其意义,但实质上却是一种商业广告,当地居民早已放弃了那样的文化和生活方式,之所以要表现出那种文化形式,只是为了旅游业的收入而进行的"配合演出",甚至于连参与"演出"的都不是本地人,而是初来乍到的外地谋生者。就这样,游客自我"欺骗"地认为自己到了一个不一样的世界,而"表演者"也尽力满足他们这样的幻觉。这不禁让人想起马克思的那句话:"一切已死的先辈们的传统,像梦魇一样纠缠着活人的头脑。当人们好像刚好在忙于改造自己和周围的事物并创造前所未有的事物时,恰好在这种革命危机时代,他们战战兢兢地请出亡灵来为自己效劳,借用它们的名字、战斗口号和衣服,以便穿着这种久受崇敬的服装,用这种借来的语言,演出世界历史的新的一幕。"① 在这里,当地的"表演者"们请出了昔日的"场所精神"来为自己的商业目的服务,而地方本身早已失去了活着的"场所精神"。

"场所精神"是地方独特性的重要体现,它需要建立在地方归属感之上,而归属感来自定居于此地的人们。诺伯舒兹指出:"认同感和方向感是人类在世存有的主要观点。因此认同感是归属感的基础,方向感的功能在于使人成为人间过客(homo vitor),自然中的一部分……目前我们开始了解真正的自由必须以归属感为前提,'定居'即归属于一个具体的场所。"② "场所精神"的锻造不是一朝一夕的事,它的形成离不开一代又一代的定居者们经历共同的历史文化、共同奋斗、共同战胜困难,进而成为一个命运共同体,产生相近的价值观、认同感、归属感。这是一个需要时间不断打磨的过程,当然这一切的前提是人们要能拥有一个可以定居的场所,这个看似简单的要求在现代都市社会中变得越发难以实现。流动性是城市发展的必要条件,但一个城市如果没有办法做到"藏风聚水",那也是断然发展不起来的,产业的发展、人才的汇聚、文化的兴起离不开稳定性,离不开文明培育的"基地"。生存于

---

① 《马克思恩格斯文集》第 2 卷,人民出版社 2009 年版,第 471 页。
② [挪]诺伯舒兹:《场所精神——迈向建筑现象学》,施植明译,华中科技大学出版社 2015 年版,第 21 页。

当代大都市的居民，要么难以实现真正的定居，要么居住于拥挤不堪、"环境意象"不佳的场所中。芒福德在他的《城市发展史》中详细阐述了这些问题，他指出："正当西方文化中城市数量增多、城市规模扩大的时候，却把城市的性质和目的，忘得一干二净……人们住得越拥挤，房地产主的收益就越大，而房地产主的收益越大，土地的资本价值也越高，如此恶性循环下去。"① 房产金融化是当代都市居民面临的一大困境，这是资本主义空间生产的必然结果，城市的传统意义开始消退，取而代之的是一切城市机能都要为资本所服务，由此产生的所谓城市的"场所精神"，于资本家而言就是无数个聚宝盆，于普通城市居民而言就是炼狱般的"修罗场"。当居民住房的使用价值的意义逐渐被价值的意义所取代，那么人们的精神期许将不再是"向下扎根"，而是不断增殖与变现，这是一种被资本劫持的"场所精神"。当泡沫幻灭后，一切都将成为虚空，场所将成为"废墟"，灵魂会更加卑贱。

所以，令人遗憾的是，"场所精神"曾经意指的高傲的、史诗般的灵魂已经不复存在，人们要么丧失了认同感与归属感，要么就是在为了满足资本对剩余价值的需求而疲于奔命。芒福德曾经说过："大都市，在他发展的最后阶段，变成了一个集体的诡计，使这个不合理的制度运行下去，并给那些实际上是它的牺牲品的人一种错觉，认为他们有权力、财富和幸福，认为人类已达到登峰造极的宝座。但实际上他们的生命一直处在危险之中，他们的财富是庸俗而短暂的，他们的闲暇是非常单调而乏味的，他们可怜的幸福带着一种色彩，经常预感到暴力和死亡会突然降临。"② 相比而言，海德格尔对于"根性"的追求倒令人有一丝向往之情，在世存有是我们谈论一切意义的前提，海德格尔说过："诗意并未飞翔或凌越于地球之上。诗意最先将人带到地球上，使人居于地球，而且引领人进入住所。"③

---

① ［美］刘易斯·芒福德：《城市发展史——起源、演变和前景》，宋俊岭、倪文彦译，中国建筑工业出版社2004年版，第435页。
② ［美］刘易斯·芒福德：《城市发展史——起源、演变和前景》，宋俊岭、倪文彦译，中国建筑工业出版社2004年版，第559页。
③ ［挪］诺伯舒兹：《场所精神——迈向建筑现象学》，施植明译，华中科技大学出版社2015年版，第22页。

二 存在主义地方感的根性眷恋

将地方概念理解为一种带有感情色彩的认知方式，并在认知周遭环境的过程中探求"场所精神"，这本身就属于现象学（phenomenology）的研究旨趣。诺伯舒兹的《场所精神——迈向建筑现象学》一书便充分运用了现象学的研究方法，把传统的建筑学问题作了哲学上的升华，引领读者去思考诸如"居的艺术""场所精神"这样的意识现象。在人文主义地理学家中，采用现象学研究方法的人不在少数，除了上文提到的段义孚外，加拿大地理学家爱德华·瑞尔夫（Edward Relph）也是其中的代表人物，他以《地方与无地方性》（Place and Placelessness）而闻名于学界。瑞尔夫特别强调了地方作为人类存在（being）的重要前提，人们应当对自身存在的立足点加以保护，因为人们存在于世的唯一方式就是"位居地方"（in place）。地方本身决定了人们的认知，是人类在世存有的重要组成部分，瑞尔夫指出："地方的本质在于大体上没有自我意识的意向性，这种意向性将地方界定为深刻的人类存在中心。"①瑞尔夫的这些观点基本上是对海德格尔思想的延续，在人类的存在方式与地方的紧密关系这个议题上，瑞尔夫的说法明显和海德格尔是一脉相承的。海德格尔师从现象学学派创始人胡塞尔（Husserl），在20世纪20年代，海德格尔出版的一系列著作改变了现象学的研究方向，侧重于探讨存在问题，进而形成了存在主义的哲学流派。存在主义继承了现象学的分析方法，但在一些分析对象的问题上发生了较大的转变。要研究地方感就不可能对存在主义避而不谈，在海德格尔看来，地方概念不仅是一种认知方式，更是一种存在方式和存在状态。正是基于这样的立场，海德格尔对类似"场所精神"这样的概念情有独钟，甚至将其上升到了地方根性的高度。

在康德看来，人类理性所感知的世界是一种现象世界，人们所获得的信息、所掌握的知识是理性与现象的"合成"（synthese），人们只能

---

① ［英］蒂姆·克瑞斯威尔：《地方：记忆、想象与认同》，王志弘、徐苔玲译，台北：群学出版有限公司2006年版，第40页。

通过现象（显现）来了解世界，而世界本身却是人类理性无法理解的，我们所感知到的其实是现象。正因为如此，康德把他的《纯粹理性批判》称作是"普通现象学"。从某种程度上看，海德格尔对存在的思考，正是沿着康德的这一思想脉络发展下去的，那些显现或不显现的存在引起了他的强烈兴趣。在《存在与时间》中，海德格尔对某种存在者及其存在方式进行了近乎神秘主义的界定，他将其命名为"此在"（Dasein）。"此在是这样一种存在者：它在其存在中有所领会地对这一存在有所作为。这一点提示出了形式上的生存概念。此在生存着，另外此在又是我自己向来所是的那个存在者……但我们现在必须先天地依据于我们称为'在世界之中存在'的这一存在建构来看待和领会此在的这些存在规定。"① 这句话体现了此在作为一种存在者的先天建构，即：在世界之中存在（In-der-Welt-sein），离开了这样的存在方式，此在的内涵就不完整了。海德格尔的"在之中"（In-Sein）这个提法体现出了此在的某种空间性，但往往会引起人们广泛的误解，将此在理解为"在……之中"，如同衣服在柜子中、水在杯子中这样的关系。然而，这并非"在之中"的内涵，"在世界之中存在"并不是简单意味着某人位于城市之中，或是汽车停放于车库之中，它并不是在单纯指代存在者的并置关系。"此在是一种存在者，但并不仅仅是置于众存在者之中的一种存在者。从存在者层次上看，其与众不同之处在于：这个存在者在它的存在中与这个存在本身发生交涉……而这又是说：此在在它的存在中总以某种方式、某种明确性对自身有所领会。"② 普通的并置关系指的是存在者"一个在另一个之中"的关系，这样的存在者不具有"此在式的存在方式"。所以，此在的"在世存有"体现出的空间关系并不是一种空间叠加，而是一种"依寓"的、"切身"的关系。

此在的在世状态并不强调存在者的具体空间方位，它虽然强调在地性，但这个地方可以是一个宽泛的范畴。海德格尔认为，"在世界之中

---

① ［德］海德格尔：《存在与时间》，陈嘉映、王庆节译，商务印书馆2018年版，第69页。
② ［德］海德格尔：《存在与时间》，陈嘉映、王庆节译，商务印书馆2018年版，第15页。

存在"就是"依寓"世界而存在,"此在的在世向来已经分散在乃至解体在'在之中'的某些确定方式中"①。这种"依寓"关系表明,世间虽无此在存在的坐标方位,但是它却无处不在。此在与世界绝不是"比肩并列"的关系,对此,海德格尔举了一个反例加以说明:凳子虽然挨着墙,但它们实质上是两个现成之物的并列,并没有一种依存关系,更谈不上"依寓"。我们可以借用海德格尔的一个生动比喻来理解此在的存在方式,他说:"我们是植物——无论我们是否喜欢承认这一点——必须具有源自大地的根,以便在天空中开花和结果。"② 由此可见,"在世"既是此在的前提,也是此在的存在方式,按海德格尔的解释,"在之中"意味着"我熟悉、我习惯、我照料"。此在具有一种特殊的空间性,它可以引申为存在者与地方之间一种切身的、唇齿相依的关系,存在者的根基在于地方,地方是存在者的一部分,二者融为一体。存在主义的地方感认为人与地方或是人与家乡之间存在某种根性的联系,这也就是海德格尔所谓"扎根在黑色大地中"的意义所在。海德格尔对他的家乡梅斯基希饱含深情,这里是他成长的土地,也是他的灵感来源之处,他曾这样描述他的家乡:"我在这里无比平静。山间的孤寂,山里人们静默的日常生活,同阳光、风暴和天空自然的亲切,大雪深深覆盖的宽广斜坡上的淳朴小径……这里是纯粹欢愉的故乡。这里不需要任何'有趣的'事物,一个人在遥远的森林里砍木头的韵律就是工作的呈现。"③ 他甚至与他心爱的黑森林小木屋融为了一体,在小木屋中迸发出来的思想火花不仅来自尼采、来自康德、来自他天才的头脑,更来自山间林木、潺潺流水,仿佛那存在的伟大隐秘已经向他显现了出来。

　　海德格尔的存在主义地方感有着浓厚的乡愁情结,持类似观点的西方学者和白人精英们往往把地方概念等同于家园,在他们的观念中,地

---

　　① [德]海德格尔:《存在与时间》,陈嘉映、王庆节译,商务印书馆2018年版,第74页。
　　② [美]戴维·哈维:《正义、自然和差异地理学》,胡大平译,上海人民出版社2015年版,第346页。
　　③ [英]伊冯·谢拉特:《希特勒的哲学家》,刘曦、杨阳译,上海社会科学院出版社2017年版,第143页。

方是有边界的、静止的，他们追求的是不受外在侵扰的、稳定的甚至是排外的地方感。柯克帕特里克（Kirkpatrick）曾经说过这样一句话："唯一提供救赎希望的政治幻象必须立足于对地方的理解，在地方中扎根，对地方的深层义务以及把地方重新神圣化。"① 存在主义的地方感具有潜在的危险性，当某个地方在面临来自外部社会关系的流动和影响时，这种"乡愁式"的地方感便会产生抵抗力，成为各式各样的排外主义、地方保护主义、狭隘民族主义。这其中最大的反面案例就来自于海德格尔，他所坚持的地方感与当时纳粹宣扬的种族主义产生了很大的共鸣，他甚至将希特勒视为彰显德国本土精神的实体，当然纳粹方面也把海德格尔视为"一颗真实的德国心灵"。在希特勒当选为德国总理后，海德格尔就被任命为弗莱堡大学的校长，他上任以后就提出了大学要与纳粹党保持一致的主张，并忠实地执行了旨在清除大学中非雅利安人的"巴登法令"。为此，他取消了他的导师胡塞尔（犹太人）的名誉教授的资格；向盖世太保指控著名化学家施陶丁格教授具有"和平主义"倾向，最终迫使其离职。在海德格尔的地方感中还携带了明显的反犹倾向，他在一封给政府议员的信件中写道："我们要么使来自本土的真正力量和教育者恢复我们德国人的精神生活，要么弃之不理，任由犹太化不断滋生。"② 海德格尔的这种"乡愁式"的地方感和种族主义混杂在一起，最终宣扬的是一种病态的"场所精神"，他是最极端的代表案例。到了20世纪末，在全球化浪潮的冲击下，西方社会的不少白人精英和学者们心怀焦躁地重新拾起这样的地方感，虽然没有造成纳粹德国时期的种族惨案，但它仍旧是保守的、排外的、静态的，甚至具有潜在危险性的地方感。

三 开放性与地方性的融合

20世纪下半叶，全球化的进程进一步加剧，新一轮的"时空压缩"

---

① ［美］戴维·哈维：《正义、自然和差异地理学》，胡大平译，上海人民出版社2015年版，第347页。
② ［英］伊冯·谢拉特：《希特勒的哲学家》，刘曦、杨阳译，上海社会科学院出版社2017年版，第155页。

进一步席卷全球。吉登斯援引地理学家贾内尔（Janelle）的观点，对"时空压缩"在交通上的表现进行了很直观的表述："以现在的媒介来计算从美国东海岸到西海岸所花费的时间可能如下：徒步需要2年以上的时间；骑马需要8个月；乘坐驿站的马车或货车需要4个月；乘坐火车在1910年需要4天；乘坐目前的普通飞机需要5个小时；乘坐最快的喷气机只需要2个多小时。"① 在人们穿越空间的过程中，新式通勤工具的出现大大缩短了所耗费的时间，这也是马克思提出"时间消灭空间"这个概念时所关注到的现象。不过全球"时空压缩"的表现及其影响远远不只限于通勤问题上，它关涉到资本流动、文化碰撞、国际政治、权力关系的空间结构等方方面面的问题。多琳·马西最先关注到的问题就是"时空压缩"背景下跨国公司的运作以及劳动的国际分工。这个问题我们在前文已经有所论述，跨国公司在全球化的推动下，将各个分支机构设立在海外，以这样的选址战略来最大限度地节约成本，优化资源利用效率。在这种国际分工的条件下，势必会造成全球层面的社会关系的流动，同时刺激了权力关系在世界范围内的不平衡分布。世界上的每一个角落都无法避免地被卷入到了世界性的权力几何学之中。伯吉特（Birkett）曾这样描述太平洋的两端："巨型喷气式飞机可以使韩国电脑顾问出现在硅谷，就像是刚从隔壁那道门过来一样，新加坡的电脑顾问也可以在一天之内就到达西雅图。世界上最大的海洋的边界前所未有地连接到了一起。"②

"时空压缩"在强化全球关系的紧密性的同时，也引发了一系列焦虑和恐慌，不少人开始感叹地方认同感的消失、"场所精神"的沦丧。他们虽身处自己的地方，却体验到了迷失感和陌生感。"地方的街道被来自全世界的文化和资本入侵了；几乎没有哪个地区的多数产业是纯粹归当地所有的；地方似乎变得更相似但又缺乏内在一致性；本土的独特性被入侵了……这确实让很多人感到焦躁……鲍德里亚谈到在面对一

---

① ［英］多琳·梅西：《空间的诸种新方向》，载［英］德雷克·格利高里、约翰·厄里《社会关系与空间结构》，谢礼圣、吕增奎译，北京师范大学出版社2011年版，第266页。
② Doreen Massey, *Space, Place and Gender*, Minnesota：University of Minnesota Press, 1994, p.148.

个意象的和流动的世界时的狂乱和眩晕……罗宾斯写道，'势在必行的是要抢救集中的、有界的、一致的身份认同'……詹姆逊呼唤认知图绘，以便在这个迷失的时代为其自身找到方向。"① 有趣的是，在20世纪70年代，具有深厚根性眷恋的海德格尔，也经历了"时空压缩"带来的冲击，他感叹道："时间和空间中的一切距离都在缩小……一切都被冲入这种千篇一律的无距离状态之中，都搅在一起了……这个令人惊恐、使人不安的东西是什么呢？"② 这个曾经向着天空和大地、凡人和诸神展现存在之真谛的海德格尔，在全球化浪潮面前也显得手足无措。不难想见，当一种静态的、封闭的地方感受到挑战时，它便会建立起一道与外界隔离的"围墙"，事实上，今天的排外主义、狭隘民族主义、反全球化思潮并不鲜见，"乡愁式"的地方感在许多白人精英和学者中具有相当的影响力。

问题在于，是否有必要将全球化视为一种必然的威胁？静态而单一的地方认同感是否真的存在过？思考这些问题，有助于我们建立一种新的进步地方感，进而重塑"场所精神"。西方社会的一些白人精英将他们的地方中的"不得其所"归咎为"他者"的入侵，归咎于那些少数族裔、有色人种加剧了社区治安的恶化，改变了他们多年来已经习惯的居住环境，家园失去了曾经的"美好"，变得越来越陌生和不可控。不过，在马西看来，这种所谓的"他者入侵"，不过是对曾经西方世界对外推行殖民主义的一种"回应"，"对于那些生活着世界大多数人口的国家而言，它们被称为家乡的地方的边界安全早就荡然无存了，他们的地方文化的一致性也一定在很久以前就受到威胁了"③。从这一点看，某个地方的传统认同感或"场所精神"受到外部世界的影响，并不是什么新鲜事，至少在殖民主义时代，西方人就已经深刻介入到了世界各地的社会关系之中，并掠夺了大量的资源。据此来看，西方社会的白人

---

① Doreen Massey, *Space, Place and Gender*, Minnesota: University of Minnesota Press, 1994, p. 162.

② [美]戴维·哈维：《正义、自然和差异地理学》，胡大平译，上海人民出版社2015年版，第344页。

③ Doreen Massey, *Space, Place and Gender*, Minnesota: University of Minnesota Press, 1994, p. 165.

精英们如果继续坚持"乡愁式"的静态地方感，就是在推行双重标准，即：一方面，要求广大第三世界的国家张开双臂、拥抱变化，接受均质化的"西方模式"；另一方面，当这些第三世界的"他者"踏入西方世界时，他们却坚持保守、排外的态度，并感慨认同感的消失。

许多地方主义都以保护地方的独特性为使命，并将其当作排外的理由。但如果我们在此引入社会性空间的概念，情况就会变得不一样。空间既然是社会关系的产物，那么不断流动的社会关系就一定能塑造地方的特性。社会关系网布满整个空间结构之中，一个地方的社会关系往往会不断延伸，进而超越它原本所属的场所，这就有很大的概率与其他地方的社会关系遭遇并产生互动。因此，马西指出："任何一个地方的独特性的形成，部分是来自于那个地方中的相互关系的特殊性，部分则是来自于那个地方中的社会关系的相遇（在一定程度上是偶然事件并置（juxtaposition）），这将产生出新的社会效应……地方认同不是源自于一些内在化的历史，它主要还是源自于与'外界'相互作用所产生的特性。"[1] 事实上，某个地方的独特性及其认同感的建立，很多时候是本地与外地的社会关系相互作用的结果，马西在她的《全球地方感》中提到了一个生动的例子。伦敦的基尔本（Kilburn）是马西生活了很多年的地方，是她的家园所在。但这个地区并不是想象中的盎格鲁—撒克逊人的专属地，也不是"炸鱼薯条"独领风骚的地方，相反，这个地区居民除了本地人外，还汇聚了不少爱尔兰人和印度人，就连马西也不是土生土长的当地人，她的童年是在曼彻斯特度过的。基尔本呈现在人们面前的景象是多样性的聚集，"铁路桥下的报摊售卖着爱尔兰自由邦的报纸……路边的邮筒和墙壁都被 IRA（爱尔兰自由军）这几个字母装点着……在国家俱乐部有沃尔夫·唐（Wolfe Tones）的凯尔特民谣上演……从报摊旁穿过拥堵不堪的马路，我记得路边有一家商店的橱窗里展示着印度纱丽服"[2]。基尔本是一个多样性文化并存的场所，它是全

---

[1] Doreen Massey, *Space, Place and Gender*, Minnesota: University of Minnesota Press, 1994, pp. 168 – 169.

[2] Doreen Massey, *Space, Place and Gender*, Minnesota: University of Minnesota Press, 1994, pp. 152 – 153.

球化背景下，世界各地文化融合的一个典型的代表。在马西对基尔本的整个描述中，我们看不到静态防御的地方感，相反，来自世界不同地方的人都生活在这里，各种文化都保留了自己的独特性，并且相处融洽。这就意味着构建一种既保留有地方多样性，同时又能坚持开放性的地方感，是完全有可能的。

在基尔本的案例中我们看到，首先，一个地方所具有的独特性并非完全来自其内部的历史，而是与世界上各个地方交汇的结果。基尔本虽然有着不同的文化构成，但在长时间的融合后，它会形成新的、具有国际特色的地方独特性。所以，地方的独特性不一定是同外界绝对对立的，外界因素也可能成为地方独特性的组成部分。其次，地方的认同感并不是单一的，生活在基尔本的印度人、爱尔兰人、英国人，他们对同一个基尔本会有不同的认知，这也和不同族群的文化背景、生活方式的差异有关。在基尔本，没有必要主张一种统一的地方认同感。最后，坚持地方的开放性不意味着均质与破坏。基尔本的开放并没有破坏当地文化的多样性，马西要构建的是一种既有全球包容性，又有地方独特性、多样性的地方感。地方的独特性是一个地方区别于另一个地方的根本，保护每个地方的独特性，也就是在保护文化的多样性。西方一些左翼学者总是担心人们去讨论地方议题，因为他们总是将地方和排外两个概念等同起来看，事实上，"一种地方感及其地方'特性'只能建立在将这个地方同更远的地方联系起来的基础上。进步地方感能够认识到这一点，且不会将这种与外界的联系视为一种威胁。"[①] 重塑"场所精神"，就是要建立开放包容的，同时又兼具多样性与独特性的地方价值，而人们在这种价值及其生活环境中体验到的认同感与归属感，便是全球地方感。

---

① Doreen Massey, *Space, Place and Gender*, Minnesota: University of Minnesota Press, 1994, p. 156.

第四章 劳动的性别分工与空间女性主义

空间从来就不是一个中性的存在物，它有着明确的性别属性。不论是在现代性还是后现代性的空间理论建构中，性别属性总是与空间结构的形成如影随形。遗憾的是，在父权制的话语体系中，整个理论世界似乎只有男性这一种单一性别，解释外在世界的理论的出发点及其服务对象都是同一个主体：白人精英男性。而女性和作为边缘人士、有色人种、弱势群体的"他者"，在西方父权制语境中则集体缺场了。更有趣的是，造成女性和"他者"缺场的原因，在多数情况下并不是白人男性精英们的刻意排挤，而是他们的"无心之失"。这是很多女性主义者最难以忍受的一点，因为这是一种深入骨髓的本质主义的体现，这表明男性至上主义者们对"他者"（尤其是女性）的忽略竟如此"浑然天成"！列斐伏尔在分析现代性空间的过程中，敏锐地捕捉到了现代性空间的某种性别特征，即：单一的阳性空间。他发现在毕加索的作品中，传递出了一种直白的、单一性别的视觉化空间，这些作品散发着"咄咄逼人的男性生殖力、公牛、地中海的男性、阳刚气概（在性能力方面的绝对天才）等的专制独裁……毕加索对人类身体，尤其是对女性身体，极尽折磨嘲弄，毫不留情。他的这种粗鲁残酷通过空间的主导形式、视觉、阳物来实现——简言之，通过暴力来实现。"[①] 列斐伏尔对于毕加索作品的分析，呈现出了一种对空间进行性别编码的方式，同时也展现出了现代性空间中的男性主导地位。

---

① Doreen Massey, *Space, Place and Gender*, Minnesota: University of Minnesota Press, 1994, pp. 182–183.

当然，列斐伏尔并不是唯一一个对空间进行性别编码的人，因为性别关系本身就是空间的一项重要特质，只不过不同的人出于不同的立场和感官，对空间的编码方式也不尽相同。例如古罗马建筑学家维特鲁威在《建筑十书》中指出，陶立克柱式象征男性的身体，爱奥尼柱式象征女性的身体，科林斯柱式则模仿少女的苗条身材。而城市学家芒福德在其《城市发展史》一书中则指出："房舍、村庄，甚至最后到城镇本身，乃是女人的放大。"① 和芒福德类似，澳大利亚艺术史学家贝斯特（Sue Best）同样认为空间是女性的化身，她将城市描述为阴性的空间，甚至更进一步提出了性欲化空间（sexualized space）的理论，将女性的身体和空间结构进行类比，她指出："巴黎，'十九世纪'的首都，华纳（Marina Warner）将之描述为典型女性的淑女之城。整个巴黎的公共空间，因为容纳了女性肉体而显得舒缓柔和……彻底现代的洛杉矶，二十一世纪的未来首都，可以预见或许是一个女人的拟像。据李欧塔（Lyotard）所言，她不过是白皮肤的绵延，是没有孔洞或深度的表面……"② 从贝斯特的这些引述中可以看到空间属性中属于女性气质的一面，当然她的认知方式的弊端也是明显的，将空间完全与女性绑定，而另一方面将时间与男性绑定，这本身就是一种二元对立的时间/空间、男性/女性的划分方式。

上述这些例子至少在一定程度上说明了空间所具有的性别属性，然而这种将空间与性别进行类比的方式，往往具有一定的随意性和想象性。一些人看到了时间的流动变化以及历史发展与时间的密切关系，同时又看到了空间静态、停滞的一面，于是就把时间标示为男性，把空间标示为女性。而另一些人察觉到空间结构中的差异性，于是将不同的空间场所进行了性别编码，例如把工作场所标示为男性，把家庭场所标示为女性。空间的性别到底属于男性还是女性？如何判定不同的空间场所真正的性别属性？这些问题在学界并没有定论，并且在多数情况下存在

---

① ［美］刘易斯·芒福德：《城市发展史》，倪文彦、宋俊岭译，中国建筑工业出版社1989年版，第8—9页。
② ［英］琳达·麦道威尔：《性别、认同与地方：女性主义地理学概说》，徐苔玲、王志弘译，台北：群学出版有限公司2006年版，第90页。

争议，特别是女性主义和父权观念的对抗显得尤为突出。这些争论从本质上看，属于认知方式之争，而我们在此应该首先关注实然的问题，然后再去关注应然的问题。空间的性别属性如果是真正存在的，那它就必须要有一个现实的根基，而不是建立在见仁见智的想象之上。从唯物史观的视角来看，经济关系是空间具有性别属性的首要前提，性别关系在人类物质资料的生产过程中直接体现为劳动的性别分工。性别分工是劳动分工最基本的通常也是最容易被忽略的形态，它构成了经济关系乃至生产关系的基础，是我们探索劳动的空间分工问题时不能忽视的重要内容。正是由于性别关系尤其是性别分工在社会关系中占有重要的地位，而空间又是社会关系建构的结果，所以空间的性别属性，实际上是内嵌于社会关系中的性别分工在空间形态上的体现。我们关注的焦点应放在劳动的性别分工及其空间结构的相互关系上，同时去反思现代主义与父权制对于空间与性别的偏狭理解。

第一节　现代主义空间观批判：女性或"他者"的不在场

一　理论立场之辩：现代性的或后现代性的

马西所言说的女性主义，并不是要倡导女权至上，更不是在呼吁女性完全取代男性，从而使男性在女权社会中居于从属地位。她所提倡的女性主义分析视角是为了应对现代主义的话语体系对女性的极大忽视甚至是歧视，是对传统的男权主导的分析视角的修正。对于很多理论的建构来说，如果在论证过程中忽略了女性这个变量，或者将分析主体理解为普遍性的没有性别差异的对象，那么最终的分析结论是否会有偏差呢？很明显，性别分工和性别关系在整个空间结构中扮演着重要角色，劳动分工与经济关系中的性别差异（包括家庭结构、性别权力关系的变迁）不仅对生产关系本身造成了极大影响，而且它作为一种重要的社会关系直接参与到了空间结构的塑造之中。如果没有考虑到这个问题，所创建出来的理论就难免会成为跛脚的理论。例如，哈维从现代性的话语体系出发，试图在历史唯物主义的经典框架内植入"地理"，因为"地理学很重要"差不多已经成为了人文地理学家们的共同呼声，但很显然在哈维的理论建构中没有考虑过将性别关系视为重要的变量。一些人辩解称这是马克思主义的本质主义特质在哈维身上的体现，但通过上文的分析我们就知道，哈维对女性或"他者"的无视，最多只能代表他自己，他代表不了马克思，更代表不了恩格斯。所以，正如马西所说的那样，重要的不是单纯的地理，而是有性别的地理。如果历史—地理唯物主义在建构中缺乏对性别差异的关注，那么这个宏大的理论框架就不可避免地为自己设置了很多盲点，这恐怕也是哈维所不希望看到的。不过，换个角度理解，如果在理论分析中真的考虑到性别差异，或者引入女性主义的分析视角，那么对有些问题的传统看法就会受到挑战，潜藏其中的父权观念便会受到质疑，这令一些男性至上主义者无法接受。除了哈维的某些理论有"跛脚"的风险外，苏贾尝试建立的后现代性的分析方法以及后现代的地理学也面临着同样的问题，相比而言，苏贾所面临的炮火似乎比哈维来得更加猛烈，这主要是因为他选择去"趟后现代的浑水"，不仅分析后现代性，而且试图让自己成为"真正的"后现代主义者。这就使得他的批判者不但有女性主义者，而且还有来自现代主义、后现代主义、马克思主义等各家各派的指摘。苏贾最被质疑的地方就在于给自己贴上"后现代"的标签，但其话语体系、分析模式却仍继续沿用现代主义的风格，这总给人有一种不伦不类的感觉。

马西对现代性空间理论的批判，最精彩的文献莫过于她的论文《无处不在的性别歧视》，在这篇论文中，她着重对哈维的《后现代的状况》以及苏贾的《后现代地理学》展开了女性主义的反思，马西认为这两部书实际上都忽略了女性主义的贡献，女性或"他者"在书中是缺场的甚至是受到排斥的。之所以选择分析这两本书，是因为它们在当时的现代性与后现代性的众多争论中脱颖而出，对于各种问题的分析不论在广度还是深度上都很全面，当然这也意味着问题暴露得也很彻底。其实，当时的很多学界争鸣都因后现代思潮而起，20世纪60年代后，特别是在巴黎"五月风暴"的推动下，西方世界出现了许多打着"后现代"旗号的派别，这些派别不仅出现在理论界，在政界、商界，包括很多艺术领域、建筑领域、服装设计领域都有它们的踪影。这些派别虽然都共用"后现代"这个旗号，但基本上都是各自为战、各说各话，并没有一个统一标准来衡量一个事物到底是不是"后现代的"，不过它们倒是有一个共同特点，那就是焦躁和混乱。为了因应这种混乱局面，哈维出版了《后现代的状况》，苏贾出版了《后现代地理学》，这在一定程度上为人们理清了头绪，特别是哈维的作品让人们能够大致区分清楚什么是现代主义，什么是后现代主义，并大致描绘出了后现代主义的轮廓。可以说，他们的理论贡献是巨大的，在20世纪末为人们拨开了很多思想上的迷雾。这些方面的贡献马西也是承认的，在她的论文中她也表示这两本书使她受益良多。但是，没有谁的理论是完美无瑕的，哈维和苏贾作为受现代性父权观念熏陶长大的一代人，避免不了其时代的局限性，这造成了他们在分析视角上的缺失。

在哈维和苏贾的这两本书中，虽然都以"后现代"为线索，但这并不意味着他们是后现代主义的吹鼓手。哈维的书名讲得很清楚，他要梳理的是后现代的状况和表现，并对后现代进行分析、批判和反思。从本质上看，哈维一直坚持的就是现代主义的立场，并且希望弥补现代主义的不足。哈维归属于现代主义立场应该是不存在多少争议的，从女性主义者和"后现代主义者"们对他的批判中也能看到其现代性的典型特征。但是，对于苏贾的理论立场的界定就显得有些模糊不清了，他总是试图成为后现代主义者，可是又无法褪去他现代主义的本色，他是在用现代主义的认知方式去阐述后现代主义，这样做的后果就是谁也不领情。这样的处境从他自己的表达中也可以得到验证，中国社会科学院哲学研究所的强乃社博士在他的论文《后现代空间的性别建构》中便提到了这件事。2011年苏贾访问中国时，强老师曾询问苏贾是不是一个后现代主义者，苏贾略为无奈地回答说，自己"被夹在马克思主义者和后现代主义者之间，因此丧失了很多朋友"①。在很多人看来，苏贾

---

① 强乃社：《后现代空间的性别建构——多琳·马西〈空间、地方与性别〉中的后现代空间之争》，载陈新夏、杨生平《马克思主义哲学评论》第3辑，首都师范大学出版社2018年版，第72页。

并不能被算作一个后现代主义者，马西就持这样的看法。而另一方面，西方的左翼人士也不认为苏贾是一个纯粹的马克思主义者，至少纯粹的程度不似哈维那么高。这或许也可以被理解为是"后现代乱象"中的一种现象。那么，马西又是持怎样的理论立场呢？很多人可能误以为女性主义是后现代性的专属，而给马西贴上了"后现代"的标签。其实不然，"后现代"依然没有摆脱父权观念的影响，这是我们后文将要提到的。事实上，马西并没有急于站在现代性或后现代性的一边，她所提倡的女性主义并不在这两个框架之内。在《无处不在的性别歧视》这篇论文中，她直接表明了自己的立场："我本人也希望保留现代主义的优点，尤其是其注重进步性改变的优点；我也很赞同哈维对现代主义的捍卫，但同时我们也要认识到现代主义的重要不足。这两本书的一个共同问题是它们既没有充分认识到这些问题，也没有对其进行思考。迄今为止，后现代主义提供的很多答案极有可能是错误的，同时后现代主义提出的挑战还必须得到解决。"[①]

最后必须说明的是，马西同哈维、苏贾并没有个人恩怨，他们没有因为学术上的争鸣而陷入彻底的决裂。我在 2015 年以及 2017 年分别向马西和哈维提起过有关他们的学术争论的问题，我注意到在当事人心中这并不是一件很大的事，多少都有些遗忘了（毕竟这是三十年前的事情了），可以说他们的争论起于学术也止于学术。哈维在 2017 年到东南大学访问时甚至表示他和马西并不存在所谓的争论，只是一些观点不同罢了，然后话锋一转，他试着阐述了他对马西的全球地方感的理解（他把全球地方感理解为国际主义）。此外，在网络上能搜索到几年前由威斯敏斯特大学主办的一场有关"空间正义"的讲座视频，在讲座中，马西、墨菲、哈维同台坐在一起侃侃而谈，并没有什么尖锐的对立。近年来，随着马西的作品逐步被译介到中国，国内学界开始注意到了这场争论，或者更准确一点说是来自三十年前的一位女性主义者批判的声音。所以在国内学界的一定范围内引起了讨论，随着时间的推移，讨论的范围可

---

① Doreen Massey, *Space, Place and Gender*, Minnesota: University of Minnesota Press, 1994, p. 239.

能还会扩大。不过只要我们理解其中的语境和时代背景,并且怀着允许学术争鸣的开放态度的话,就不会出现误解和观念上的偏差。

二 苏贾:"后现代"标签下的现代主义者

在《后现代的状况》一书中,哈维曾引用了哈桑的现代主义与后现代主义纲要性差异对照表,虽然将现代性和后现代性的特征直接对立起来观察有些武断(它们之间存在一些中间地带),但这是最直观、最简便地掌握二者差异的方式。例如,现代性与后现代性的差异可以表现为:集中—分散、等级制—无政府状态、主从结构—并列结构、叙事/大历史—反叙事/小历史、大师代码—个人习语、起源/原因—差异/追溯、确定性—不确定性。① 从中可以看到,后现代性的一大特质就是反传统、反秩序,并且在反对的过程中希望寻求一些突破(虽然他们也未必清楚这些突破是什么)。在传统的叙事领域中,后现代主义者尤其反对宏大叙事、线性叙事,他们追求的是一种并置型的个体式的叙事风格,或者如苏贾所希望的,探索一种空间化的叙事方式。在社会政治领域中,由于后现代主义具有反权威的特质,所以后现代主义者常被人们视为"他者"的代言人,他们之中也不乏一些为劳工权益、女性权益、黑人权益奔走呼喊的人。这也导致了一些人误以为女性主义者、左翼人士都是后现代主义者,其实他们之间只是有些共性罢了,本质上的差别还是很大的,有的后现代主义者不见得真的在乎"他者"的权益。说到这里,我们需要思考一下后现代主义思潮是在什么背景下产生的,这方面的解读也很多,詹姆逊认为后现代主义是晚期资本主义的文化逻辑;哈维认为它是"时空压缩"之下的焦虑反应;而马西认为这种焦虑的产生除了要考虑资本流动外,还要看到空间结构与权力关系、性别关系的综合作用。简言之,后现代主义是人们在面临变动与不安时所作出的各式各样的反应,它是一种在世纪之交的大变迁背景下而产生的对混乱不安、不确定性、颠覆性的一种盲目的或突破性的反应。看到了这

---

① [美]戴维·哈维:《后现代的状况:对文化变迁之缘起的探究》,阎嘉译,商务印书馆2015年版,第61—62页。

个大背景，就能够明白为什么后现代的议题总是显得千差万别、纷扰异常了。资本主义社会的变化和国际局势的改变，对西方传统的白人精英和知识分子的地位造成了很大的挑战，他们曾经的优越感及权威性逐步被淡化。马西引述了鲍曼（Bauman）的一个很有代表性的观点，鲍曼认为当代西方知识分子面临着一种"地位危机"，主要表现在："西方社会对世界其他地方的优越感的终结；国家对政权合法化需求的下降；以及知识分子在不断扩张的文化，尤其是流行文化中的话语霸权已经风光不再。（'令人难受的……不是没有人再来听他们讲话，而是没有人再邀请知识分子掌控这一精彩纷呈的扩张。'）"① 为了挽救这种"地位危机"，西方的白人精英、知识分子作出了各种应激反应，很多人正是在这个时候树起了后现代主义的大旗。有的人开始尝试颠覆传统，并希望建立新的秩序，对于他们的举动，伦诺克斯（Lennox）的一段评论说得很到位："一直以来，西方的白人男性控制着知识的生产，当他们无权定义什么是真理时……他们的反应就是下结论说根本没有什么真理等待我们去发现。"② 也有一些知识分子在被边缘化以后，开始为"他者"的利益摇旗呐喊，因为他们忽然发现，自己已然处于"他者"的阵营之中。说到这里我们发现，与后现代主义纷争相关的问题或许没有那么纯粹，并不是单纯的学术问题，"后现代"这面大旗被很多人当作权力争夺的斗争策略，有时甚至是为了反对而反对。其表现形式也不乏标新立异、哗众取宠之流。

当然凡事总有两面性，后现代主义在艺术领域和思想领域中也有不少有价值的创见，包括苏贾的《后现代地理学》对我们把握空间理论的发展脉络有极大的裨益。但是，苏贾有没有可能将后现代主义作为一种斗争策略来应用呢？至少在学术层面上没有办法作出论断，不过苏贾的态度总是有些暧昧，一方面，他在尝试构建后现代地理学的过程中，总忘不了对现代主义顾盼回眸，在对"他者"的声援中也有些言不由

---

① Doreen Massey, *Space, Place and Gender*, Minnesota: University of Minnesota Press, 1994, p. 215.

② Doreen Massey, *Space, Place and Gender*, Minnesota: University of Minnesota Press, 1994, p. 215.

表；另一方面，他又总是对左翼社会主义者的乌托邦理想以及激进女性主义者嗤之以鼻，他指出："各种社会主义计划成了落伍过时的想象，追求永远无法实现的乌托邦，愚钝地与始终具有应变能力的资本主义制度闹别扭。"① 他甚至还说，他所构建的后现代地理学要"超越那种以为只要在历史的唯物主义中再加一个形容词'地理的'便已创立了历史地理唯物主义的马克思主义地理学"②。不知道他这句话是针对谁说的，是针对哈维吗？可是苏贾自己不也主张建立历史地理唯物主义吗？或者他的意思是要比哈维更胜一筹。苏贾在这里批判了很多人，尤其是他那句"马克思主义仅仅被等同于极权主义；激进的女性主义成了家庭的破坏因素"③惹恼了马西。马西对此回应道："什么？这些都是对等的观点？即使家庭的毁灭是美国激进女性主义的误导结果，它就应该等同于极权主义？或者等同于极端主义？"④ 事实上，苏贾在现代主义与后现代主义之间摇摆不定，虽然有一个很宏伟的理论构想，但是落到实处时，他只是想初步探索、浅尝辄止。正如开头我们提到的那样，苏贾努力想扮演一个后现代主义者，但却摆脱不了现代主义者的本色。难怪他来华访问时会向强乃社老师抱怨，自己"被夹在马克思主义者和后现代主义者之间"。

在很多人看来，苏贾的《后现代地理学》依然是一部纯粹的现代主义著作，虽然他在某些形式上作出了创新，但是采用的视角和方法基本上的是现代主义的。在此书的开头，苏贾作出了一个形式上的创新，他把前言和后记放到一起写，意图很明显，他想打破现代主义中的线性叙事，以此来尝试后现代主义的叙述风格。苏贾开篇便提出："然而在今天，遮挡我们视线以致辨识不清诸种结果的，是空间而不是时间；表

---

① [美]爱德华·W. 苏贾：《后现代地理学——重申批判社会理论中的空间》，王文斌译，商务印书馆2004年版，第115页。
② [美]爱德华·W. 苏贾：《后现代地理学——重申批判社会理论中的空间》，王文斌译，商务印书馆2004年版，第115页。
③ [美]爱德华·W. 苏贾：《后现代地理学——重申批判社会理论中的空间》，王文斌译，商务印书馆2004年版，第115页。
④ Doreen Massey, *Space, Place and Gender*, Minnesota: University of Minnesota Press, 1994, p. 222.

现最能发人深思而诡谲多变的理论世界的,是'地理学的创造',而不是'历史的创造'。"① 苏贾希望探索一种在叙述方式上空间化的可能性,这主要是受到了阿根廷小说家博尔赫斯的启发。博尔赫斯在小说《交叉小径的花园》中说道:"我看见了那个交叉小径的花园……那么我怎样才能把这一毫无边际的交叉小径的花园转变为语言呢?……在这一个单一而又庞大的瞬间,我看到了数不清的行为……所有这些行为均在空间上占据着同一个点,既不重叠又不透明。映入我眼帘的,均是同存性的事物,可现在流于我笔端的,却是依次性的,因为语言是依次连接的。"② 博尔赫斯看到了事物发展的共时性的特点,这为打破线性叙事提供了一定的依据,但是他很快就意识到人的语言具有历时性的特点,虽然事物是同时发生的,但在阐述的过程中总有先后。因此讲到这里,苏贾也只好无奈地说:"对于词语,我们所能做的,无非就是作重新的收集和创造性地加以并置的工作……到头来,后现代地理学的阐释,充其量也只能说是刚刚起步。"③ 事实上,苏贾对后现代风格尝试的结果就是把传统的前言和致谢放到了一起,前半部分介绍各个章节的主旨大意,后半部分进行感谢。整体的叙述方式依然属于历史性叙事。而且在各个篇章的写作中,时间线索体现得特别明显,可以说是关于空间理论发展史的叙述典范,很难想象他如何"倒置了历史决定论盛气凌人的挂毯"。

在马西看来,苏贾的叙述风格中还存在一种缺乏交流意愿的特点,"他仅仅搜罗所有可以佐证自己观点的例子,使得他忽略了其他特性和其他例子,以及那些反例……它具有一种自成一体的内在连贯性,把一切不同观点都排除在外……从后现代的最基本意义来说,这其实非常地

---

① [美]爱德华·W. 苏贾:《后现代地理学——重申批判社会理论中的空间》,王文斌译,商务印书馆2004年版,第1页。
② [美]爱德华·W. 苏贾:《后现代地理学——重申批判社会理论中的空间》,王文斌译,商务印书馆2004年版,第3页。
③ [美]爱德华·W. 苏贾:《后现代地理学——重申批判社会理论中的空间》,王文斌译,商务印书馆2004年版,第3—4页。

不后现代"①。而且更大的问题在于，苏贾可能会因此而忽略很多"他者"的观点，虽然在主观意愿上提倡多样性，但是在自身的理论写作或实践中排斥了一些多元的声音，最遗憾的是，他可能并没有意识到这个问题。苏贾在学术上可能有一些小团体主义的倾向，而这些小团体本质上是排外的，马西指出，苏贾在他的书中强调了自己曾经和詹姆逊、列斐伏尔一同在洛杉矶旅行，表明了他们之间的熟识关系。与此同时，在这本书中以及其他的书评中，苏贾、詹姆逊、哈维存在"商业互吹"行为。例如，苏贾在书中评价詹姆逊是卓越的美国马克思主义文艺批评家，苏贾在"提到哈维时说：'晚期现代马克思主义地理学过渡阶段的一个很好的例子是哈维最近的论文'。而哈维在该书封底的话是这样的：'关于这一棘手话题的最具挑战性和启发性的著作之一'。在哈维著作的封底，苏贾说道：'很少有人会像哈维一样对当代文化理论和批评研究得如此透彻'"②。苏贾公开建立起来的小团体让一些读者感受到了某种边缘感，"他者"的声音不太容易被这个小团体的成员注意到，事实上很多女性主义者撰写的有关空间和社会的重要文献，长期以来都被哈维和苏贾所忽视。当然反过来想，苏贾、哈维等人建立起一个小团体也是他们内心危机感的体现，"这种对危机的反应恰恰说明了后现代主义的负面性，只能进一步强化这些相互排斥的小圈子之间的彼此误解，并对这种误解表现出一种无所谓的冷漠态度"③。当然，最让马西感到无法接受的是，苏贾一方面排斥"他者"，无视女性主义者的议题，另一方面却说："这种重新建构的批判人文地理学必须顺应以下所有这些人的解放斗争的需要：受到资本主义特定的地理学的压迫和排挤的人——被剥削的工人、受暴政奴役的人民以及受压迫的妇女。"④ 这种言行上的

---

① Doreen Massey, *Space, Place and Gender*, Minnesota: University of Minnesota Press, 1994, p. 218.
② Doreen Massey, *Space, Place and Gender*, Minnesota: University of Minnesota Press, 1994, p. 219.
③ Doreen Massey, *Space, Place and Gender*, Minnesota: University of Minnesota Press, 1994, p. 220.
④ ［美］爱德华·W. 苏贾:《后现代地理学——重申批判社会理论中的空间》，王文斌译，商务印书馆2004年版，第114页。

反差，或许会给人一种强烈的虚伪感，不过马西并没有这样评价，她说了一句更有震撼力的话作为回应："我对这句话的批注不宜刊印。"①

总而言之，苏贾对有些问题的分析总是让现代主义者、马克思主义者、后现代主义者们感到模棱两可，他时而呼吁多样性，时而又展现出白人男性精英的傲慢，他所希望建立的后现代地理学总是处于摸索阶段，或者说他在某些观点上的不确定性以及理论立场上的不确定性，恰恰是后现代主义风格的展现也未可知。

三 大卫·哈维的现代性视角及女性的缺场

哈维在《后现代的状况》中花了很多笔墨来描述文艺领域中的后现代表现形式，特别是电影、油画、文学作品中的后现代表达。而马西对哈维的批判，就是围绕着几个方面展开的，她批判的不是文艺作品本身，而是哈维在阐发后现代特质时所采用的分析方式。女性和"他者"没有被哈维放入他的分析框架中，整个论证体系是建立在假设的普遍存在物之上的，所面对的读者只是一群单一性别的生物，或者从"他者"的立场来看，他的理论面向的是白人、男性、异性恋、西方。事实上，这确实是哈维现代性视角比较粗糙的一面，理论分析不够精细化，某种程度上也是男性气概（直男）的体现。马西首先针对哈维对两部电影的分析方式展开了批判，一部电影是1982年由雷德利·斯科特执导的《银翼杀手》；另一部电影是1986年由大卫·林奇执导的《蓝丝绒》。这两部电影都展现出了后现代主义的创作风格。哈维选择从电影作品入手，来分析后现代的表达方式，具有一定的合理性，因为电影能够承载千变万化的艺术形式，"各种形象的连续运用，在空间与时间中来回切入的能力，最终分析起来，把它从很多常规的约束之中解放出来，哪怕它是一种投射在没有深度之屏幕上的一个封闭空间之内的表演"②。

在对《银翼杀手》的分析中，哈维对故事情节进行了冗长的复述，

---

① Doreen Massey, *Space, Place and Gender*, Minnesota: University of Minnesota Press, 1994, p. 220.
② [美]戴维·哈维：《后现代的状况：对文化变迁之缘起的探究》，阎嘉译，商务印书馆2015年版，第386页。

这个电影以2019年的洛杉矶为背景，讲述了泰勒公司制造出了与人类拥有相同智识水平与思想感情的复制人，这些复制人的生存能力和战斗力都远远高于普通人类，他们的使命是替人类进行外太空殖民扩张，为了不让复制人发展出成熟的思想感情和自我意识，他们被设定了四年的寿命，以此来保证他们不会取代人类的地位。然而随着复制人的升级换代，他们的自我意识越来越强，反叛人类的事件便屡屡发生。银翼杀手的工作就是追杀变节的复制人。2019年的一天，四名在外太空执勤的复制人突然变节，杀回地球寻找他们的制造者，希望能够延长寿命。男主人公银翼杀手德卡德奉命消灭这四个复制人，并且在这个过程中，他结识了蒂勒尔公司老板的秘书，一个没有受到四年寿命限制的最新版复制人雷切尔。这里有几个细节必须要强调，雷切尔被设定为女性并被植入了详尽的记忆，以至于一开始连雷切尔都不知道自己是复制人，但这一切逃不过经验丰富的银翼杀手德卡德的法眼，即便如此，德卡德还是与复制人雷切尔坠入了情网（特别是在雷切尔救了他一命之后），而且戏剧性的是，在故事的结尾，德卡德与雷切尔最终走到了一起，开启了全新的生活。那么，在整个电影情节的分析中，哈维的问题出在哪里呢？在评价雷切尔为何能够接近德卡德并最终存活下来时，哈维指出："但是，她只有承认那个有恋母情结的人物——父亲的势不可挡的权力，才可能重新进入真正的人类社会的象征领域……在服从德卡德（信任他，听从他，最终在身体上服从他）时，她懂得了人类之爱的意义和一般社会性的实质。在复制人利昂将要杀德卡德反而被杀之时，她提供了做德卡德的女人之能力的最终证明。"① 对此，马西指出，哈维只看到了雷切尔作为德卡德的服从者的身份，而没有意识到正是她的性别身份，才使她能够继续存活下去。这一点可以从哈维对布鲁诺的批评中得到验证。布鲁诺对雷切尔的评价是："为了苟活一时，这个机器人必须接受性别差异，性别身份是必须的。"② 然而哈维并不这么看，他

---

① ［美］戴维·哈维：《后现代的状况：对文化变迁之缘起的探究》，阎嘉译，商务印书馆2015年版，第391—392页。
② Doreen Massey, *Space, Place and Gender*, Minnesota：University of Minnesota Press, 1994, p. 229.

并不认为雷切尔和德卡德能够在一起并继续存活是因为雷切尔的女性身份，而是因为雷切尔愿意服从，反观另一个复制人罗伊（被设定为男性），由于他的四年寿命将至，因此没有服从德卡德的必要。但问题是，性别身份真的无足轻重吗？如果罗伊和雷切尔一样没有寿命限制又会怎样呢？按哈维的设想，如果罗伊愿意服从，那么他也将继续存活，这是最简单的一种假设。可如果罗伊在服从了德卡德后也爱上了雷切尔，情况会怎样？或者说罗伊和德卡德最终相爱了，情况又会怎样？雷切尔还能继续存活吗？后面这些问题显然是哈维没有考虑过的，因为他所面向的就是白人男性、父权主义者、异性恋，而"他者"的立场和多样的可能性在哈维的分析中消失了。更有意思的是，哈维认为作为银翼杀手的德卡德应该与那些反叛的复制人结成联盟，来反对他们共同的压迫者，即来自某种资本和政治的力量（以蒂勒尔公司为代表）。对于哈维的这种想法，马西评价道："希望被压迫者达成联盟，却不首先分析这些联盟内的各种冲突和权力关系，这样做的后果肯定会导致政治上的失败。"①

　　哈维所提到的另一部电影是大卫·林奇执导的惊悚片《蓝丝绒》，电影讲述了20世纪50年代，在美国一个祥和安宁的传统小镇中掩藏着暴力、毒品、性虐、凶杀的黑暗面。发现这个黑暗世界的是回家照料生病父亲的大学生杰弗里，因为他在回家途中发现了一只被砍下的耳朵。后来杰弗里因在夜总会被歌女多萝西的美貌所吸引，于是有天晚上他设法来到多萝西家，却发现多萝西正在被一个男人性虐。这个男人是个惯犯，名叫弗兰克，杀人、贩毒、绑架无恶不作，甚至与警长串通一气。弗兰克有个特点，每次虐待完一个人，就会在受害人嘴中塞入一块蓝丝绒，或是割下受害人身体上的一个部位作为留念。随着剧情的发展，杰弗里意识到这个小镇并不是他想象中的样子，观众也跟随着电影的节奏，步入到了一个怪诞的世界。在电影的结尾，小镇又回归到了它本来的面目，"在这座美国小镇上，白色的栅栏，摇曳的花朵，根本无火可灭的消

---

① Doreen Massey, *Space, Place and Gender*, Minnesota: University of Minnesota Press, 1994, p. 230.

防员笑容满面，向人挥手致意（这真的不像另一个世界那么怪异吗？），窗台上的知更鸟衔着一只虫子，虫子不断地扭来扭去，它在这美好的田园生活中受尽折磨，却不得不忍受着，只为了让知更鸟能够生存"①。马西对电影结尾的这段描述似有所指，知更鸟和虫子的关系就很类似电影中男性与女性的关系，而这一切看上去又是那么的一派祥和。所以很明显，这个小镇的两面性其实是统一在一起的，是同一枚硬币的两面罢了，马西在此处暗示了这个由男性主导的小镇所表现出来的两面性，其实就是男性的两个面向。相比之下，哈维对《蓝丝绒》的评价则忽略了性别关系，而且总体上有些单纯，他惊叹道："两个世界竟会存在于同一个空间里，那个核心人物在它们之间运动，无法确定哪一个是真实的现实，直到这两个世界在冲突中达到一种可怕的结局。"② 哈维对这部电影的评价的确是片断式的，而且也没有体现出一个理论家应有的敏感度，当然他在书中并不是专门在讨论这部电影，从这一点看尚且情有可原。但是这部影片恰恰是众多女性主义者讨论的焦点，他错过了对这个话题的深度介入，显得有些可惜。哈维看到的只是《蓝丝绒》的后现代蒙太奇式的拼接手法，把风格各异的素材整合在一起，体现了后现代主义对传统秩序的颠覆。相比而言，女性主义者对《蓝丝绒》以及相关问题的批判则更贴近社会现实，例如马西引述了穆尔的著作《性伴侣——后现代主义的皮条客》指出："这个现象贯穿了后现代主义的大部分时期，从其最初的理论家（拉康等）到鲍德里亚，再到电影：'女性变成了男性用来探索、拒绝或者重组自己男性气概的一种方式，一种以女性为代价的满足情欲的方式'。"③

马西对哈维所作出的另一个女性主义视角的批判，是围绕哈维的《后现代的状况》中出现的五幅裸体女性的插图而展开的。哈维为了对比现代性与后现代性的区别，并进而阐述后现代的某些特性，引用了五

---

① Doreen Massey, *Space, Place and Gender*, Minnesota: University of Minnesota Press, 1994, p. 226.
② ［美］戴维·哈维：《后现代的状况：对文化变迁之缘起的探究》，阎嘉译，商务印书馆2015年版，第69页。
③ Doreen Massey, *Space, Place and Gender*, Minnesota: University of Minnesota Press, 1994, p. 227.

幅插图，分别是大卫·萨利的《密闭的房间》、提香的《乌尔比诺的维纳斯》、马奈的《奥林匹亚》、劳森伯格的《柿树》以及西铁城的一幅商业广告。对这五幅插图，哈维作出了不同的分类和评价，马奈的《奥林匹亚》是对提香作品的创新，展现出了现代主义的理念，标志着现代性与传统之间的一种"具有自我意识的决裂"。而反观劳森伯格的后现代作品《柿树》，则显得有些杂乱无章，哈维认为马奈的作品虽然有模仿的成分，但更多是在创造，但劳森伯格则纯粹是在复制和拼接，在《柿树》这幅作品中掺杂了鲁本斯的《梳妆的维纳斯》、委拉斯凯兹的《镜前的维纳斯》以及餐盘、街道等内容，这部作品传达不出任何特定的意义。包括萨利的《密闭的房间》和西铁城商业广告，都是对后现代拼接手法的运用。可以看出，哈维对后现代的表现手法并不感冒，他指出："后现代主义避开了进步的观念，抛弃了历史连续性和记忆的一切意义，同时又发展出一种惊人的能力去劫掠历史，把它所发现的现存的某些方面全部吸收……在后现代主义之中，很少有维护价值、信念甚或不信之连续性的明显企图。"[1] 当然，就在哈维尽情批判后现代性的过程中，也切实暴露出他"浑然天成"的现代主义父权观。因为他丝毫没有意识到这几幅裸体女性的插图可能会让一些读者觉得不被尊重。这倒不是说女性主义者趋于保守，因而反对这种艺术形式，而是再一次体现出哈维的面向总是白人男性、异性恋，他并没有意识到他的读者可能具有的女性及"他者"的身份。哈维对于性别关系中的某些问题似乎有一些"木讷"，他在评价萨利的《密闭的房间》这幅画作时没有意识到这其中暗含着一语双关的性别歧视，并且毫不知情地在这幅插图下面写道："不同的本体论世界的冲突与重叠是后现代艺术的主要特点。"[2] 这种"无知者无畏"的态度令马西备感无奈。更为深层次的理论依据在于，哈维非常本能地运用了现代主义的基本手法来分析问题，现代主义的一个基本立场就是将视觉居于感官之首，并在视觉中赋

---

[1] ［美］戴维·哈维：《后现代的状况：对文化变迁之缘起的探究》，阎嘉译，商务印书馆2015年版，第77—79页。
[2] ［美］戴维·哈维：《后现代的状况：对文化变迁之缘起的探究》，阎嘉译，商务印书馆2015年版，第70页。

予权威主义和男性主义的内涵,如此一来,在视觉中呈现裸体女性便成了现代主义作品中的常态。这正如波洛克所说的那样:"有一点很常见,很多男性艺术家将女性身体宣称为自己的现代性领地。"① 哈维连续用了五幅裸体女性的插图进行比较,体现出他深刻的现代性父权观念,"不仅因为这些插图具有经典的现代主义男性的权威视角,还由于它们注重的是女性的典型再现"②。

现代性的权威视觉主义往往会受到一些女性绘画创作者的挑战,由于创作视角的改变,在女性主义画家们的作品中看不到现代性画作中所充斥着的妓院、酒吧、舞女,取而代之的是很多正面的生活场景,例如阳台、花园、公园、剧院包厢等等。在这些场景的绘制中不仅有视觉的体现,其他层面的感官也得以融入其中,而且其创作理念也更能代表女性的想法。但是,这些小众的或是边缘化的作品常常被哈维所忽视,马西认为,哈维"在他所有的论述中仅仅关注了主流(或后来成为主流)文化,不管是画廊艺术,著名的建筑家,还是大制作的电影。这导致了现代主义时期的一种僵化观点,它忽略了处于边缘的声音,忽略了包括女性主义在内的这些声音对现代主义进行的有力批判"③。这一点,从他对辛蒂·雪曼作品的评价就可以看出。辛蒂·雪曼在80年代展出了一组名叫《无题》的摄影作品,她通过换装和表演的方式将她自己展现为不同阶层的人。而哈维则将这种"怪异"的举动当作后现代的典型代表作为其《后现代的状况》一书的开篇,哈维指出:"那些照片描绘了表面上不同的、来自各界的妇女们。稍加注意就会有些震惊地发现,那些都是穿着不同装束的同一个女人的照片。只有目录告诉了你:那位女人就是艺术家本人。"④ 女性主义在艺术作品中的表现手法让哈

---

① Doreen Massey, *Space, Place and Gender*, Minnesota: University of Minnesota Press, 1994, p. 232.

② Doreen Massey, *Space, Place and Gender*, Minnesota: University of Minnesota Press, 1994, p. 232.

③ Doreen Massey, *Space, Place and Gender*, Minnesota: University of Minnesota Press, 1994, p. 236.

④ [美]戴维·哈维:《后现代的状况:对文化变迁之缘起的探究》,阎嘉译,商务印书馆2015年版,第12页。

维感到很难理解，问题在于，哈维的这句话再一次暴露了他的男性主义视角，即对于性别身份的固化认知。从哈维的评价我们还可以得知，他不仅是男性主义者，而且很可能是一个非常保守和传统的人。马西援引欧文斯的评价指出，雪曼的这些作品"反映了观众自己的欲望（作品的期望观众无一例外都是男性），具体来说，就是男性希望将女性固定在某种特定身份上。但是这恰恰是雪曼的作品所拒绝的……雪曼可能以海报女郎的形象出现，但很难对她进行一个总结性的固定描述"①。哈维对于差异性和多元性的忽视以及对"他者"的一贯无视，是他父权观念中体现出的最大的问题，他并非要有意不尊重女性，事实上在很多情况下他是"情非得已"，男性主义以及权威主义的意识形态牢牢控制住了他，让他在本能状态下与女性主义格格不入。

有趣的是，哈维在 1991 年 6 月，对马西以及其他女性主义者对他的批判作出了回应，他注意到了上述那五幅插图招致了女性主义者的不满，因此作出了进一步的解释。但是他认为，女性的从属地位不可能通过后现代主义得到任何的改善。其实这也是马西的观点，马西也不认为后现代主义是提高女性地位的良方。问题在于，哈维作出这样的回应，表明他并没有真的了解马西所批判的要点是什么。关键的地方不在于要不要支持后现代主义，而是他这种本能式的现代性父权观念使他无法体会女性主义立场，从而忽略了多元的可能性以及"他者"的声音。

第二节　二元对立的性别化空间认知批判

劳动的性别分工及其空间结构影响甚至决定了性别关系，更进一步而言，性别分工从经济基础的角度塑造出了一种有关性别关系的上层建筑——二元论（dualism）的性别认知方式，这种认知方式有着古老的传统且跨越了各种不同的文明。它深刻影响了人们的自我认知、生活方

---

① Doreen Massey, *Space, Place and Gender*, Minnesota: University of Minnesota Press, 1994, p. 238.

式和职业活动，正如上文所述，男性气概与女性特质是社会关系和空间结构所不能忽视的重要属性。前面已经讨论过性别分工与性别关系的实然的问题，现在要在此基础上讨论应然的问题。女性主义者并不是要质疑男女之间的生理差异，也不是要反对性别关系的正常划分，她们反对的其实是不平等的权力关系。当然在女权运动的过程中，也出现过一些激进的女权至上主义者，但是多数女性主义者还是理性平和的，她们提倡的女性主义，不是女性至上，而是要求男女平等，要求把女性的权力/权利从父权制的长期压迫中解放出来。特别是对于马克思主义的女性主义者而言，她们意识到，女性劳动者在受到资本家压迫的同时，还受到了父权主义的压迫，这样的压迫不仅来自男性资本家，还来自无产阶级内部，来自他们自己的丈夫。在前面论述性别分工时，这个问题得到了充分的展现。女性主义者并不是只关注"女性"这一单一层面的问题，她们根据各自不同的诉求和立场提出了流派众多的女性主义理论（这其中也有不少男性学者的加入，不过女性学者仍然占多数）。正如格里塞尔达·波洛克（Griselda Pollock）所说的那样："有各式各样的女性主义……社会主义女性主义总是关切阶级课题，黑人女性主义则详述帝国主义、性欲特质、女性气质和种族歧视的构造。"[1] 不论是出于什么立场的女性主义者，她们都有一些共同的诉求，那就是反对性别压迫、性别歧视以及性别认知方式的片面化。

一　反思性别权力关系中的两极化认知

劳动的性别分工是造成性别关系认知方式两极化的主要原因，在漫长的人类生产发展史中，一些工作（分工）被视为男性的天职，比如狩猎、捕鱼、征战、挖矿、高新技术研发……几乎囊括了绝大多数职业；而另一些工作（分工）则被视为女性的专属，例如家务劳动、照顾孩子、纺纱织布、衣物缝制……这些劳动的特点是琐碎、繁杂、技术含量低、身体负重相对较轻（但绝不轻松）、低薪或是无薪。这样的性

---

[1] ［英］琳达·麦道威尔：《性别、认同与地方：女性主义地理学概说》，徐苔玲、王志弘译，台北：群学出版有限公司2006年版，第13页。

别分工观念一旦形成，就给各种职业打上了性别烙印，以至于让男性去从事有"女性烙印"的职业，会让他们觉得是对其男性气概的羞辱。这样的例子在我们分析20世纪下半叶英国矿区的产业变迁时就已经提到，失业矿工不得不顶替妻子从事家务劳动，因为妻子是现今家庭的唯一收入来源，马西提到："一位前矿工妻子在1983年《女性时间》上发言时回忆说，她的丈夫只有在夜晚黑暗的掩盖下才会极不情愿地将洗好的衣服晾出去！"① 这样的情况并非个例，而是普遍存在于英格兰东北部失业矿工家庭中，在英国的就业与生产部的一项调查中指出："一位男子说，他认为将在连锁店里卖男人服装等'小姑娘的工作'给年龄较大的男人做，是有偏见的解决办法。他认为年轻妇女可以做工，而男人却失业，是不公正的。"② 在传统的性别分工观念的影响下，许多失业男性倾向于认为女人抢了他们的工作，而他们又不适宜于去从事属于女人的工作。因此才会有一些持父权观念的学者提出，重要的是为男性提供就业岗位，而不是女性。汉弗里斯（Humphrys）就曾指出："女性的位置显然被认为应该是待在家里，照顾挣钱养家的男性。"③ 这些事例充分说明了两极分化的性别关系认知与性别分工方式密不可分。

如果说两极化的性别关系认知在最初是由性别分工所导致的，那么当这种认知方式一经形成，它就会反过来影响性别分工的方式。很多高薪高技能的职业被男性所把持，这被他们轻而易举地解释成是男性的天赋与特质使然。正如前文所提到的20世纪后半叶英格兰东南部的"剑桥现象"，其中的工程师、高级技师的性别构成都是清一色的男性，而相同行业的女性则主要从事半导体组装这样的低端工作，可见，"剑桥现象"既是阶级关系的空间分工，也是性别关系的空间分工。不过，有人认为让女性去从事组装工作更符合她们"灵巧"的特质，马西援引马克斯（Marks）的一项调查指出："Inmos公司的一位发言人最近承

---

① Doreen Massey, *Space, Place and Gender*, Minnesota: University of Minnesota Press, 1994, p. 204.
② ［英］多琳·马西：《劳动的空间分工：社会结构与生产地理学》，梁光严译，北京师范大学出版社2010年版，第207—208页。
③ ［英］多琳·马西：《劳动的空间分工：社会结构与生产地理学》，梁光严译，北京师范大学出版社2010年版，第195页。

认,这家公司将提供'那种传统上由妇女来做的注重细节的、仔细摆弄的工作:她们对这种工作有某种特殊的适应力'。"① 对此,马克斯反讽道,如果"灵巧"是女性的重要特质的话,"那么,并没有更多的妇女从事注重细节的、仔细摆弄的脑外科手术工作,这一点就显得奇怪了"②。所以说,一些职业中的性别分工和性别天赋没有直接的关系,而是受到了性别偏见的影响。依据"性别天赋"来进行性别分工的现象不仅存在于英国,奥斯特(Auster)提出过类似的案例,在20世纪90年代的美国,"女性担任九成的牙医助理、秘书、育儿员、执照护士、托儿所和幼稚园老师……男性担任九成的卡车司机、汽车修理工和消防队员,以及飞机驾驶和领航员,还有超过八成的医生、牙医和建筑师"③。不过有趣的是,麦道威尔对此提出了一个反例来驳斥所谓的"性别天赋"论。她指出,苏联的医生职业多数都是由女性来承担,这从性别分工的角度就开始动摇了"女性只适合做护士"的观点。但是更有意思的是,她进一步指出,苏联的医生职业地位并不高,而且收入也不太理想,跟男性主导的其他职业相比仍然有所差距。由此可见,"并不是职业本身的特征,要求了据称与男性或女性特质有关的属性或技能,反而是谁从事某项工作,取决于这项工作在社会上如何被建构、评价,以及伴随而来的报酬。"④ 这些反思引导我们去思索更深层次的问题,即"性别天赋"是否切实存在?它能不能成为性别分工的依据?或者说它其实是性别偏见的产物,是掩盖性别歧视的幌子。

我们习以为常的性别关系认知方式或许本身就带有某种误解和偏见,是时候对这种传统的认知进行一些反思了。琳达·尼克森(Linda Nicholson)在她的一篇名为《诠释性别》的论文中明确区分了两个层

---

① [英] 多琳·马西:《劳动的空间分工:社会结构与生产地理学》,梁光严译,北京师范大学出版社2010年版,第134页。
② [英] 多琳·马西:《劳动的空间分工:社会结构与生产地理学》,梁光严译,北京师范大学出版社2010年版,第135页。
③ [英] 琳达·麦道威尔:《性别、认同与地方:女性主义地理学概说》,徐苔玲、王志弘译,台北:群学出版有限公司2006年版,第172页。
④ [英] 琳达·麦道威尔:《性别、认同与地方:女性主义地理学概说》,徐苔玲、王志弘译,台北:群学出版有限公司2006年版,第172页。

面的性别概念。这两个层面分别是生理层面的性别（sex）和社会层面的性别（gender），它们在英语世界中时常能见到。前者更多强调的是男性与女性在生物学意义上的区别以及性欲、性感、性特征等方面的内涵；后者则是强调社会关系、性别身份认同层面的内涵，在证件表格中所填写的"性别"一栏对应的单词就是"gender"。人类的生理性别是先天得来的，具有自然属性，它在人的一生中是稳定的、不可改变的（人为的变性手术除外）。而人的社会性别则是后天造就的，也就是说，它是社会关系的产物，并且会因为不同的社会关系而被赋予不同的意义，所以同性之间的社会性别特质可能会有较大的差异。尼克森使用了一个形象的比喻来说明两种层面的性别概念，她认为生理性别和社会性别的关系就如同衣帽架和大衣之间的关系，作为"衣帽架"的生理性别属于基础框架，不容易改变；而社会性别则好比是各式各样的"大衣"，不同的人会有不同的"大衣"，并且随着社会关系和空间结构的改变而改变。尼克森提出的这个理论的重要意义在于，摆脱了人们对于性别关系的静态认知，在其自然属性的基础上挖掘出它的社会属性，赋予了性别关系以动态结构，这对很多女性主义地理学者而言是一个莫大的鼓舞。在多数情况下，女性主义者讨论的性别话题都属于社会性别的范畴，包括上文所探讨的性别分工与性别关系，也属于社会性别而非生理性别。如果引入社会性别的认知方式的话，那么所谓"性别天赋"一说就无法成立，因为所谓的性别特质是后天造就的，同样也没有什么工作是"专属于男性"或"专属于女性"的（在不逾越社会伦理的前提下）。性别特质的专属概念是建立在不可变的生理性别基础上的，换句话说，父权主义只看到了生理性别而忽视了社会性别。例如，麦道威尔曾对二元对立的性别特质认知做过一个总结，男性特质和女性特质之间通常呈现出这样一种对立：公共—私人、外在—内在、工作—家庭、生产—消费、权力—依赖。[①] 在社会性别的视野中，上述这些固化的关系完全可以被重构，这样的理论视角为女性主义者提供了很好的抗争依

---

① ［英］琳达·麦道威尔：《性别、认同与地方：女性主义地理学概说》，徐苔玲、王志弘译，台北：群学出版有限公司2006年版，第17页。

据。法国著名女性主义者、存在主义哲学家西蒙·波伏娃（Simone de Beauvoir）同样是这一观点的持有者，她反对纯粹由先天决定的生理性别概念，在理论的阐发中她更倾向于运用社会性别的认知方式。麦道威尔援引了波伏娃在《第二性》中的一段表述："一个女人不是生为女人，而是变成女人。没有生物、生理或经济的命运会决定人类在社会上呈现的体态：在男性和被描绘成阴性的阉人之间，塑造这种创造性的不确定性者，正是整体文明。"① 在这里，波伏娃强调了女性特质是社会关系的产物，动摇了两极化性别认知的理论基础。性别特质的界定一旦被视为可变动的，那么女性在性别权力关系中长期被压迫的地位就是可以打破的，不仅如此，很多以往被束缚住的议题得以从中解放出来。

在具有可塑性的社会性别这种认知方式的发展中，福柯所作出的贡献则更为深入且更具针对性。他将有关性/性别的研究进一步拓展为身体理论，把对于性别关系的关注点进一步转向男性/女性的身体。在福柯的论述中，我们依然可以看到社会性别的认知方式在界定身体概念时发挥的作用。福柯认为，身体并不先于社会关系而存在，身体是在道德、法律、制度等因素的规训下而产生的，因此并不存在纯粹"自然的"身体，即便是具有生物属性的身体，它的形成也离不开社会构建。如同很多人文地理学者对于地方的界定方式一样，福柯把身体理解为意义铭刻于其上的表面。这意味着没有被镌刻过"意义"的身体就如苍白的空间一样空无一物（当然社会空间理论并不同意这样理解空间）。但是，福柯并没有过多阐述身体"镌刻"的过程以及如何"镌刻"的问题。伊丽莎白·葛洛兹（Elizabeth Grosz）倒是对此进行了研究，镌刻身体的过程，实际上就是赋予身体以社会意义的过程，而这个过程有着很强的主体能动性，不同主体可以有不同选择。例如有的人喜欢戴上戒指、耳环、项链，有的则会选择在手臂上文身等等，以此来表明他们的审美情趣或财富状况，当然也能从中传达出婚姻状况和性取向等信息。葛洛兹也曾列举过男性与女性身体的不同镌刻方式："区分男女身

---

① ［英］琳达·麦道威尔：《性别、认同与地方：女性主义地理学概说》，徐苔玲、王志弘译，台北：群学出版有限公司2006年版，第18页。

体的自愿实践、习惯和生活风格:化妆、细高跟鞋、胸罩、发胶、衣服、内衣标明了女人身体,正如发型、专业训练、个人打扮、步伐、姿态、健身和运动方式可能标志了男人身体。"① 但这并不是唯一的标准,这是一种"自愿实践"的过程,男性和女性会选择不同的着装方式,女性可能打扮得像男性;而男性中也有一部分人喜欢穿裙子、高跟鞋,并且在行为方式上更像传统意义上的女性。当然,给身体或社会性别赋予意义的方式有很多,穿衣打扮只是其中最直观的方式,在职业分工中的所谓男女"错置"也是赋予意义的过程,并且是对两极化性别认知的挑战。这样的案例其实有很多,比如上文提到的英格兰东北部的失业矿工被迫改行从事家务劳动。如果矿工做家务是被迫的话,那么20世纪40年代后,美国西海岸的华裔男性主动参与到有酬家政工作中,则打破了人们对女性与家务劳动的一贯认知,因为在他们的认知里,家政服务工作是黑人女性的专属,这也使得当地人一度质疑中国男人是否具有男性气概。第三世界国家的男性到发达国家从事一些低端工作,极有可能同当地女性从事的是同样的职业,这当然是固化的父权主义观念所不能理解的,再比如上文提到的伦敦哈克尼区家庭作坊的女性手工业者们,她们同样有许多男性竞争者(来自第三世界的外来移民)。这些事例都表明,人们的社会实践赋予了性别与身体相应的意义,而这些意义本身就是灵活多变的,曾经被视为"女性专属"的工作,如今也被打破了性别界限,女性同样也能承担"男性专属"的工作。

二 家庭场所的女性编码:安适其位或不得其所

在许多人文主义地理学者眼中,地方研究的一个核心议题就是家园,因为家园这个概念意味着启程的地方,意味着安居乐业的生活环境,家园(通常用"她"来指代)同时也象征着父母亲人,那是人们的情感依托之所在,更是无数在外游子魂牵梦绕的地方。段义孚在他的论文《地理学观点》中便指称,地理学所探究的就是作为人类家园的

---

① [英]琳达·麦道威尔:《性别、认同与地方:女性主义地理学概说》,徐苔玲、王志弘译,台北:群学出版有限公司2006年版,第69页。

地球，在段义孚的语境中，地方与家园形成了一种隐喻的关系，地方被理解为关怀的场域，正如他其中一本书的书名——《地方之爱》——传达出了一种含情脉脉的风格。段义孚并不是唯一一位对地方与家园饱含深情的学者，海德格尔提出的此在（Dasein）与寓居（dwelling）的概念则传达出了更为强烈的对根性的眷恋。在他的叙述中，存在者如同植物一般与脚下的土地紧密结合在一起，人们的地方或居所某种程度上构成了他们的存在，是他们存在状态的重要体现。正如上一章所提到的，海德格尔深深"扎根在了"梅斯基希的土地上，与这里的阳光、风暴、天空融为了一体，他的黑森林小屋不仅是他的居所、他的灵感来源，甚至是他的精神实体。对于这间理想的小屋，海德格尔描述道："在这里，使天、地、神、人纯一地进入物中的迫切能力把这座房屋安置起来了……它给院落一个宽阔地伸展的木板屋顶，这个屋顶以适当的倾斜度足以承荷冬日积雪的重压，并且深深地下伸，保护着房屋使之免受漫漫冬夜的狂风的损害。它没有忘记公用桌子后面的圣坛，它在房屋里为摇篮和棺材——在那里被叫做死亡之树——留出了地方，并且因此为同一屋顶下的老老少少预先勾勒了他们的时代进程的特征。"① 居所将人与周遭的环境统一到了一起，并且为我们提供了一个庇护的场所，在海德格尔看来，如果我们失去了居的能力，就意味着丧失了自身的根基及存在的养料。

将居所视为人们重要的庇护场所的另一位著名学者，当属法国哲学家加斯东·巴舍拉（Gaston Bachelard）。他的代表作《空间诗学》曾被诺伯舒兹评价为与海德格尔的《存在与时间》《筑·居·思》以及梅洛-庞蒂的《知觉现象学》齐名的建筑美学必读经典。在《空间诗学》中，空间、地方与家园的隐喻关系得到了进一步的扩展，人们的栖居之所成为了空间的核心议题。巴舍拉将家（home）与家屋（house）两个概念结合到一起，使家园这个精神概念获得了物质载体。对巴舍拉而言，家屋不仅仅是一个容器，更是人类灵魂与梦想的居所，它是一个

---

① ［美］戴维·哈维：《正义、自然和差异地理学》，胡大平译，上海人民出版社2015年版，第345页。

具有强烈保护色彩的私密空间。巴舍拉指出："如果我被要求明说家屋的主要好处，我会说：家屋庇护着白日梦，家屋保护着做梦者，家屋允许我们安详入梦。人类的价值，不仅只有思维和经验，白日梦的价值，标志了人性深层的价值……如果没有家屋，人就如同失根的浮萍。家屋为人抵御天上的风暴和人生的风暴。它既是身体，又是灵魂，是人类存在的最初世界……人在被'抛入世间'之前，乃是躺在家屋的摇篮里。"① 巴舍拉实际上是使家屋这个概念从喧嚣的尘世中脱离出来，让它远离纷争，单纯地成为个人的避难所，在家屋的空间中没有苦恼，营造出来的是一个纯粹的幸福空间（espace heur-eux）的意象。不过，这种理想化的家屋意象被不少人批判为空想，尤其是女性主义者认为，他对家屋的理解是一种无视"他者"的霸权视角，排斥了多元化的可能性。在阅读巴舍拉的文本时会发现，他似乎感受到了现实中的家庭状况和他理想化的家屋是有所区别的，而他更希望去讨论后者，他说："梦中不变的家屋必须保留其半昏暗状态。因为它属于那种深切的文学，换句话说，它属于诗，而不属于那种一看就懂的文学，这一类的文学为了要分析私密感，需要别人的故事来说明……我们彼此所交流的，只是一个充满秘密的方向，而我们无法客观地说明这个秘密。凡是秘密的东西，不会完全是客观的。在这个声音中，我们朝向梦境，而非完成梦境。"② 在这个梦境中，空间排挤了时间，家屋定格在了永恒的美好之中。这种分析方式让很多女性主义者难以接受，因为在很多情况下，家庭场所对女性而言意味着繁重的家务劳动，甚至是产生家庭暴力的地方，她们很难想象家屋可以被称为避难所。对于一些青年女性而言，她们更愿意逃离家庭，到其他地方寻找认同感。在巴舍拉的梦境与回忆之中，总是充满了温馨与浪漫的场面，或许是他拥有一个愉快的童年和不错的人生境遇，现实生活中的顺遂给他提供了良好的梦想素材。可是并非所有人都能如此幸运，对于那些必须面对贫困、战乱、种族歧

---

① ［法］加斯东·巴什拉：《空间诗学》，龚卓军、王静慧译，世界图书出版公司2017年版，第31页。
② ［法］加斯东·巴什拉：《空间诗学》，龚卓军、王静慧译，世界图书出版公司2017年版，第38页。

视、性别歧视的"他者"而言,他们的童年可能充满了哀恸,他们的家园早已支离破碎,而现在不得不在别人的家屋中维持其基本的运作,为雇主营造良好的生活意象。"他者"的处境在巴舍拉的家屋意象中彻底消失了,这是他最为人所诟病的地方。对此,台湾大学建筑与城乡研究所的毕恒达教授有过一段精辟的评论:"他的空间分析,虽然是在说一个自主性的故事,却将他的依赖性置于暗处。于是一个理想的家,变成一个人在其间移动,不会有其他人在其眼前出现。任何他想要的东西都会有人无声无息地提供给他,而不会侵犯他的意志、隐私与自爱。"①值得一提的是,海德格尔所营造的黑森林小屋的意象与巴舍拉的家屋有着共同的特点,他们都忽略了"他者"的存在,也忽略了建造和维持家屋所必须付出的劳动,一切似乎是自然生成的。这样的空间是纯粹的个人空间,对女性主义者而言,这是一种只属于单一性别(男性)的空间。

家庭场所不必然是归属感与认同感的所在,对一些人而言是安适其位(in place),对另一些人来说则是不得其所(out of place)。海德格尔和巴舍拉在他们的居所中安适其位,而不少女性或"他者"不论在家还是在其他地方则表现为不得其所,这是一种"错置"的表现。但是造成"错置"的原因并不在于女性或"他者",而是某种深层次的权力配置问题。蒂姆·克瑞斯威尔(Tim Cresswell)在谈到这个问题时引用了道格拉斯(Douglas)的说法,后者对于"错置"这个概念提供了很好的解释:"鞋子本身并不脏,但把它们放在餐桌上就变脏了;食物本身不脏,但将炊具留置在卧房,或者食物溅污在衣服上,就变脏了"。②同样,女性如果被置于父权观念强烈的家庭场所中,往往就会受到压迫,或是感到不得其所。在很多情况下,家庭空间与公共空间被视为两个对立面,家庭空间被编码为女性,公共空间(包括工作场所)被编码为男性,这种性别编码的方式其实是典型的父权观念的体现。因为家庭场所

---

① [法]加斯东·巴什拉:《空间诗学》,龚卓军、王静慧译,世界图书出版公司2017年版,第14页。
② [英]蒂姆·克瑞斯威尔:《地方:记忆、想象与认同》,王志弘、徐苔玲译,台北:群学出版有限公司2006年版,第164页。

虽然被男权主义打上了女性的烙印，但它并不真正属于女性，真正的归属权仍在男性手中，家庭实际上成为了束缚女性的场所，因此恩格斯才会说："只要妇女仍然被排除于社会的生产劳动之外而只限于从事家庭的私人劳动，那么妇女的解放，妇女同男子的平等，现在和将来都是不可能的。"① 从这样的逻辑来看，女性如果想要在家中安适其位，就应当参与到公共空间生活中，以此获得经济上的独立，从而真正摆脱束缚，这其实也是上文探讨过的问题。许多男性主义者习惯把家庭视为女性专属的场所，这并不意味着女性是真正的"一家之主"，而是他们思乡时的一个符号，家园被拟人化为母亲和妻子的形象，但是在实际情况下，母亲或妻子在家中的处境并不太妙，正如马西所分析的那样："本世纪中叶那些南下的小伙子，当他们偶尔回头北望，带着满腔的浪漫情怀将家理想化时，他们所想念的经常是'妈妈'这一概念，而不是把妈妈看成是辛勤劳作、忙于生活悲喜的一个鲜活的人，一个为自己或他人的生活操心的生动个人，他们想念的只是一个固定的象征意义，即妈妈是港湾。"②

将女性视作家园的象征，将家务劳动视为女性的天职，这在很长的时间中（甚至包括今天）几乎成了一种思维定式，甚至成为了一种意识形态。这种意识形态，本质上仍然是父权观念的体现，它认为女性从事家务不仅是理所应当的、是美德的体现，甚至女性在这样的劳动中还能感受到身心的愉悦。麦道威尔在她的书中引用过美国劳工联合会前会长龚帕斯（Gompers）的一段演讲，这段讲话即是上述意识形态的体现，"我坚信，致力于家庭职责的妻子或母亲，为支撑家庭做出了最大贡献……妻子除了履行她天生的家庭职责外，她会执行那项最令她快乐的工作，致力美化居家环境。"③ 然而，这样的观念只是男性主义者一厢情愿的想象罢了，对很多女性来说，长期从事无薪的家务劳动是孤独且沉闷的。玛杰里·斯普林·莱斯（Margery Spring Rice）在20世纪30

---

① 《马克思恩格斯文集》第4卷，人民出版社2009年版，第181页。
② Doreen Massey, *Space, Place and Gender*, Minnesota：University of Minnesota Press, 1994, p. 180.
③ ［英］琳达·麦道威尔：《性别、认同与地方：女性主义地理学概说》，徐苔玲、王志弘译，台北：群学出版有限公司2006年版，第104页。

年代对 1250 位贫困女性做过问卷调查，发现她们的生活非常孤独，几乎与外部世界没有什么接触，每天在狭小阴暗的家庭环境中进行着辛苦的家务劳动，她们的丈夫和孩子，甚至包括她们自己都觉得这一切是理所应当的。与此相反的是，对家里的男性成员来说，回到家里就意味着回到休息和玩耍的场所，这是一个反差很鲜明的对比，"绝大多数男人的工作远离他们的家庭，回到家里是为了休憩……所有小孩都花费大量时间离家在外，若不是在学校，就是离校后在他们打工的地方。对他们而言，家庭也是玩耍或休息的地方。对父亲和小孩都一样，这些离家的时间，带来了新的接触和休闲娱乐……但是一般而言，母亲都待在家里"①。在这样的案例中，女性确实可以成为家庭的代名词，但却是以"女仆"的性质被锁定在这个空间之中的。家庭中的男性主导地位以及赋予女性的特定形象，几乎都是父权制的结果，这种性别关系的意识形态让大家认为一切都是理所当然的。更进一步来说，在母亲对男孩的抚养过程中，一定程度上也加剧了他们男性主义观点的形成。在马西看来，性别身份的构成在男女之间有着较大的差异，男孩更倾向于强调自己与母亲相反的立场，并且以"划定边界"的方式来维持自己脆弱的安全感，如果这种心理上的敌意与好战性在成长的过程中被确立下来，就有可能形成大男子主义。那么当他们成年以后，他们对待女性的态度以及对家庭的看法就是不难预见的了。在男性主义者心中总有一种担心边界消失的恐惧感，这在空间上可以直观地体现为地方排外主义，在家庭关系上则有可能体现为，担心妻子因为获得独立的经济来源而变得不可控。

当然，家园也不完全是女性的"地狱"，这其中有很大的可变性，取决于家庭成员的现实状况和价值理念，事实上我们不应该对家庭进行非此即彼的性别编码。黑人女性主义者贝尔·胡克斯（bell hooks）② 提出的看法便具有一定的启发意义。因为黑人女性主义需要抗争的核心问

---

① ［英］琳达·麦道威尔：《性别、认同与地方：女性主义地理学概说》，徐苔玲、王志弘译，台北：群学出版有限公司 2006 年版，第 101 页。
② 注：她原名为吉恩·沃特森（Jean Watkins），贝尔·胡克斯（bell hooks）是她的笔名。

题是种族歧视,具体而言,需要对抗的是"白人至上的资本主义父权制"。家庭对很多黑人女性来说或许并不是一个受到压迫的场所,相反,她们在家中能够得到庇护,使她们免于外界种族主义的侵害。正如胡克斯在《家园:一个抵抗的位置》一文中所宣称的那样:"黑人女性借由打造家园来抵抗,家是所有黑人……能够在我们的理智和心中得到肯定的地方,尽管有贫穷、困苦和剥削,也是我们恢复在外头公共世界里遭致否定的尊严的所在。"① 说到这里,我们所讨论的焦点便再次回到了马西所提出的灵活、开放的地方观,每一个地方或家庭场所都处于不断变动之中,并且与更广大的社会关系相互影响,将地方与家园绑定在一起,并把女性束缚在其中的想法,其实是父权观念的体现。地方不必然要等同于家园,家园也不必然要编码为女性。

第三节 劳动的空间分工的性别面向

一 马克思主义经典作家的性别视角

一直以来,女性主义者或后现代主义者不断批判以现代性和本质主义为代表的马克思主义者忽视了性别关系在生产关系中的重要地位,一些女性主义者认为这种本质主义的马克思主义语境充满了父权观念,因而没有意识到女性在社会历史发展中的独特作用。当然,作为马克思主义的女性主义者们比较担忧的是阶级关系中的父权观念,"男尊女卑"的观念广泛存在于不同阶级之中,即便是工人阶级内部,也无法避免这样的问题。马西就曾感慨过自己面临着两头作战的窘境,作为一个社会主义者,她需要与资本主义抗争;而作为一个女性主义者,她又要同父权观念斗争,有时这样的观念就直接来自社会主义者内部。因而她呼吁像哈维、苏贾这样的学者不应把所有斗争都归结到阶级政治的框架下来分析,换言之,如果只看到阶级分化,而没看到性别歧视的话,那么得

---

① [英]琳达·麦道威尔:《性别、认同与地方:女性主义地理学概说》,徐苔玲、王志弘译,台北:群学出版有限公司2006年版,第121页。

出的分析结论也一定是不全面的。空间中的权力关系（包括性别关系）是充满了多样性的，阶级关系是其中的一个重要面向，但不是唯一面向。马西在评价苏贾的《后现代地理学》时就指出："差异，简单来说就是复杂性，被抹杀掉了，在一种思想的压服下被抹杀了。这种思想认为，所有的问题都只和劳资关系有关。虽然苏贾认为我们在西方应该抗衡的是资本主义，而且只有资本主义，因为通过这一点，性别歧视和种族歧视的问题也将解决，他在全书都隐含着这样的观点。"[1] 如何在阶级关系和性别关系之间找到一个能兼顾二者的平衡点，这是许多马克思主义的女性主义者所关注的问题，在父权观念影响下的阶级理论往往把劳资关系无限夸大，而忽略了其中的性别关系所造成的影响，对此，波洛克（Pollock）对女性主义的立场做过一个清晰的声明："女性主义的历史唯物主义并不是要用性别来替代阶级，而是要对阶级和性别之间，以及历史上各种形式的种族之间的错综复杂的相互依存关系进行解码。认识到性别权力和性别歧视是重要的历史力量，认识到它们和马克思主义的其他重要理论或社会历史或文化分析的其他形式一样重要，就掌握了一种策略优势。"[2]

必须指出的是，声称自己是马克思主义的信徒的人和经典马克思主义的著作家们是有着一定区别的（有时甚至是很大的区别）。马西对于父权制和本质主义的挑战，并不是对经典马克思主义的挑战，而是对以哈维、苏贾为代表的根深蒂固的白人男性至上主义的挑战，此二人皆以马克思主义者的面貌示人。由于他们在当今西方学界的影响力颇巨，以至于很多人将他们视作正统马克思主义的"解经家"，有些他们个人的想法（部分是值得商榷的）被误以为是经典马克思主义的立场。性别偏见绝不是经典马克思主义的本意，恰恰相反，马克思、恩格斯在他们的诸多文献中是讨论过女性解放的问题的，特别是他们在探索劳动分工的过程中，还专门论证过性别分工与人类家庭史演变的相互关系，这部

---

[1] Doreen Massey, *Space, Place and Gender*, Minnesota: University of Minnesota Press, 1994, p. 242.

[2] Doreen Massey, *Space, Place and Gender*, Minnesota: University of Minnesota Press, 1994, p. 235.

分的讨论在恩格斯的《家庭、私有制和国家的起源》中可以看到一整个完整的论证体系。而这样的性别视角，恰恰是哈维、苏贾等学者所缺失的，马西所呼吁的其实就是在分析问题时恢复性别视角（包括尊重多样性的态度）。如果我们认真检索经典马克思主义的文本就会发现，马西的女性主义关切点和马克思、恩格斯的观点在总体上是一致的。例如，马克思在《致路德维希·库格曼》的信件中就提出："每个了解一点历史的人也都知道，没有妇女的酵素就不可能有伟大的社会变革。社会的进步可以用女性（丑的也包括在内）的社会地位来精确地衡量……"① 这是马克思对于尊重女性地位的一次明确的表述。另外，在工人阶级内部存在的性别差异同样引起了恩格斯的重视，他认为对工人阶级内的劳动妇女进行保护是很有必要的，他指出："就我所知，在工资还根本没有废除以前，争取男女同工同酬始终是所有社会主义者的要求。劳动妇女，由于她们的特殊生理机能，需要特别的保护，来对抗资本主义的剥削，我认为这是很明显的。"② 如果用今天的理论标签来衡量的话，给恩格斯的观点贴上"生产领域的女性主义"这个标签，似乎也不为过，当然我并不赞成贴标签的思维模式。

恩格斯在《家庭、私有制和国家的起源》中曾论述过女性得以解放的可能性，他指出："妇女的解放，只有在妇女可以大量地、社会规模地参加生产，而家务劳动只占她们极少的工夫的时候，才有可能。"③ 恩格斯的这段表述让人不禁想到马西的另一段类似的表述。马西在研究20世纪八九十年代英格兰东南部的"剑桥现象"时指出，这个地区以高新科技产业为主，在这里工作的高素质就业者们百分之九十都是男性，他们当中的一些人热爱这里的工作，但也有人提出在这里，工作和娱乐的界限消失了。马西对这样的观点质疑道："有酬工作之外就只有'娱乐'吗？谁来做家务？这些就业者花费大量时间来解决棘手问题，将自己塑造成从事有酬工作的形象。但是，他们在工作上花费大量时间，这恰恰造成了对另外一些人的束缚。谁来洗衣服？谁去学校接孩

---

① 《马克思恩格斯文集》第10卷，人民出版社2009年版，第299页。
② 《马克思恩格斯文集》第10卷，人民出版社2009年版，第536页。
③ 《马克思恩格斯文集》第4卷，人民出版社2009年版，第181页。

子?……这些工作都要求从业者不能养育小孩,不能照料他人,最好这些从业者都由他人来照顾。"① 马西和恩格斯的这两段有关女性解放的表述,相隔近百年,到了20世纪末,女性在家务劳动上的解放并没有多大实质上的进展。当然我们在此要讨论的并不是谁该做家务的问题,在资本主义社会近一百年的发展中,女性参加社会生产的规模也确实有了很大的提升,不同的家庭呈现出了不同的分工格局,这个现象也可以算是对恩格斯"预见未来"的一种补充。在很多情况下,马西在某些领域的研究其实延续了恩格斯的工作(这可能连马西本人都没意识到),甚至是在百年后给恩格斯的预见作一个回应。这样的对比分析,在一定程度上也说明经典马克思主义的作家们并非男性至上主义者,他们其实也是广义上的女性主义立场的持有者。

二 劳动的性别分工与性别关系的变化

现在我们把聚焦点放到性别分工的问题上,空间的性别属性之所以是客观存在的,原因就在于空间中的性别关系与性别分工是真实存在的。从马克思主义的立场看,性别分工是人类社会分工的最古老形式,它的历史甚至比物质劳动与精神劳动的分工史还要悠久。在前面的章节中我们提到,马克思认为,城市与乡村的分离是物质劳动与精神劳动的最大一次分工,而性别分工则是一切分工的最初形式,马克思指出:"分工起初只是性行为方面的分工,后来是由于天赋(例如体力)、需要、偶然性等等才自发地或'自然地'形成的分工。"② 恩格斯在撰写《家庭、私有制和国家的起源》时也回想起了马克思的上述这段描述,这是多年前他们合著的《德意志意识形态》中的内容。不过,恩格斯对起初的性别分工的思想作出了更进一步的发展,在这里,恩格斯把阶级分化的起源与性别分工联系到了一起,他指出:"在历史上出现的最初的阶级对立,是同个体婚制下夫妻间的对抗的发展同时发生的,而最初的阶级压迫是同男性对女性的压迫同时发生的……在这个时代中,任

---

① Doreen Massey, *Space, Place and Gender*, Minnesota: University of Minnesota Press, 1994, p. 190.
② [德] 马克思、恩格斯:《德意志意识形态:节选本》,人民出版社2003年版,第26页。

何进步同时也是相对的退步,因为在这种进步中,一些人的幸福和发展是通过另一些人的痛苦和受压抑而实现的。"① 恩格斯的这段论述,既看到了阶级对立,又看到了性别压迫,并且在二者中寻找到了一种因果关系,这个观点是对许多以马克思主义者自诩的单一性别论者(在他们的话语体系中只有男性,忽略女性的存在)的有力驳斥。在资本主义时代的个体家庭中,阶级对立与性别压迫的类比关系显得更加简单明了,恩格斯认为:"现今在大多数情形下,丈夫都必须是挣钱的人,赡养家庭的人,至少在有产阶级中间是如此,这就使丈夫占据一种无须任何特别的法律特权加以保证的统治地位。在家庭中,丈夫是资产者,妻子则相当于无产阶级。"②

性别关系中的男性与女性的地位,直接受到了性别分工的影响,随着人类生产力水平的发展,性别分工从形式到内容都在发生着改变,因此"男尊女卑"的性别关系并不是固定不变的模式,它有着一定的历史范畴。恩格斯发现,在早期共产制家户经济中,女性居于受人尊敬的统治地位,这主要是由性别分工所决定的,男性长期在外游猎,女性负责氏族内部的管理和统治。加之原始社会群婚制的特点,最终确立了母系的传承方式。对于母系氏族社会中,性别分工与性别地位的关系,恩格斯引述了阿瑟·莱特的一段描述加以说明,后者在塞讷卡部落的易洛魁人中做过多年的传教士。莱特指出:"讲到他们的家庭……通常是女方在家中支配一切;贮藏品是公有的;但是,倒霉的是那种过于怠情或过于笨拙因而不能给公共贮藏品增加一分的不幸的丈夫或情人。不管他在家里有多少子女或占有多少财产,仍然要随时听候命令,收拾行李,准备滚蛋。对于这个命令,他不可有反抗的企图;他无法在这栋房子里住下去,他非回到自己的克兰〈氏族〉去不可。"③ 恩格斯在这里引述的性别分工,具有早期公有制的特点,女性负责掌管氏族中的公有储藏品,而男性的分工则是通过游猎等活动为所在氏族提供食物,女性在氏族中拥有很高的地位,原始的性别分工为母权制的建立奠定了重要的基

---

① 《马克思恩格斯文集》第 4 卷,人民出版社 2009 年版,第 78 页。
② 《马克思恩格斯文集》第 4 卷,人民出版社 2009 年版,第 87 页。
③ 《马克思恩格斯文集》第 4 卷,人民出版社 2009 年版,第 60 页。

础。不过，随着生产力的发展，尤其是畜牧业和农耕的出现，性别分工的方式发生了很大的改变，从而根本上转变了性别权力关系。例如，畜牧业的发展使氏族成员可以获得稳定的肉食来源，男性不必长期在外游猎，从而降低了他们在外捕猎的生命危险，相应地延长了他们在氏族内的生活时间。这样一来，新的家庭私有制就逐步代替了以往的氏族公有制，男性成为了家畜的所有者，而女性占有的则是家庭用具。很显然，男性能够在这样的分工中长期掌握食物来源，在氏族或家庭中的地位就逐渐提高了。随着氏族内财富的增长和家庭私有制的巩固，男性开始逐步取代女性对氏族的统治，男性为了让他的子女能够继承其财产，便规定氏族内的男性的子女留在本氏族内，久而久之，母系继承制就被父系继承制所取代。可见，性别分工的改变对于性别关系有着巨大的影响，"母权制被推翻，乃是女性的具有世界历史意义的失败。丈夫在家中也掌握了权柄，而妻子则被贬低，被奴役……"①

父权制的建立与性别分工的变化有着直接的关系，正是因为分工性质的改变，才让私有制有了存在的可能。早期私有制的出现，不仅使氏族内原本公有的储藏品逐步转变为家庭私有（严格说来是归男性所有），而且连原本具有公共性质的家务管理、家务劳动都变得私有化了，连同家务劳动一同被私有化的就是女性本人，很大程度上，女性变成了男性的私有财产，在这种经济关系的重大变化之后，群婚制基本上就被个体婚制取代了。恩格斯对这种分工性质的改变有过一段很贴切的表述："从前保证妇女在家中占统治地位的同一原因——妇女只限于从事家务劳动——，现在却保证男子在家中占统治地位：妇女的家务劳动现在同男子谋取生活资料的劳动比较起来已经相形见绌；男子的劳动就是一切，妇女的劳动是无足轻重的附属品。"② 从性别分工的形式上看，似乎没有发生什么改变，依然是"男主外，女主内"，但是分工的性质却发生了改变，家庭以外的劳动分工和生产力水平可谓今非昔比，男性的工作具有了社会生产活动的性质，而女性的工作成了纯粹的"私人

---

① 《马克思恩格斯文集》第 4 卷，人民出版社 2009 年版，第 68 页。
② 《马克思恩格斯文集》第 4 卷，人民出版社 2009 年版，第 181 页。

服务","妻子成为主要的家庭女仆,被排斥在社会生产之外"①。从经济关系的领域来看,父权制的建立是生产力的发展与性别分工改变的结果,作为一种经济单位的私有制个体家庭取代原始公有制氏族制度,也是经济发展的表现。但是这样的进步往往也伴随着某些方面的退步,阶级分化与性别压迫成了人类文明前进的代价。父权制的建立从历史的角度看,给男性带来了解放,而给女性带来的则是一种禁锢。

不过,性别关系中的压迫与对立不会一直持续下去,随着生产力的继续发展,特别是进入资本主义大工业时代,男性与女性的关系开始悄然改变。大工业的发展促使女性离开家庭,参与到有酬的工厂劳动之中,有的工种或行业甚至更倾向于雇佣女性劳动者。例如英国的棉纺织业在19世纪就已经大量雇佣妇女和儿童了,这在改变性别分工的同时也一度挑战了男性的家庭地位,特别是在当时曼彻斯特的棉纺织业中,性别分工的调整体现得尤为明显,霍尔(Hall)指出:"一贯占据家庭主要收入来源的男人们失业了,或者收入一下子少得可怜,而他们的妻子们和孩子们却到工厂去工作了……这种转变引发了性别劳动分工的一段过渡和重新调整时期。男性已经面临着很多自己职业上的问题,现在家庭经济的崩塌进一步挑战了男性的家庭领导地位,他们需要重塑男性权威。"② 但是这并不意味着女性的地位有了实质性的提高,资本家之所以愿意选择女性劳动者,主要是出于成本控制的考量,女性属于廉价劳动力,而且她们并不像男性那样热衷于工会运动,并没有太强的战斗力,马西把拥有这些特点的女性称为"绿色劳动力"。她们在工业生产中的真实地位,更像是马克思所说的劳动储备军(reserve army of labour)。社会学家比奇(Beechey)在描述20世纪六七十年代,英国已婚女性的就业率增长情况时指出:"她们很少加入工会,而且许多与工会相关的津贴、遣散费,以及政府失业救济金,她们都没有领取资格……于是,女性被建构为弹性、抛弃式,而且低薪的劳动力,因为家

---

① 《马克思恩格斯文集》第4卷,人民出版社2009年版,第87页。
② Doreen Massey, *Space*, *Place and Gender*, Minnesota:University of Minnesota Press, 1994, pp. 195 – 196.

务被视为她们的首要职责。"① 可以看出，在女性广泛参与到社会生产活动的今天，父权制的观念依然占据主导地位，但这至少为性别关系的改变打开了一个缺口。

改变性别关系中女性受压迫、受禁锢的地位是一个长期的过程，父权制是一个历史范畴，它的出现有一定的历史必然性，它的消失也需要在一系列因素的作用下才可能实现。这些因素包括思想观念层面的进步，更包括生产力的发展和性别分工方式的改变。情况并不总是令人悲观的，例如英国工业革命的摇篮兰开夏郡（Lancashire）就是女权兴起的典范，这里的棉纺织业早在19世纪就是以女性从业者为主导的。在父权观念依然盛行的19世纪，英国的很多女性尚未走出家门从事有酬工作，而在那时的兰开夏，女性参加工作已经是一件习以为常的事情了，她们中的很多人还积极加入工会，参与到女性劳工的维权斗争之中。这些组织起来的女性工人阶级在20世纪初发起了争取参政权的运动，对此，利丁顿（Liddington）指出："兰开夏在女性主义历史学家心目中一定占据着特殊的地位。激进的妇女参政运动所根植的文化，使得她们有能力为自己组织一场声势浩大的政治运动。"② 兰开夏女性的政治运动从一个侧面体现出了资本主义时代的性别分工开始撬动了父权制，一直以来固化的性别权力关系正在逐渐改变，而且呈现出了一种蔓延的态势。到了20世纪后半叶，由性别分工的调整而带来的对父权制的挑战并没有停止。马西注意到了一份由全国地方政府办公人员联合会（NALGO）发表的调查报告③，该报告反映了1961年至1971年，英国威尔士南部工业区与全英国的经济活动参与率。在报告中可以看到，威尔士南部工业区的男性就业率在十年间由86%下降到79.5%，而女性的就业率则由29.2%上升到37.1%。全英国在这十年间的就业率则表现为，男性就业率由86.3%下降至81.4%，女性就业率由37.5%上升

---

① [英]琳达·麦道威尔：《性别、认同与地方：女性主义地理学概说》，徐苔玲、王志弘译，台北：群学出版有限公司2006年版，第179页。

② Doreen Massey, *Space, Place and Gender*, Minnesota: University of Minnesota Press, 1994, p. 197.

③ [英]多琳·马西：《劳动的空间分工：社会结构与生产地理学》，梁光严译，北京师范大学出版社2010年版，第208页。

至42.7%。从总的趋势看，英国在这十年的时间里，男性的就业率整体下滑，女性的就业率整体提升，而威尔士南部工业区的变化幅度要高于英国的平均水平。难怪这一地区的学者和政策制定者会抱怨说："这些区域需要的是向男子提供的职业，而不是向妇女提供的职业。"① 对此，马西评价道："这种防卫姿态，是难以令人苟同的，但还存在着很实际的问题。对传统父权制结构的打击，确实意味着巨大的个人错位。"②

英国在20世纪下半叶的产业变迁和性别关系的变化，实际上印证了恩格斯在百年前所作出的有关资本主义工业发展与女性解放基本趋势的预判。在恩格斯看来，女性解放的前提就是她们摆脱家庭劳动的束缚，走出家门参加社会生产劳动，并在此过程中获得经济独立的地位，这是她们获得自主权的首要前提。当然这只是女性获得解放的第一步，父权制得以建立的根基是以男性为主导的私有制，恩格斯认为，要使男女平等真正成为可能，就要消灭私有制，建立社会主义的公有制。对此，他从专偶制家庭的特点作出了解释："专偶制的产生是由于大量财富集中于一人之手，也就是男子之手，而且这种财富必须传给这一男子的子女，而不是传给其他人的子女。为此，就需要妻子方面的专偶制，而不是丈夫方面的专偶制……但是，行将到来的社会变革至少将把绝大部分耐久的、可继承的财富——生产资料——变为社会所有，从而把这一切对于传授遗产的关切减少到最低限度。"③ 更进一步而言，随着生产资料公有制的确立，个体家庭将不再作为社会的经济单位而存在，家务劳动将成为一种社会事业，拥有独立经济来源的女性将能够从以往的一切禁锢当中解放出来。至少从目前来看，资本主义条件下的性别分工已经促使传统的性别关系发生了改变，并在现实层面上触动了父权制的根基。

---

① ［英］多琳·马西：《劳动的空间分工：社会结构与生产地理学》，梁光严译，北京师范大学出版社2010年版，第207页。
② ［英］多琳·马西：《劳动的空间分工：社会结构与生产地理学》，梁光严译，北京师范大学出版社2010年版，第207页。
③ 《马克思恩格斯文集》第4卷，人民出版社2009年版，第89页。

三　劳动的性别分工及其空间结构

建立在性别分工基础上的人类劳动广布于地理空间之中，在这个动态图景内，人类劳动与不平衡的空间结构相融合，形成了不同的职业类型及其相应的性别分工。这在一方面可以说是性别分工塑造了空间结构，在另一方面也可以说是空间结构影响甚至决定了性别分工，进而引发性别关系的改变。我们可以将上述这种相互关系称作劳动的性别分工的空间化，如果换一个切入点来看，也可以将其理解为劳动的空间分工的性别面向，劳动空间分工理论如果忽视了性别分工，那一定是残缺不全的。针对性别分工及其空间结构的相互关系的经典呈现，当属马西与麦道威尔合著的那篇充满政治经济学色彩的女性主义论文《女性所属的地方？》，这篇论文我们在上文尤其是第二章中便有所涉及，在那个部分侧重讨论的是劳动分工的空间结构问题，而马西的这篇论文中还有一个重要的面向，那就是性别关系，特别是在不同的时空背景与性别分工的条件下，女性地位的差异。正如本书第二章提到的，马西在这篇论文中分别考察了英国四个地区的性别分工与性别关系在将近一百年的光景中的变与不变。这篇论文的另一个典范意义在于为我们提供了很好的时空分析范式，作者采用横向与纵向两个视角将整个动态关系的图景展现了出来。从横向对比的角度看，马西分析了英国四类产业（四个地区）的性别分工，分别是：英格兰东北部的达勒姆（Durham）矿区、英格兰西北部的棉纺织区、伦敦市哈克尼区（Hackney）的家庭作坊式的小手工业、东英格兰从事农业生产的芬兰区（Fenlands）。这四类产业的变迁不仅囊括了性别分工，同时也以一种空间分布的形态展现了出来，换句话说，这些社会关系可以在地图上视觉化（虽然马西一直反对将地理理解为地图，但只要强调动态开放性，地图化的方法依然是值得运用的）。这种分析方式立足于产业与空间结构的差异，并进一步将性别分工与空间结构关联到了一起，它的重要启发意义在于让我们意识到空间结构同样是影响性别分工的一个重要变量。从纵向对比的角度看，马西考察了这四类产业在19世纪中后期和20世纪中后期呈现出的前后变化（包括性别分工与性别关系），这意味着在整个分析中加上了一条时间变量，让空间的动态性得以在时间上体现出来。将纵横两种分析视角结合在一起，便是一种时空分析的范式，以空间作为分析的主体，而时间变量则内嵌于空间之中，这是社会性空间观在方法论上的一次经典的展现。

与空间结构相对应的，是不同的性别分工与性别关系。在不同的空间结构中，性别分工与性别关系呈现出了一种光谱式的渐变特征，光谱的两端分别是英格兰东北部的矿区和英格兰西北部的棉纺织区。在矿区的性别分工中，男性（丈夫或儿子）是家庭的唯一经济来源，而女性则要从事同样繁重且无薪的家务劳动。在19世纪，矿区的父权观念是最为强烈的，女性在家中的地位等同于女仆，甚至常常会受到男性的虐待和辱骂，对于这种现象，马西调侃道："好像他们并没有作为一个阶级联合起来反抗资本主义，相反，他们作为一个性别群体压迫女性群体，或者在一种性别团结的框架下，集体压迫一个特定的女性群体。"① 不过，到了20世纪中叶，随着性别分工的调整，矿区的性别关系在一定程度上出现了反转。第二次世界大战后，日不落帝国的荣光逐步黯淡，国际劳动分工在时空压缩的推动下迅速向全世界蔓延，老牌资本主义国家的工业生产和资源开采活动逐步转移到了第三世界国家，在这样的大背景下，英国东北部的矿工岗位急剧减少，取而代之的是各个跨国公司在这个地区开设的分厂。然而这些工厂更倾向于雇佣当地的女性劳动力，原因很简单，因为她们廉价、服从纪律且缺乏斗争性。就这样，非常戏剧化的一幕出现了，曾经被禁锢在家务劳动中的女性纷纷走出家门，参与到工业生产的有酬劳动之中，而作为一家之主的男性则大多失业在家，内心无比愤懑。矿区男性的失业一方面是因为企业偏向于雇佣"绿色劳动力"，另一方面据说是因为这些矿工消极怠惰的态度无法适应新的工作岗位。马西援引一份来自《金融时报》的调查指出："尽管从前当矿工的人并不只是唯一一类或者说主要的纪律违反者，一些雇主仍认为矿井劳动通常造成了他们的歇工态度……一位雇主说，必须对前

---

① Doreen Massey, *Space, Place and Gender*, Minnesota: University of Minnesota Press, 1994, p. 194.

矿工强调,如果他们有很好的理由(公交车早上通常不是很好)晚来一会儿,受到的惩罚只是失去一点报酬。前矿工中缺勤情况的一个更严重的方面,似乎是存在一种随意不来的长期倾向。"[1] 不过也有人指出,造成矿工缺勤的原因和他们长期在矿井中工作养成的习惯有关,他们在矿井中属于"半自主型"工人,可以在矿井中随意走动,工作的自主性比在流水线上作业要强得多,这是男性矿工们不适应新职业的主要原因。而女性的顺从特质恰恰比当地男性更适合从事工厂的劳动,男性的父权观念使他们认为流水线上的工作"属于女人",让他们做这样的事是对男性尊严的冒犯。事实上,矿区男性不得不向新的性别分工作出让步,他们被迫回到家中从事家务劳动,或是推着婴儿车在街上闲逛。

在光谱的另一端,是英格兰西北部的棉纺织区。前文已经提到过,英格兰棉纺织区的性别分工中,女性占据主导地位,她们中的很多人早在19世纪就已经是工会成员,并积极参与到政治斗争当中,也正因为如此,兰开夏郡成为了人们心目中女性主义的先锋代表。当然,女性主义在这个地区的崛起并非偶然,它与当地的空间结构、产业类型、性别分工都有着直接的关系。如果产业发展遇到了困境,性别分工和性别关系就会发生改变。到20世纪六七十年代,兰开夏的棉纺织业受到了国际劳动分工的挑战,当地纺织业的就业率不断走低,许多女性面临着失业的局面。但遗憾的是,兰开夏并没能像英国矿区那样吸引跨国公司去开设分厂,其原因在于,对政策制定者而言,他们并没有把女性的失业率看作是真正的失业率;对企业主和投资者而言,兰开夏的女性并不是"绿色劳动力",她们过于独立自主,即便是在纺织业衰落的情形下,她们的斗争性依然有增无减。所以,兰开夏的棉纺织区并没有获得重新调整的契机,许多女性被迫回到家中从事家务劳动,她们中的一些人的独立性相较以往有所降低。这个变化再一次证明了空间结构的调整与产业结构的变迁关涉性别分工,更影响性别关系。

伦敦的哈克尼区和东英格兰农业区则处于性别关系光谱的渐变区

---

[1] [英]多琳·马西:《劳动的空间分工:社会结构与生产地理学》,梁光严译,北京师范大学出版社2010年版,第212页。

域。不同于矿区的父权主义和棉纺织区女性主义之间的两极化,哈克尼区和芬兰区的父权制要显得稍微温和一些,当然这两个地区也是相当保守和传统的。以哈克尼区为例,在19世纪,这里是制衣业家庭作坊的聚集地,男性(非常传统的)外出工作,女性在负责家务的同时还要在家从事一些缝制衣物等类型的有酬工作,以此来补贴家用,因为男性在外工作的收入较低且往往不稳定。虽然哈克尼的女性和兰开夏的女性都有一份有偿工作,但前者的工作更具有私人性,并没有像恩格斯所说的,走出家门,参与社会性的生产。在马西看来:"走出家门工作对父权秩序造成的威胁表现在两点:它威胁到了女性充分扮演家庭角色,即照顾男性和子女的能力,同时,它为女性提供了一个入口,让她们得以进入公共生活,进入男女共同工作的公司,进入一种除了家庭和丈夫还有其他内容的生活。"① 所以,就哈克尼区的性别分工来看,父权制在这里并没有受到很大的动摇,而且哈克尼的女性的家庭作坊工作还面临着另一群男性力量的介入,那就是大批的外来移民(另一种"他者"),他们在移民社区中同样从事着家庭手工业,并随时准备取代当地女性在这个行业中的地位。到了20世纪中后期,哈克尼区的性别分工与性别关系并没有发生多少改变,加之第三世界国家廉价劳动力的竞争,哈克尼的家庭作坊的生存压力比以往更大。虽然制衣业已经形成了一套完整的流水线工业生产模式,但大型公司并不打算来这里投资办厂,因为这个地区并不具有吸引力。跨国公司通常会选择到发展中国家或大城市周边的卫星城去投资,因此地处伦敦市区的手工业女性从业者们显得比较尴尬,她们的境况和兰开夏女性工人阶级有些类似,全球层面的劳动空间分工的结果,对哈克尼区和兰开夏的女性来说或许不是一个利好消息。

最后一个要讨论的地区就是东英格兰的芬兰区,这是一个农业生产区,也是比较传统的地区。这里生活着很多无地的农业无产者,在这里的农业劳动中,女性要承担繁重的农活以获得微薄的收入。不过,19

---

① Doreen Massey, *Space, Place and Gender*, Minnesota: University of Minnesota Press, 1994, p.198.

世纪的父权思想似乎并不太能接受当地女性外出从事农活,对于这种思想,在马西援引张伯伦(Chamberlain)的一段描述中可见一斑:"亨利·亨特博士在1864年写给枢密院的报告中写道:她们通过双手劳动获得报酬从而获得社会独立感,无论她们是在田间劳动,还是在家里从事堆草劳动,都令农村女性的道德和体面尽失……依靠男人过活才是她们谦逊和可爱举止的来源。"[1] 这是父权观念对女性离家外出工作的一种典型反应,但是从事农业生产的女性很难像棉纺织区的女性那样拥有较强的独立性和自我意识,因为农业与工业的产业特征不同,前者具有较强的生产季节性,而后者的生产活动和收入相对稳定,并且工厂的生产模式能让女工形成较强的组织纪律性。所以,农业生产区的女性虽然也一样要外出劳动,但依然处于父权观念的强大统治之下。即便是到了20世纪后半叶,农业生产区的性别关系几乎也没发生什么变化。这一时期,虽然也有一些企业到芬兰区旁边的城镇投资办厂,但由于交通不便等原因,芬兰区的女性很少到镇上的工厂里工作,她们对很多事情的看法仍然和一百年前一样,父权制在农村地区依然有着坚实的基础。

马西对英格兰四个地区和产业的时空比照,全面呈现出了性别分工与性别关系的空间形态。尤为值得重视的是,在性别分工决定性别关系的公式中,还应该考虑空间结构这个重要的变量。对于同一个女性而言,身处不同的地区很可能就意味着面临不同的劳动分工和性别关系,女性主义的自主观念其实是在劳动分工的过程中形成的。空间结构的差异性具有更为根本的决定意义,它直接影响了性别分工的各种可能性,并在这些可能性中演化出不一样的性别权力关系。

---

[1] Doreen Massey, *Space, Place and Gender*, Minnesota: University of Minnesota Press, 1994, p. 200.

第五章　多元开放的后现代空间政治经济学批判

第一节　保卫空间：同期异质性与空间假想之辨

马克思在对经济关系及其发展问题的思考中迈向了历史唯物主义，与此相似的是，多琳·马西在对产业区位理论、劳动的空间分工的探索中将目光转向了空间哲学。当然，马西并不是唯一一位反思空间本质的学者，但与其他的哲学家、社会学家不同，她从区域经济、生产关系、阶级关系等问题出发，层层推进，最终把关注点放在关系空间的层面上，正是基于这种特有的研究路径，使得马西的空间理论具有很强的政治经济学色彩。她对空间问题的分析扎根于经济关系之上，进而探讨了经济关系与空间的双向互动（劳动的空间分工）及其后果，从分析模式来看，属于历史唯物主义的逻辑范畴。这种分析思路与大卫·哈维、爱德华·苏贾所倡导的历史—地理唯物主义可谓殊途同归，只不过马西没有运用这个名词而已，但在方法论上是一致的（不过马西从反本质主义的角度批判了决定论）。如果我们继续进行对比的话会发现，历史又一次惊人地相似，在《德意志意识形态》中，马克思、恩格斯运用历史唯物主义的分析方法，对以费尔巴哈、鲍威尔、施蒂纳为代表的德国哲学展开了批判；相应的，马西则是以唯物主义的空间观为依托，对西方理论界中的"唯心主义"空间观展开了批判。虽然不能说马西所批判的空间观都是属于唯心主义的，但其中很大一部分，特别是两类空间假想（历时性与共时性假想）中的一些观点具有与现实不符的唯心成分。在马西的空间批判与反思的著作中,最具代表性的要数《保卫空间》,正如前面所提到过的,之所以选用这个书名是因为马西要向她的"法国哲学血统"的来源——阿尔都塞致敬。马西最初的想法是要将此书命名为《空间的喜悦》,以彰显她对空间的同期异质性的惊叹,不过幸运的是她选择了前者。可以毫不夸张地说,《保卫空间》是马西空间理论的宣言书,代表了她最后的空间哲学立场。在这部著作中,她回应了西方理论界中一部分反空间的知识传统,批判了错误的空间假想,并且呼喊出了那一代地理学人的共同心声:"地理学很重要!"

一 马克思主义与现代地理学的邂逅

马西曾感慨 20 世纪六七十年代的西方理论界低估了地理学的重要性,在很多时候人们仅仅将地理问题视作空间上的距离,这让很多地理学家处于一个尴尬的境地,那就是他们所研究的很多问题都只是在为其他社会科学做注解,或者只是其他学科的一种绘图工具。甚至在有些学者看来,地理完全可以被历史所取代,"好像世界存在于针尖之上,没有距离,没有空间差别。换言之,其他社会科学的重要规律大部分都是无视空间的"[①]。当然,这种现象不单纯是那个时期才有的,它起源于西方理论界中一些反空间的知识传统,特别是在西方马克思主义的分析逻辑中体现得最为明显。前面我们提到过,马克思主义中隐藏着空间逻辑,由于一些主客观因素,空间逻辑并没有在当时那个环境下得到彰显。例如在《德意志意识形态》中提到了城乡分工,在《英国工人阶级状况》中展现出的劳动分工的空间形态,在《论住宅问题》中涉及的工业化与城市化的问题等,都有着一定的空间思考。但是空间逻辑在马克思、恩格斯之后并没有得到很好的延续,人们关注的焦点是国际主义的阶级斗争、国家消亡的历史必然性或者是作为一种封闭体系的民族国家的政治经济学问题。这些关注焦点的形成和当时世界范围内出现的民族解放运动和激烈的工人运动有关,当然也和马克思的某些理论观点

---

① [英]多琳·梅西:《空间的诸种新方向》,载[英]德雷克·格利高里、约翰·厄里《社会关系与空间结构》,谢礼圣、吕增奎译,北京师范大学出版社 2011 年版,第 10 页。

有关。马克思在批判黑格尔的唯心主义的同时,也"将历史性—革命的暂时性—恢复到优先于空间性精神的首要地位"①。也正因如此,一些理论家在延续马克思主义对黑格尔的批判性时形成了反空间的立场,例如卢卡奇在《历史与阶级意识》中将地理与空间分析视为一种受到资本操控的虚幻的意识,反对将历史进行地理学上的解释。到了斯大林时期,这种反空间的立场得到了进一步强化,斯大林在把马克思主义树立为实证主义科学方法的同时,也树立了一种有关经济因果关系的思维模式,"文化、政治学、意识、意识形态以及伴随这些问题而来的空间生产,被还原为经济基础的简单反映。空间性沉溺于经济主义,因为它与物质存在的其他因素的辩证关系业已断裂"②。

不过随着马克思主义著作在20世纪的再发现,反空间的立场有所动摇。马克思在《政治经济学批判大纲》(或称《1857—1858年经济学手稿》)中对时空问题进行了较为直接的分析,在这个文本中,他详细考察了资本的流通时间和空间距离的相互关系,分析了"时间消灭空间"的现象,这个问题在当代地理学界也引起了一些波澜。在第一章已经分析过,马克思当时的这种说法还谈不上反空间的问题,而是空间逻辑在他的文本中的显露,在这个文本中,人们隐隐约约看到了资本主义的地理扩张和世界贸易的问题。但遗憾的是,《政治经济学批判大纲》一直到了20世纪才得以刊印传播,"其两卷本于1939年和1941年先以俄文面世。第一个德文版出现于1953年,第一个英文版出现于1973年"③。这意味着,马克思的这部著作在完成了一个多世纪后才被英语世界所发现,这在一定程度上颠覆了人们对经典马克思主义中是否具有空间视野的看法。因为在传统的《资本论》中,人们看到的只是一个没有空间差异的资本主义社会,但《政治经济学批判大纲》的出现则揭示了马克思对时空问题的关注,对世界市场、殖民地市场、国际

---

① [美] 爱德华·W. 苏贾:《后现代地理学——重申批判社会理论中的空间》,王文斌译,商务印书馆2004年版,第132页。
② [美] 爱德华·W. 苏贾:《后现代地理学——重申批判社会理论中的空间》,王文斌译,商务印书馆2004年版,第133页。
③ [美] 爱德华·W. 苏贾:《后现代地理学——重申批判社会理论中的空间》,王文斌译,商务印书馆2004年版,第130页。

贸易、交通技术的研究旨趣。这也促使了一批西方马克思主义者开始反思自己所持有的空间立场。

在这场空间反思中，法国知识界作出了最早的回应，这当然也得益于他们探索空间问题的传统，因为早在17世纪，空间问题就已经是法国政治经济学的研究主题。同西方主流的反空间的知识传统相比，法国的空间研究传统可以算作一种支流，正是在这样的背景下，法国马克思主义在发展过程中继承了探索空间问题的知识传统，在西方理论界中独树一帜，这就不难解释在60年代末为什么是法国哲学家率先吹响了"空间的号角"，从福柯到列斐伏尔莫不如是。在此我并不打算详细罗列法国学者们有关空间问题的著作，我们只需要了解法国理论家对英美学者的影响就会发现，法国哲学确实是空间理论的策源地，换句话说，法国为人类保存了探索空间理论的火种。在西方知识界进行"空间转向"的70年代，列斐伏尔、哈维、卡斯特被称作当时的空间理论"三剑客"，但从他们的贡献来看，哈维与卡斯特恐怕无法与列斐伏尔并驾齐驱，他们二位与列斐伏尔之间存在着某种"师承关系"，如果哈维和卡斯特能被算作理论家的话，那么毫不夸张地说，列斐伏尔就应该被看作天才！例如列斐伏尔的《空间的生产》为空间理论开创了全新的境界，而哈维在此后提出的"空间修复"理论基本上是对空间生产理论的一种延续，充其量是对空间生产理论的再阐释或再运用。而卡斯特与列斐伏尔则具有更直接的关系，他在深受列斐伏尔影响的同时也向英语世界译介了列斐伏尔的思想，不过在这个过程中，卡斯特对列斐伏尔的一些观点持批判的态度，尤其是批判列斐伏尔可能具有的"空间独立主义"和空间拜物教倾向。法国知识界对六七十年代的英语世界来说无疑具有标杆式的意义，尤其是1968年法国巴黎的"五月风暴"可以说影响了一代西方学人，这次运动与冷战、越战、经济危机、左翼思潮有着深刻的联系，成为了整个西方知识界在诸多问题上的一个转折点，同时也确立了法国哲学在英语世界中的引领地位。包括多琳·马西在内的很多学者在70年代受到法国哲学的影响，从而完成了思想上的转变，正是在那个时期，马西由一般的社会主义立场转向了马克思主义，并将马克思主义引入地理学，为她今后提出劳动空间分工理论奠定了基础。

由此可见，正是由于法国知识界的重要影响，才使得众多西方学者开始批判反空间的知识传统。当然，法国的影响力主要体现在理论层面上，这种影响力不是唯一使人们反思空间问题的因素，还有一些客观因素，例如第二章中谈到的工业化与城市化的进程、全球时空压缩的出现、企业为降低成本的选址战略等问题。总而言之，20世纪60年代后，西方知识界对于空间问题的思考，用苏贾的话来说，实质上就是西方马克思主义与现代地理学的一场久违的邂逅。

二　空间性与社会性：不可割裂的辩证法

空间理论的发展与地理学分析方法的演变是分不开的，对于空间性与社会性的相互关系的反思，是针对所谓"空间科学"而展开的。20世纪60年代，地理学迎来了一场"量化革命"，实证主义地理学成为主流，哈维在1969年出版的《地理学中的解释》就是这方面的典范。对于很多人文地理学者而言，60年代是一个"黑暗的时代"，是一个被数学模型和中立的技术所掌控的时代。人们相信"仅仅通过经验规则就可以发现（只要你能进行足够的观察）科学'规律'，是数学（或数学中的问题）而不是现实世界的问题指导了研究的方向"[1]。在这个一切都被量化的时代，地理学渐渐迷失了自我，似乎这个学科存在的意义只是给历史学、政治学、经济学、社会学充当工具而已，每个学科都具有自身独特的研究领域，而真正属于地理学的就只剩下距离和图绘功能了。这种由实证主义确立起来的"空间科学"将自己的研究对象定位为空间规律和空间关系的原则，在这片空间规律的"净土"中是不考虑社会关系的，它是"一个纯空间的世界，有一些没有实质和内容的空间规律，并且有一些可能脱离社会环境的空间过程"[2]。这样的研究思路造就了康德式的二元对立，即空间与社会过程的对立。在具体的学科关系中表现为地理学孤立于其他的社会科学之外，而仅仅将其参照的

---

[1] ［英］多琳·梅西：《空间的诸种新方向》，载［英］德雷克·格利高里、约翰·厄里《社会关系与空间结构》，谢礼圣、吕增奎译，北京师范大学出版社2011年版，第9页。
[2] ［英］多琳·梅西：《空间的诸种新方向》，载［英］德雷克·格利高里、约翰·厄里《社会关系与空间结构》，谢礼圣、吕增奎译，北京师范大学出版社2011年版，第10页。

标准建立在社会物理学与统计生态学之上。不过,这种局面并没有持续太久,进入70年代,伴随着"空间转向"的进程,许多学者对地理学的实证主义方法展开了批判,这其中最具戏剧性的转变是哈维1973年出版了《社会正义与城市》,这部著作的出版表明他放弃了以往的实证主义研究方法,转而去思索"社会空间哲学"。与此同时,一批激进的左翼地理学家创办的刊物《对立面》(*Antipode*)成为探索空间性与社会性的重要阵地。这一系列空间反思所取得的重要成果是将空间性与社会性关联起来,主张透过社会结构、社会过程来理解空间,同时将空间因素的特殊性作为解释社会关系的重要变量。

  为了说明空间与社会过程的相互关系,我倾向于引入苏贾的"空间性"(spatiality)这一术语。在一般的语境下,人们谈到空间(space)这个概念时不太容易把它和社会活动联系到一起,通常想到的是物质的或几何学意义上的空间,抑或是外太空、宇宙空间这样的概念,总而言之是自然给定的一种"容器"(container)。特别是经历了60年代的"空间科学"的发展,空间概念的内涵基本被固化了。为了彰显一种不同于空间科学的空间概念,苏贾提出了空间性的术语。在这里,空间性指的是与社会过程、人类的主观能动性紧密相连的场域,因而它是一种人造结构、一种有组织的空间。对此,苏贾指出:"空间在其本身也许是原始赐予的,但空间的组织和意义却是社会变化、社会转型和社会经验的产物。"[①] 苏贾的贡献在于将空间及其社会性的关联进行了概念化的总结,从而在语境上避免了很多歧义,揭示出了社会—空间的辩证关系。当然,苏贾并不是唯一作出概念区分的人,列斐伏尔就曾作出过自然界与"第二自然界"的区分,而后者指代的就是空间性。西方学界在20世纪70年代以来经历了一系列空间反思、空间激辩后,达成了一项基本共识——"空间是一种社会建构,社会亦是一种空间建构"。多琳·马西同样是这个观点的持有者和捍卫者,她在《保卫空间》的开篇就把自己的空间理论立场从三个方面清晰简要地和盘托出,她认为,

---

 ① [美]爱德华·W.苏贾:《后现代地理学——重申批判社会理论中的空间》,王文斌译,商务印书馆2004年版,第121页。

首先,"空间是相互关系的产物;是经由大到地球、小到苍蝇的事物相互作用构成的"①。这个观点现在已经是地理学、城市社会学中的一个共识。其次,马西概括了空间性的本质特征,指出空间是一个异质性同时并存的领域,具有多样性。最后,她指出,空间总是处于建构之中,是社会性与空间性相互作用的双向过程。这个观点是劳动的空间分工理论的一个重要结论,她通过劳动分工的空间化和由此产生的空间结构失衡的分析,揭示出"空间是从社会方面建构的,反过来,社会的东西必然有着某种空间内容和形式"②。相比其他学者而言,多琳·马西对于空间性的理解具有很强的政治经济学色彩,在整个劳动的空间分工理论中,几乎所有的结论都能指向"空间是一种社会建构"这个命题。例如,本书第二章提到的科层体系的空间化的现象,控制管理和执行职能的分工出现了空间分离,导致了不同空间阶级关系和权力结构的改变,英格兰东南部成为了成功人士的"俱乐部",而北部地区则是劳工阶级的空间。换言之,正是生产关系的运作、劳动分工的配置塑造了英格兰不同地区的空间形态,并且在这个过程中进一步强化了空间的多样性与差异性。而马西提出的权力几何学概念恰恰就是对这种由社会过程所塑造的空间现象的解释。

对马西而言,需要重点论证的其实是相互作用的另一面,即"社会亦是一种空间建构"。在人类总体的社会过程中,生产关系的发展处于中心地位,而生产关系又是在空间中运作的,一定程度上会受到具体的社会地理环境的制约,有时甚至会直接影响经济关系的特征。例如,跨国资本为了降低劳动力成本,往往会进行区位选择,将生产部门设置在具有廉价劳动力储备的欠发达国家,这种情况在服装业、电子行业、制造业中很常见。这个时候如果把空间的差异性因素作为变量引入分析,就会发现在选址过程中至少会出现两种情况。在第一种情况下,企业成功找到了可以提供廉价劳动力的地区,生产部门进行空间转移,既节省了成本,又能使企业继续发展下去。由于获得了大量劳动力且生存压力

---

① [英]多琳·马西:《保卫空间》,王爱松译,江苏教育出版社2013年版,第13页。
② [英]多琳·马西:《劳动的空间分工:社会结构与生产地理学》,梁光严译,北京师范大学出版社2010年版,第345页。

降低，企业就不会选择推动生产自动化，或者说生产自动化的发展速度就减缓了，从而改变了企业的生产模式和管理结构。企业的管理和运作方式的改变会直接影响当地的就业状况和社会关系，这就是空间因素可能导致的连锁反应。第二种情况与此相反，不难想见，企业由于无法找到拥有廉价劳动力的区位，因而不得不推动生产自动化的发展，以便裁减员工，降低成本。这样做的直接后果，对企业而言是生产模式与管理方式的改变，而对相应的地区来说，则有可能制造出相对过剩人口，如果这样的企业在当地数量众多，甚至于是支柱性产业的话，那么企业推行的生产自动化就会引发一些社会问题，并且进一步改变阶级结构和社会关系。因此，"不仅是生产塑造了地理，历史演化而来的空间建构（既包括空间分化的事实，也包括其特定的性质）对积累本身所采取的过程也产生着影响。"①

空间因素的差异不仅影响了企业的生产过程，有时也制约着社会阶级关系的变动，在不同的地理环境和语言文化中，阶级矛盾的程度、工人阶级的组织能力也很不一样。例如，比利时的佛莱芒区和瓦隆区就有着不一样的社会结构、语言文化和民族构成，这导致比利时国内围绕着这两个族群文化的斗争时有发生，而且要组织一个全国性的政府往往会遇到很多阻碍。最能体现空间因素对社会关系制约性的例子出现在佛莱芒区，当地政府为了减弱工人阶级的组织性，采取了空间分散的策略，对此马西援引了曼德尔（Mandel）的一段描述："极其廉价的铁路季票体系，确保了这个经济体系中的劳动的极大流动性，同时使工人可以永久地留在他们故乡的村落里。立法上对购买土地的鼓励，有助于使这些工人成为散布于乡村和铁路沿线的小村舍的所有者。"② 这样做的直接后果是工人每天上下班的通勤时间占据五六个小时，工人阶级的组织性和斗争性就在空间分散与当地政府的土地政策下瓦解了，这和瓦隆地区工人阶级的集中性形成了鲜明的对比。虽然今天佛莱芒的工人数量已经

---

① ［英］多琳·马西：《劳动的空间分工：社会结构与生产地理学》，梁光严译，北京师范大学出版社 2010 年版，第 52 页。
② ［英］多琳·马西：《劳动的空间分工：社会结构与生产地理学》，梁光严译，北京师范大学出版社 2010 年版，第 59 页。

超过了瓦隆地区，但由于空间分散的制约，佛莱芒的工人依然缺乏强有力的组织性，依然是资本能够轻易压低工资的对象。由此可见，空间因素在社会关系和阶级关系的形成过程中确实扮演着重要的角色。

三 历时性与共时性的空间假想批判

对于时间与空间的相互关系、时空与社会过程相互作用的形式等话题，一直以来就存在着诸多分歧与争论。有时候，论辩的几方看似是在针对某些具体议题进行争论，但实际上分歧并不产生于事件本身，很可能是因为他们抱持着对空间与时间的不同理解方式来参与讨论。很多学术上的分歧其实是不同的思维方式和分析方法导致的（除非存在特定的立场或利益冲突，这种情况例外），如果看待时空的方式不同，那么时空中所发生的事件必然就会呈现出不同的面貌。在全球时空压缩程度日益加剧的情况下，不少哲学家、政治学家、社会评论家对空间中的日常生活、社会变迁、时事政治作出了不一样的评述，其中很多话题都与理解空间的方式有关，在此着重探讨两类存在偏差的空间假想，即：具有决定论色彩的历时性空间假想和结构主义的共时性空间假想，前者使空间的差异性融入时间序列之中，而后者则将空间视为静止的、僵化的状态。这里提到的"历时性"（diachronic）与"共时性"（synchronic）采用的是语言学家、结构主义之父费尔迪南·德·索绪尔（Ferdinand de Saussure）提出的概念，这是语言学研究中的两种分析方法。具体而言，历时性的分析方法侧重于从纵向的、动态的角度分析问题；共时性的分析方法则侧重于静态和横向的分析视角。

（一）历时性的空间假想：时间征服空间

在索绪尔看来，人们在话语表达的过程中不得不遵从一种线性序列，头脑中的想法需要通过话语一词一句地表达出来，而无法做到把好几句话同时说出来。在语言学或符号学的研究中，历时性不仅代表着符号的发展与演变，在人们的表述中也同样存在着历时性。说到这里，我们似乎能听到维特根斯坦若隐若现的呼喊：哲学必须直面语言！确实，语言表述的历时性特点直接影响到了人们的逻辑思维方式，也就是说在对于存在差异性的同类事物的分析中，人们往往会不自觉地运用历时性的思维方式进行分析评价，当涉及时空关系的问题时，就会使空间让位于时间，使空间差异性融入时间序列之中。特别是在面对空间多样性的时候，人们会形成一种历时性的空间假想，即把不同国家和地区的文明进行线性排列，将各式各样的文明放置到单一化的历史进程中，并为它们贴上"先进"与"落后"的阶段性标签。这其中最有代表性的案例莫过于"罗斯福推论"和威尔逊主义，这些观念具有强烈的时间上的优越感，在"罗斯福推论"中，美国被赋予了世界警察的角色，有着维护世界秩序的重任，1902年美国对菲律宾的殖民战争取得胜利后，西奥多·罗斯福总统发表讲话称："胜利的文明压倒了代表黑暗与混乱的野蛮人……战争扩展了文明的边界，以几个世纪的野蛮和残暴为代价，这是人类文明进步史上最有利的因素之一。"① 有意思的是，就在同一年，候任总统伍德罗·威尔逊对此发表的看法是："我们必须进行统治……他们必须遵守那些规矩……在政府管理和司法问题上，他们是孩子，我们是成人。"② 再没有比这种殖民主义的立场更能体现单一历时性对空间多样性的傲慢与偏见了，这样的叙述方式总给人一种暗示，那就是西方的白人文明要比亚洲或是非洲的有色人种文明更优越，作为一种"他者"的文明，仍然处于野蛮或半野蛮的状态，他们应该以西方世界为标杆，奋起直追。这里当然不是要排斥吸收和借鉴优秀的人类文明成果，而是说这样的分析方式扼杀了多种可能性的发展，整个世界会变得越发均质化，从而破坏了空间的同期异质性。

然而，在全球化不断加剧的今天，历时性的空间假想依然占据着主导地位，全球化被设想为单一时间线内的历史进程，那些前殖民地国家仍然需要在这个既定框架内"迎头赶上"。它们在线性的序列之中没有办法寻求另外的发展道路，必须朝着"必然的"未来前进。问题在于，这种主流的全球化是由欧美发达国家所主导的，是美国模式或者西欧模

---

① David Slater, Space, Democracy and Difference: For a Post-colonial Perspective, in David Featherstone and Joe Painter, eds. *Spatial Politics*: *Essays for Doreen Massey*, Hoboken: A John Wiley & Sons, Ltd, 2013, pp. 72 – 73.

② David Slater, Space, Democracy and Difference: For a Post-colonial Perspective, in David Featherstone and Joe Painter, eds. *Spatial Politics*: *Essays for Doreen Massey*, Hoboken: A John Wiley & Sons, Ltd, 2013, p. 73.

式在全球的复制,这一进程否定了空间的多样性,那些没有选择美国模式或西欧发展道路的国家被轻率地断定为"落后",这让人不禁怀疑今天的全球化在多大程度上还保留着殖民主义的因素。对于高科技产业发展来说,我们或许还能通过定量的方式来衡量先进与否,但对于空间的多样性,包括发展模式、族群文化、未来趋势而言则很难断定谁更先进谁更滞后,并且其结果很可能是开放的。同样,对于各国的发展道路而言,一国的成功之路不见得可以成为他国的康庄大道,正像布鲁诺·拉图尔(Bruno Latour)所指出的,"正是在全球化话题谈论得如此多的时刻,才更加不相信美国的未来和过去会成为欧洲的未来和过去"①。值得注意的是,将空间差异融入时间序列的思维模式,会使国际社会中的贫富差距和政治经济上的不平等合法化,取而代之的解读是先进和落后之间的差距,那么所谓"欠发达"地区受到"发达地区"压制和剥削的事实也就被很轻易地掩盖过去了,那些"落后"地区永远只能跟在后面亦步亦趋,从而丧失了自身未来发展的多种可能性,成为了在全球化浪潮中彻底的失败者。

对于上述历时性的全球化认知,马西提出了"非空间的全球化"(aspatial globalization)这个术语加以指代。这个概念要强调的是单一线性的全球化进程的基础是将空间融入时间,多样性将湮灭于必然性的时间长河中。事实上,"全球化不是一场单一的无所不包的运动(它也不能被想象为西方和其他经济权力中心越过广阔的'空间'平面向外扩张)。它是一种空间的制作,一种通过多元化轨迹的实践与关联达成的积极的再塑形和邂逅,而且正是在这里,隐藏着政治"②。因此,承认空间的多样性就意味着改变对全球化的认知方式,当今的全球化概念是基于西方的发展经验和历程而建立起来的,对全世界而言,并不存在某种普遍均一的全球化进程。当然这样的反思也不仅仅存在于"发达"国家与"落后"国家之间,在西方国家之间也爆发过抵抗行动。例如,1999年法国农民联盟全国总书记弗朗索斯·迪富尔(Francois Dufour)

---

① [英]多琳·马西:《保卫空间》,王爱松译,江苏教育出版社2013年版,第115页。
② [英]多琳·马西:《保卫空间》,王爱松译,江苏教育出版社2013年版,第116页。

和若泽·博韦（Jose Bove）带领300人象征性地拆除了法国一家在建的麦当劳分店，其目的是要抗议类似于麦当劳这样的跨国公司接管世界。此举似乎存在着某种排外主义的色彩，与全球化的趋势显得格格不入。但事实上，博韦和迪富尔的举动并不是出于某种封闭的地方保护主义，而是抗议在全球化的进程中缺乏民主。正如迪富尔所强调的那样："我们所反对的不是他们的文化……但跨国公司必须尊重我们的差异、我们的认同。我们不想在我们的食物中有激素……将激素强加给我们意味着我们对自己所想要的食物和文化的选择的自由受到了严重限制。"① 这是一种对地理特殊性的呼唤，也是对历时性空间假想的反抗，对于单一时间性的全球化而言，我们或许可以寻求一种尊重空间多样性的全球化，将空间从时间线中释放出来，从而让未来拥有更多的开放性与可能性。

（二）共时性的空间假想：空间征服时间

在结构主义的时空分析话语中，占主导地位的是共时性假想。在具体的论述中，结构主义总是试图避免将世界地理变成一种历史叙述，主张让研究对象超越历史时代和文化变迁的限制，使其处于一种共时形态中，以便"摆脱从野蛮到文明的进步假设，结构主义转向了结构、空间和共时性这些概念。结构取代了叙事，共时性取代了历时性；空间取代了时间"②。最终形成了结构/空间性/共时性的分析方式。采用共时性的角度来看待空间的后果就是将空间认定为一种再现（representation），或是认为再现即是空间化，例如拉克劳（Laclau）就认为空间是再现的封闭体。这里说的再现正如一张照片，照片中的空间环境、人物等永远都定格在那个时刻，在这张照片中，时间是静止的。再比如一幅地图是一种对空间的最典型的再现，通常交通图和行政区划图的更新频率是最高的，而地形图的变更速度则要慢一些，这些变更都说明了空间环境随着时间的流动而不停变动，而再现本身是不会随着时间变更的，因此马西指出："松散的结尾和正在延续的故事对制图学来说是真正的

---

① ［英］多琳·马西：《保卫空间》，王爱松译，江苏教育出版社2013年版，第230页。
② ［英］多琳·马西：《保卫空间》，王爱松译，江苏教育出版社2013年版，第51页。

挑战。地图当然是变化的。"① 从这一点我们也可以隐约发现，将空间等同于再现，忽视时间的变动，甚至声称空间征服了时间，这样的观点其实是站不住脚的。

对于"空间征服时间"的问题，沃克（Walker）的描述最为到位，他说："对历史和时间性的现代陈述，受到一种企图的引导：试图将正在逝去的瞬间捕获到一种空间秩序之中。"② 其实这样的空间假想并不少见，许多时候我们不经意间就处于这样的误区当中。那些具有文化优越感的入侵者或殖民者对那些被他们征服了的土地的看法，同样具有"空间征服时间"的特点。在殖民者眼中，殖民地仿佛是一个等着他们来征服的静止的空间，在那里没有历史。当然，那里并非没有历史，而是因为殖民者通常都会无视原住民的历史和各样的轨迹。1521年，西班牙军队在埃尔南·科尔特斯（Hernán Cortés）的率领下，进攻美洲的阿兹特克，同年8月，占领了特诺奇蒂特兰（Tenochtitlan），这座城市就是今天的墨西哥城。这是美洲古文明和西班牙文明的碰撞，然而在征服者眼中，这是一次发现之旅，发现了一片静静等待他们来征服的土地，那些阿兹特克人似乎是"躺在那里，在空间上，在地点上，没有他们自己的轨迹。这样的空间使我们心灵的眼睛更难以看到阿兹特克人也一直在经历和生产自己的历史"③。也正是由于征服者的这种态度，致使这个美洲古文明遭到了极大的破坏，整个阿兹特克文明被彻底毁灭，更别说文化多样性的延续了。征服者往往会将一个处于劣势地位的民族想象成"没有历史的民族"，正如马西说的那样，他们"让旅程另一端的那个地方一丝不动——将其悬搁起来等待我们的到来；它是将旅程本身设想为一种单纯的越过某些被想象成静止平面的运动"④。这是一种典型的忽略空间的历时性（时间性）而夸大空间性本身的假想，换言之，共时性空间假想最大的问题就在于只是将不同的空间静止地并置在一起，而没有意识到空间的同期建构性。

---

① ［英］多琳·马西：《保卫空间》，王爱松译，江苏教育出版社2013年版，第147页。
② ［英］多琳·马西：《保卫空间》，王爱松译，江苏教育出版社2013年版，第40页。
③ ［英］多琳·马西：《保卫空间》，王爱松译，江苏教育出版社2013年版，第7页。
④ ［英］多琳·马西：《保卫空间》，王爱松译，江苏教育出版社2013年版，第165页。

针对"空间即是再现"的观点,马西继续展开着批判,这种观点是人们日常思维方式容易得出的结果,对此她援引了雷蒙·威廉斯(Raymond Williams)一段很有代表性的描述:"一位扎着头巾的妇女弯腰用一根棍子清理沟渠。对火车上的过客来说,她将永远在做这一件事。她被定格在那一刻,几乎一动不动。"[①] 她似乎是陷入了永恒的瞬间当中。实际上任何一种空间都是随着时间流而不断变动着的,对空间的再现只能反映出某时某地的空间,并不能代替空间本身及其发展结果,我们乘坐火车开启一段旅程,火车穿过的不仅仅是一个平面空间,它穿过的也是各种发展变化的多元轨迹。关于空间随着时间的变动性,马西指出:"你半小时之前所离开的伦敦不是此刻的伦敦。伦敦已经前进了。生活急速推进,伦敦城里已经进行了投资和收回投资,它已经开始下起倾盆大雨(他们曾说将要下);一个关键的会议不欢而散;有人在大联合运河逮到了一条鱼。"[②] 马西的这个论述要强调的是空间具有的建构性,空间无时无刻不处于社会性的建构之中,此时的空间已经不同于彼时的空间,正如古希腊哲学家赫拉克利特的那句名言:人不能两次踏进同一条河。就连马西在寻找儿时记忆时也会陷入这种"空间即再现"的误区当中,有一次她和姐姐回家看望父母,母亲给她们做了巧克力蛋糕,那是她们儿时喜爱的味道,但当她发现这个蛋糕和以前的不一样时,她显得十分沮丧,因为她不知道在她离开的这几年,她的母亲改进了蛋糕的做法。据此,马西反思道:"你不可能回到时空中。认为你能够回到时空中,是剥夺了他人的一直在变的独立的故事。"[③]

总之,如果把空间假想为一种再现,就意味着将空间视为一个静态片断,设想为一个封闭的系统,而事实上,时间和空间是相互交织的,强调"空间征服时间"就意味着忽略了空间的不断建构性。

---

① [英]多琳·马西:《保卫空间》,王爱松译,江苏教育出版社2013年版,第164页。
② [英]多琳·马西:《保卫空间》,王爱松译,江苏教育出版社2013年版,第163页。
③ [英]多琳·马西:《保卫空间》,王爱松译,江苏教育出版社2013年版,第172页。

第二节 空间的多元性、开放性与动态建构性

一 多琳·马西的空间观面临的诸种挑战

如果说阿尔都塞的《保卫马克思》是对马克思主义人本主义解读的一种反驳，保卫的是马克思主义的科学性的话，那么多琳·马西的《保卫空间》则是在应对各种空间观念的挑战中，捍卫空间的多元性、开放性和动态建构性。在这场"空间保卫战"中，马西所面临的有来自恩斯特·拉克劳（Ernesto Laclau）的挑战，拉克劳对空间的分析依然局限于"空间—再现—静止"这样的意义链当中。与此相类似的挑战来自米歇尔·德·塞托，虽然其尝试在战略与战术的区分中寻找平衡点，可仍旧在不经意间陷入到了时间与空间的二元对立之中。当然还有亨利·柏格森将空间降格为时间的从属物等。这些学者的研究切入点虽然是空间与时间的相互关系，但其推导出来的结论，剑锋直指马西对空间概念的理解，如果这些观点成立，那么空间的多元性和动态建构性将会受到挑战。此外，对于地方与空间规则的讨论也引起了马西的警惕，例如大卫·哈维强调空间具有封闭性，将空间的主要规则理解为具有自我保护功能的封闭的城堡，强调地方在对抗全球资本主义势力入侵中的"战斗性的特殊意义"（militant particularism），这种封闭性所保卫的不仅仅是地方的物质利益，还有"集体记忆的所在"。与哈维观点相反，则是强调空间的开放性及其进步性，而忽略了空间客观上存在的封闭性（不论这种封闭性是进步的还是反动的，都是客观存在的）。马西正是在分析了各种观点的基础上，将空间的封闭性与开放性有机统一到了一起。最后，值得一提的是，随着当今通信技术和交通运输能力的极大提升，人与人之间的空间距离被"缩短了"甚至是"废除了"，空间中的间隔似乎变得微不足道，当然这主要是由即时性（instantaneity）的产生所造成的，因此诸如比尔·盖茨（Bill Gates）这类人都认为人类对于空间距离的征服预示着时间将废除空间。这样的观点，比传统意义上的"时间优先于空间"更进一步，直接质疑空间存在的必要性，这可以说

是现代科技对马西空间观的一种挑战。

（一）基于结构主义时空观的挑战

在共时性（synchrony）与历时性（diachrony）的二元对立中，结构主义者认为从分析方法来看，前者要优于后者。以一种简易的方式来理解，共时性是一种静态的横向的分析方法，历时性则是一种动态的纵向的分析方法。例如在语言学、美学、历史学的研究中，由于这两种分析方法的对立，从而产生不同的学派和观点。结构主义者在空间理论分析中力主共时性的角度，这是因为他们试图避免将世界地理变成一种历史叙述，主张让研究对象超越历史时代和文化变迁的限制，使其处于一种共时形态中，以便"摆脱从野蛮到文明的进步假设，结构主义转向了结构、空间和共时性这些概念。结构取代了叙事，共时性取代了历时性；空间取代了时间"①。最终，共时性和历时性的对立演变出了两类不同的分析方式：一类是结构/空间性/共时性，另一类是叙事/时间性/历时性。采用共时性的角度来看待空间的后果就是将空间认定为一种再现（representation），或是认为再现即是空间化，因而结构主义者通常将空间视为共时性的封闭体，或者说是再现的封闭体。这里说的再现正如一张照片，照片中的空间环境、人物等永远都定格在那个时刻，在这张照片中，时间是静止的。再比如一幅地图是对空间的一种最典型的再现，通常交通图和行政区划图的更新频率是最高的，而地形图的变更速度则要慢一些，这些变更都说明了空间环境随着时间的流动而不停变动，而再现本身是不会随着时间变更的，因此马西指出："松散的结尾和正在延续的故事对制图学来说是真正的挑战。地图当然是变化的。"②从这一点我们也可以隐约发现，将空间等同于再现，忽视时间的变动，甚至声称空间征服了时间，这样的观点似乎是站不住脚的。

后结构主义似乎在空间理论上取得了一定的进展，他们试图赋予空间这个共时性的封闭体以动态效果，让空间结构具有时间性。拉克劳所描述的空间性的移位，就是对时间形式的一种构想，然而这种时间形式

---

① Doreen Massey, *For Space*, London：SAGE Publications Ltd, 2005, p. 37.
② Doreen Massey, *For Space*, London：SAGE Publications Ltd, 2005, p. 107.

所涉及的依然是结构主义的共时性，所谓的时间性只是对空间本身的一种体现，"一方面，一般种类的时间必须被归类为空间。另一方面，一般种类的空间（在这一场合即物理空间）必须被理解为时间性的"①。所以说，拉克劳虽然给空间注入了一定的时间性，但其本质依然没有脱离空间即是再现的这种结构主义的时空观范畴。德·塞托做过和拉克劳一样的尝试。他在《日常生活实践》中试图建立起战略和战术的分析框架来摆脱结构主义分析方法的束缚。"战略"类似于一种静态的、给定的、宏观的结构；"战术"则属于动态的、微观的、日常生活的实践。不过这种战略与战术二元对立的分析方法，同样会让空间与时间陷入对立的关系之中。因此，后结构主义虽然在分析方法上做了一些改进，但依然没有摆脱空间即是再现的封闭体这一基本观点，对于马西的空间观而言仍是一种挑战。

（二）"全球化"语境下对空间多样性的无视

在全球化的进程中，其主导力量往往是一些欧美发达国家，这就导致全球话语权和规则的制定权都落入到这些发达国家手中，相应的，这些国家也是全球化最大的受益者。因此有人指出，全球化其实是后殖民主义和霸权主义的新手法，这些强权国家完全按照自己的意愿来改造和安排发展中国家的未来，并且以自己的标准来区分"发达"与"落后"，这在一定程度上剥夺了各国各地区的独立选择权和由此带来的多种可能性，对空间多样性造成了破坏。马西将这种现象称之为"时间征服空间"。"在许多这类现代性话语中，同期差异（contemporaneous differences）已经被概念化为时间序列。空间体的多样性被当作只是时间队列中的各阶段。"② 简言之，就是空间异质性（spatial heterogenity）被并入到了时间序列之中，地方间的差异被当作是时间发展中的不同阶段，其后果就是不同区域间的差异和多样性被简单地贴上了"先进""落后"或是"发展中"的标签。例如在对比非洲文化和西欧文化时，片面地宣称非洲文化是滞后的、有待迎头赶上的，而西欧文化则是领先

---

① Doreen Massey, *For Space*, London：SAGE Publications Ltd, 2005, p. 44.
② Doreen Massey, *For Space*, London：SAGE Publications Ltd, 2005, p. 71.

的，是非洲的榜样，似乎再过一千年，非洲凭借自己的努力也能发展出西欧的文化一样。这种观点抹杀了空间的多样性，是一种无视"他者"轨迹的空间观，在这种观点中，只存在单一的历史发展模式，"对那些在队列中'滞后'的空间来说，未来缺乏开放性是这种轨迹的单一性结果"[1]。

其实，这种"全球化"语境下的时空观有一定的帝国主义传统，美国历史上出现过的"命定扩张论"和"罗斯福推论"就是最好的证明。前者认为美国成为一个全球力量是早已注定的，其扩张行动不仅合法而且是历史的必然；后者则将美国视为"国际警察"，全球无论何处进入无序状态，美国都有责任进行干涉。在菲律宾殖民战争期间，西奥多·罗斯福甚至宣称"战胜的文明压倒了代表黑暗与混乱的野蛮人"[2]。厄尔金斯对于英国殖民主义的描述，最能体现这种帝国主义时空观的传统，他写道："日不落那广袤的帝国是由一个帝国精神整合起来的，即文化使命……不列颠通过将所谓的土著人转变为'进步公民'的方式，将光明带向黑暗大陆……他们自命为那些倒霉'土著人'的受托者，在他们眼中这些人还没有进化到一定的高度来发展自身或作出对自己负责的决定。"[3] 在这样的观念中，空间已经丧失了多样性，剩下的只是帝国主义者眼中的善恶美丑，而"全球化"语境下时空观正是对它的一种延续。

（三）对于空间开放性与封闭性的简单二元对立

开放性（openness）与封闭性（closure）通常被视为空间和地方的基本规则，在许多学者的理论分析中，这两个特性在不经意间就被认为是简单二元对立的关系。一般而言，地方的开放性体现的是地方对于外部元素的一种包容性，并且地方的前景并不是注定的，它将伴随着多元

---

[1] Doreen Massey, *For Space*, London: SAGE Publications Ltd, 2005, p. 70.

[2] David Slater, Space, Democracy and Difference: For a Post-colonial Perspective, in David Featherstone and Joe Painter, eds. *Spatial Politics: Essays for Doreen Massey*, Hoboken: A John Wiley & Sons, Ltd, 2013, p. 72.

[3] David Slater, Space, Democracy and Difference: For a Post-colonial Perspective, in David Featherstone and Joe Painter, eds. *Spatial Politics: Essays for Doreen Massey*, Hoboken: A John Wiley & Sons, Ltd, 2013, p. 73.

轨迹的运动产生出多种可能性，具体体现在积极吸收外来文化，或是对于外地人采取包容的态度。例如，美国是一个在世界各民族及其文化的融合基础上产生出来的全新的民族国家，就是对这种空间开放性的体现；又如改革开放后的深圳，主要人口构成来自全国各地，而非生活于此三代以上的本地居民，也能很好地诠释这种开放性。

地方的封闭性则主要体现在地方对外部的排斥，其基本意图在于保护地方免受外部元素的侵犯，这种思想可以很好地体现在"净化空间"的论点上，例如将黑人和失业的闲汉排除在富人区外，以保证社区的安全和宁静，或是建立一个门禁社区，这体现的是一种典型的封闭性。哈维曾经援引《太阳报》来表明他对于门禁社区的态度，该报评论认为非洲裔美国人和低级阶层最有可能犯罪，因此有必要建立社区门禁制度，将他们和富人住宅区隔离开来，对此，哈维也强调："必须保护地方，使其免遭不受控制的空间性带菌者（vectors of spatiality）入侵。"①此外，封闭性也意味着地方的前景是单一的、注定了的，基本不会有太大的改变。

作为一个坚持地方封闭性的代表人物，哈维一直强调地方（空间）是"集体记忆的所在"，坚持这种封闭性的价值不仅是要捍卫一种地方认同感，更是要让地方成为抵抗全球资本流通的堡垒，他以2011年美国人"占领华尔街"的事例作为地方（城市）堡垒作用的明证，他指出："'占领华尔街'向我们显示，在没有其他办法的时候，在公共空间中的人的集体力量依然是最有效的对抗手段。"②

与哈维的观点不同，马西侧重强调地方的开放性，她在《保卫空间》中以德国的汉堡市为例，阐述了这个问题。汉堡是德国的第二金融中心，也是德国最重要的港口，这样的地位最能彰显的便是地方的开放性。无独有偶，1999年，人们在汉堡周边的易北河河床上发现了一块几千年前的巨石，这块巨石是被冰川从南边推来，并留在了这里。这

---

① ［英］蒂姆·克瑞斯威尔：《地方：记忆、想象与认同》，王志弘、徐苔玲译，台北：群学出版有限公司2006年版，第92页。
② ［美］大卫·哈维：《叛逆的城市：从城市权利到城市革命》，叶齐茂、倪晓晖译，商务印书馆2014年版，第162页。

样一个看似简单的发现，却促使德国放宽了移民政策并调整了公民权法。因为这块巨石让人们联想到了那些长期生活在德国，但却无法获得认可的移民，在社会力量和新闻媒体的呼吁下，2000年那些长期生活在德国的移民们终于获得了公民权。这样的事例不仅表明了地方的开放性，也让这种开放性具有了一些"进步"的色彩。

马西所提出的空间开放性和哈维所强调的空间封闭性，在一些学者眼中就是一种简单的二元对立。但是深入研究后我们会发现，开放性与封闭性并非简单的此消彼长的关系，而是相互交织的，它们的不同只是主次关系的区分而已，这也是马西一直以来所持的观点。

二 后现代空间政治经济学的特点

针对上述各方面的挑战，马西对这些空间理论进行了深入的分析、比照，她的这个分析过程也让我们发现上述这些观念主要呈现三个方面的问题：一是研究对象较为单一，对于空间的定义也比较狭隘；二是其推导出来的结论无法摆脱时间与空间此消彼长的二元对立的结构主义窠臼，这种二元对立的模式甚至影响到人们对空间开放性和封闭性的关系的认识上；三是其空间观干脆就是对殖民主义、霸权主义的延续，"强势"一方以拯救者的姿态来到一片"新的土地"，完全无视"弱势"一方的历史延续和地方多样性。对于这些问题和挑战，马西逐一作出了批驳，并且提出了一种全新的空间方法论，这一方法论的出现为我们分析现实的空间关系问题提供了有益的指导，它不仅巩固了马西空间观的理论地位，也使得其空间概念从理论走向了实践。

（一）坚持时空的不可分割性

前面提到结构主义将空间构想为一个共时性的封闭体，在这样的理论中，空间所具有的时间性被弱化了，它所导致的理论后果是空间的动态开放性将被遮蔽住。马西认为这种结构主义的空间观存在两个方面的问题：其一，"这种结构剥夺了与它们相关的物体本身的固有动态"[①]，在这种空间结构中，世界被固化了，其间的各种变动可能性也伴随着这

---

① Doreen Massey, *For Space*, London: SAGE Publications Ltd, 2005, p.38.

种固化被取消了。然而结构主义却在这种"变与不变"的问题上陷入了矛盾,他们既树立起了不变的一方,同时又承认存在着可变历史的另一方,所以摆在他们面前的问题就成了如何将可变与不变整合起来,而他们能提出的"解决方案"又是机械的、尴尬的,最终还是停留在二元概念的范畴中,时间的流动与空间的停滞依然是一种绝对的对立关系。其二,结构主义所设想的空间具有封闭性的特点,其共时性的分析方法将空间想象为一个环环相扣的封闭系统,这种静止停滞的系统剥夺了空间关系的互动性,整个空间画面和非时间性相结合,对空间体的关键特征造成了很大的破坏。

后结构主义虽然尝试赋予空间动态性,但其沿用的依然是空间和时间的两分法,正如马西对米歇尔·德·塞托评价的那样:"他对这一领域的阐述受到了他最初建立框架手法的拖累,此外,那一无所不包的结构仍是按照时间和空间的术语来进行概念化的,并且同样问题重重。"[①]在这里,空间依然是一种静止的再现,不论是拉克劳的空间移位,还是德·塞托结构与能动性的二分法,都停留在时间与空间的二元对立结构中,无法摆脱"空间—再现—静止"的意义链。

另外,对于殖民主义、霸权主义所持有的"时间征服空间"的观点,马西也展开了有力的批判。虽然全球化的浪潮席卷了今天的世界,但在马西看来这种主流的全球化是由欧美发达国家所主导的,是美国模式或者西欧模式在全球的复制,这一进程否定了空间体的多样性,那些没有选择美国模式或西欧发展道路的国家被轻率地断定为落后,"这种将同期的地理差异融入时间序列之中,这种将同期的地理差异转化为'迎头赶上'的故事,包藏了今日的关系和实践,以及资本主义全球化目前的循环圈内无情的与日俱增的不平等的生产"[②]。这样的全球化更像是殖民主义的延续,是一种非空间的全球化(aspatial globalisation)。对于科技水平的高低或许很容易断定,因为人们能够寻找到共同的评判标准,如工作效率、便捷性等都可以作为评定标准。但对于发展模式、

[①] Doreen Massey, *For Space*, London: SAGE Publications Ltd, 2005, p. 45.
[②] Doreen Massey, *For Space*, London: SAGE Publications Ltd, 2005, p. 82.

族群文化、未来趋势来说则很难断定谁更先进谁更滞后。

还有一种"时间征服空间"的观点来自现代科技的发展，随着信息技术和交通运输速度的极大提升，人类逐步征服了空间距离所带来的障碍，航空旅行可以让我们在十几个小时内就能抵达大洋彼岸，这在一百年前是难以想象的；电话通信技术则带来了即时性（instantaneity），参与通话的双方即便相隔千里，也能在一个共同体中同步通话，甚至于英国的一些电信公司在街头直接打出了"地理已经成为历史"的标语。就连比尔·盖茨（Bill Gates）这样的人也持有一种乐观主义政治学的态度，他们"不仅假设空间仅仅是距离，而且假设空间总是一种负担。在这种话语中，空间被坚持不懈地描述为一种限制"①。其实，这种观点的问题在于对空间概念的定义过于狭隘，从马西对空间的定义来看，时间是不可能废除空间的，因为空间不只是距离，而且是相互关系的产物，它是多元轨迹（故事）共存的领域。因此空间和存在于其中的轨迹是捆绑在一起的，一方面空间制约并影响着这些轨迹的发展，另一方面这些轨迹的运动也在不断建构着空间，空间距离的缩短并不能废除空间的多样性，"正是多样性的概念带来了空间性……所以，只要存在多样性，就将存在空间"②。

总而言之，如果将空间设想为一种再现，就意味着将空间视为一个静态片断，设想为一个封闭的系统，而事实上，时间和空间的概念体系是相互交织的，强调"空间征服时间"就意味着忽略了空间的不断建构性。马西强调空间与时间的不可分割性，"并不意味着它们是同一件东西，处于某些简单的思维性之中。它是说时间和空间相互不可分离……空间不可能是福柯所指的那种领域——死的，固定的；它也不可能是封闭的领域，或静止的再现的领域"③。

（二）强调空间开放性与封闭性的有机统一

前面我们提到德国汉堡那块古老的巨石以及哈维对门禁社区的思考。这两个事例分别代表了空间的开放性和封闭性，在这个分析过程

---

① Doreen Massey, *For Space*, London：SAGE Publications Ltd, 2005, p. 94.
② Doreen Massey, *For Space*, London：SAGE Publications Ltd, 2005, p. 91.
③ Doreen Massey, *For Space*, London：SAGE Publications Ltd, 2005, pp. 47–48.

中，人们很容易给开放性贴上进步的标签，而将封闭性贴上"反动"的标签，并将二者简单对立起来。然而从马西的分析中，我们发现情况并非如此简单，在实际情况下，封闭性和开放性是相互交织在一起的，人们在地方事务上的决策也很少是根据他们所认定的空间规则作出的，是什么决定了人们对空间规则的选择？

封闭性与开放性的关系不是绝对的，某些情况下，空间封闭性也具有正面意义。马西用邓尼印第安人的土地事件说明了这一点。马来西亚的伐木业巨头 WTK 在巴西西部买下了 31.3 万公顷的原始雨林，而其中有一半与生活在这里的邓尼印第安人的土地是重叠的，并且这项土地交易是在邓尼人完全不知情的情况下完成的。为了保卫自己的家园，邓尼人提出了抗议，最终在绿色和平组织的帮助下，政府同意在雨林中划出一条六米宽的界线，来分隔邓尼人的居住区和林地砍伐区。这个事件虽然也体现了空间的排他性，但却占有道德制高点，甚至于捍卫空间的这种封闭性带有一定的正义色彩。而与此相反，在德国汉堡，放宽移民政策坚持一种空间的开放性，同样有利于这个德国第二大金融中心的发展，在这里坚持开放性则具有一定合理性。由此我们也可以看出，空间的开放性与封闭性并不是简单对立的，在不同情境下人们会作出不同的选择。马西在面对这个问题时认为："真正的社会政治问题很少牵涉开放性和封闭性的度（以及随后而来的到底如何开始衡量这种度的问题），而是牵涉到开放性和封闭性的条件。"①

另外一个事例来自伦敦东部港区土地开发的问题，政治左翼对这个问题的前后态度反差明显。该地区曾经是一个重要的码头，居住着大量劳工，不过现在已经萧条不堪，失业率居高不下。这块土地被地产商看中，决定在此修建私人住宅。为了最大限度地维护劳工阶级的利益，政治左翼与劳工一同与政府和地产商周旋，并打出了"这是一个劳工地区"的口号，在这件事上，左翼支持的是地方所具有的封闭性。然而有趣的是，在往后新一轮的斗争中，左翼的立场却发生了转变。在议会准许一个新的住宅项目在这里启动时，大家发现有 28% 的地产归到

---

① Doreen Massey, *For Space*, London: SAGE Publications Ltd, 2005, p.179.

了孟加拉裔人的名下，这引发了白人劳工群体的不满。如果之前抗争的目的是维护劳工利益，那么这一次斗争的目的则在于维护白人的土地。这带有明显的种族主义倾向，完全不符合左翼的立场，因而这一次，左翼转而维护空间所具有的开放性。同一个左翼，时而维护封闭性，时而维护开放性，再一次证明二者并非简单对立，并且人们的选择完全是出于自身利益的考量。

由此看来，空间的开放性和封闭性本身并不能影响人们的决策，影响决策的还是一些具体的利益问题。从中我们也发现，开放性与封闭性是一种相互交织的关系，它们共同存在于同一个空间体当中。马西所凸显的空间开放性，并不是要和封闭性呈现一种简单对立的关系，因为从长期性来看，开放性是绝对的，封闭性是相对的。马西正是看到绝对性与相对性的关系，将二者有机统一到了一起。

多琳·马西的《保卫空间》清晰地勾勒出了她所持有的空间观的基本内涵，她的思想对西方的空间哲学、空间政治、空间经济的学说而言是一种发展，同时也丰富了人文地理学的内涵。她延续了人文地理学所坚持的空间是相互关系的产物这一基本思想，全面考察了空间与时间、空间与地方的相互关系，并以此为视角来解读空间政治中的相互关系。正如上文所分析的那样，西方学者对空间问题有着广泛的研究，可谓百家争鸣，马西正是透过分析、批判其他学者的观点而逐步形成其空间观的。以往的众多人文学科在处理时空问题时，要么将其忽略不计，要么只关注空间或时间，造成了时间与空间的二元对立，现代科技甚至宣告"空间已死"（远、近变得没有意义）。马西批判了这些观点，并强调了时空的不可分性，捍卫了自己的时空观。对于地方的封闭性与开放性的对立，许多学者似乎会认为马西认定地方是开放的而不是封闭的，这或许是一种误读，需要指出的是，地方同时具有封闭性和开放性，在不同的条件下，同一个地方或许会表现出不同的特性，相应的"正义与非正义"的道德判断也不是绝对的，例如邓尼人对地方的保护具有一定的道德正义性，而德国汉堡对移民的开放同样也具有合理性，因此开放性与封闭性并不是判断一个地方"进步"与"落后"的根本依据。马西所说的空间具有的开放性是基于这样的哲学构思，即：开放性是绝对的，封闭性是相对的。一个地方有可能同时具有这两种特性，而居于主导地位的则是开放性。从这个角度出发，马西所提出的全球地方感这个概念就不难理解，现代的地方将越来越多地被赋予全球的意义，就像许多英国人喜爱印度咖喱鸡，不知不觉中就把咖喱鸡当作了英国的本土美食。总而言之，马西正努力将空间的开放性释放出来，她所保卫的是一种开放的、包容的、多元的、具有无限建构可能性的空间，因而也是充满活力与创造力的空间。

第三节 多琳·马西空间政治经济学批判

一 多琳·马西空间理论同唯物史观的联系与偏离

唯物史观是科学社会主义的理论基石，也是科学社会主义区别于其他一切社会主义的主要依据。马克思是在批判德国古典哲学的过程中，彰显出历史唯物主义的基本观点和基本方法的。特别是在批判费尔巴哈不彻底的唯物主义时，他指出："当费尔巴哈是一个唯物主义者的时候，历史在他的视野之外；当他去探讨历史的时候，他不是一个唯物主义者。在他那里，唯物主义和历史是彼此完全脱离的。"[①] 费尔巴哈只把人看作是"感性对象"，而没有看到人的"感性活动"，他忽略了从人与人之间的社会关系和所处的外在环境来考察历史，因此没有看到人的本质是一切社会关系的总和，而全部社会生活在本质上是实践的。人们所从事的生活资料的生产劳动便是最重要的实践形式，人类要创造历史，首先就必须能够生活下去。对此，马克思说得很明确："但是为了生活，首先就需要吃喝住穿以及其他一些东西。因此第一个历史活动就是生产满足这些需要的资料，即生产物质生活本身，而且，这是人们从几千年前直到今天单是为了维持生活就必须每日每时从事的历史活动，是一切历史的基本条件。"[②] 既然一切历史的基本条件是生产劳动，那

---

① 《马克思恩格斯文集》第 1 卷，人民出版社 2009 年版，第 530 页。
② 《马克思恩格斯文集》第 1 卷，人民出版社 2009 年版，第 531 页。

么唯物史观考察历史的基本切入点就应该是几千年来人类的生产劳动、劳动分工、技术进步等要素。唯物史观区别于唯心史观的重要依据就在于，唯物史观阐发了社会历史发展背后的物质动因和经济根源，而非像唯心史观那样只看到思想动机、宗教情感和道德情操。唯物史观注重的是生产力与生产关系、经济基础与上层建筑的双向互动关系，特别强调了生产力在社会历史发展中的归根到底的决定力量。

多琳·马西的空间理论同唯物史观既有联系的一面，又有偏离的一面。从二者联系的角度看，马西的理论研究方法和唯物史观的理论方法总体上是一致的，因为二者都是从劳动分工、经济因素的角度来探讨社会历史的变迁的。马西的整个理论不是对经典马克思主义的简单重复或是单纯为其作注解，而是对马克思主义方法论的具体运用，是用唯物史观分析城市社会、区域经济发展的一种研究方式。例如，"空间是一种社会关系的产物"这一观点几乎是目前很多社会学家、人文地理学家的一个共识，但是这个"社会关系"到底是什么？各家各派说法不一，而在马西的理论中，我们可以很清晰地发现，这种社会关系归根到底是一种生产关系以及劳动分工的关系，而牵引劳动分工关系变动的力量，恰恰就是生产力的进步。这部分内容在本书第二章中已经有过详细的论述。所以在马西的空间理论中，社会空间的发展，乃至空间所具有的开放性、变动性无不与人们的生产劳动、社会实践有着密切的关系，是生产实践最终塑造了我们的城市、我们的空间。从这个角度说，认为马西的理论完全背离了唯物史观，这样的观点是不太公允的。再如，马克思的历史观之所以能够被冠以"唯物"的称号，乃是因为他对经济问题、物质生产的孜孜不倦地探索，如果没有《资本论》作为其坚强的政治经济学后盾，那么他的历史观就会失去唯物主义的根基。所以，真正的唯物史观是不能抛开经济因素和物质环境来空谈理想追求的，否则就落入到了唯心主义之中。从多琳·马西空间理论的形成轨迹看，她确实有一些反本质主义的后现代倾向，但在理论起点上，她是从研究英国产业经济变迁出发的，在考察英国的煤矿业、纺织业、电子制造业等行业的基础上形成了劳动分工理论，进而将经济因素与社会关系联系起来，探讨了一系列社会问题和空间正义的问题。在这个过程中显示了一些女性主义的色彩，不过在讨论女性主义时，也不是空谈女权，而是将关注点放在了劳动的性别分工上，由此挖掘出不平等的性别关系与生产力发展、劳动分工的内在关联。这部分内容在第四章也有详细的论述。从理论分析的方法来看，马西的空间理论和唯物史观本质上是一致的，二者均是以劳动实践为出发点来分析问题。

从唯物史观坚持"社会存在决定社会意识"这个角度看，马西的理论同样与这个原则是吻合的。我们都知道，马克思所说的社会存在包括生产方式、地理环境、人口因素三个方面，其中生产方式是一种根本的决定力量，这在马西对生产实践的论述中已经展现出来了。对于地理环境的重要性论述更是不言而喻，这就是地理学家的老本行，从列斐伏尔到苏贾，再到哈维、马西等等一大批地理学家、社会学家，有谁会认为地理环境无足轻重呢？甚至于他们在20世纪六七十年代的一个主要使命就是证明"地理学很重要"。社会空间理论家们相互争鸣，但只要谈到地理环境的重要性时，他们几乎是一致赞成，这个问题可以说是他们的最大公约数。在很多情况下，人们常说"空间是一种社会建构"，马西同时也补充道，"社会也是一种空间建构"，持这种观点的学者不在少数。当然这不一定就是所谓的地理决定论，但至少可以证明以马西为代表的一大批社会空间理论家是绝不会忽视社会存在中的地理环境的。从人口因素的角度看，这差不多是人文地理学家无法避开的话题，研究某个地区的人口构成、民族结构、风俗习惯等问题，被认为是地理学研究的基本内容，也是社会空间理论家们的常见话题。从马西的理论旨趣来看，她大量探讨了有关空间正义、无产阶级运动、女性权益等问题，既是对人口因素的研究，也体现出了一定的社会主义的人道主义。不过她的社会主义人本倾向到底是科学社会主义的，还是小资产阶级的社会主义，仍然有讨论的空间。从以上的分析中我们可以看到，马西的空间理论与唯物史观的基本原则是一致的。

但是，从另一方面来说，马西的理论也是存在问题的，在某些结论和方法上与唯物史观的基本原则存有偏差。马西的理论分析风格带有明显的后现代主义色彩，在批判宏大叙事和决定论的基础上，突出强调事物的特殊性与独特性所具有的重要作用。这样的倾向是在她反思现代主义的话语体系与叙事方式的过程中产生的,特别是在一些涉及结论性的问题上,马西对元叙事(metan-arratives)的论证方式持警惕的甚至是反对的态度。她这样批判道:"元叙事这个术语指的是这样一些话语,他们通过声称找到了通向真理的途径而宣称具有某种特权地位,而通过这种真理,可以对其他话语作出评价……我的论证拒绝这样一种观点:提出单一的或最根本的或独特的、居特权地位的解释主线,以此为基础,所有社会变迁都可以得到最终解释;与这种基础相比较,其他的因果结构都将成为次要。"① 在马西看来,没有任何一种因果结构或叙事线索能够成为一切事物的基础,自然也不存在某种单一线索能够解释所有问题。这实际上对决定论的分析方法形成了挑战,历史决定论也就不可避免地成了她的批判对象。唯物史观在分析社会历史发展的动因和趋势时体现出了历史决定论的特点,生产力是推动社会历史发展的决定力量,社会形态的演变都可以从生产力的发展这条线索中得到解释;社会基本矛盾是社会历史发展的根本动力,任何一种社会形态的产生、发展和灭亡都会受到社会基本矛盾的影响和制约。唯物史观对人类社会的发展趋势作出了一个关键的预判:实现人的自由而全面发展的共产主义社会。如果我们反对历史决定论,那么共产主义的必然性就会受到质疑,就有可能倒向"历史终结论"一边。这也是马西的某些观点在国内外学界引发争议的重要原因之一,她对决定论的反思可能会将有关历史进程的分析导向"开放社会"的结论,如此便偏离了唯物史观对未来社会的科学判断。

马西在理论分析中运用多因果性(multicausality)的视角来解释某些现象,这是她在反对元叙事和决定论后的替代性选择。她认为事物中的因果关系的产生可以解释为一种可能性,但不一定是必然性,因为决定一个事物的因素很多,事物本身也会制约其他事物。她指出:"结局总是不确定的,历史——和地理——需要创造。"② 马西的这种探求多

---

① [英]多琳·马西:《劳动的空间分工:社会结构与生产地理学》,梁光严译,北京师范大学出版社2010年版,第312页。
② [英]多琳·马西:《劳动的空间分工:社会结构与生产地理学》,梁光严译,北京师范大学出版社2010年版,第314页。

种可能性的思想散见于其行文各处，例如在谈到空间结构的产生时，她指出："新的空间结构的产生，并非通过某种不可避免的变动，而是通过主动的社会参与……不同类型的空间结构的演化，它们的确立、维持、最终崩溃和变化，不是由劳动过程的特点、积累的需要、生产方式的阶段简单决定，甚至不是由资本的需求所简单决定。所有这些都不会自己'导致'特定的空间形式。空间结构通过管理者、工人及政治代理人的政治经济战略和争斗而确立、强化、角力和变革……反过来，也许可以补充说，管理者、工人、政治代理人等在这种斗争中也被塑造。"① 这种多元决定论的论证方式很容易让读者产生不确定感，在某些问题的解释上有可能会失去对主要矛盾的掌控力，给人一种一切都是偶然碰撞出来的错觉。哈维在评价马西的代表作《劳动的空间分工》时也指出："每个句子都充满了如此多的偶然性、地方、历史特殊性的言辞，以至于马克思式的整个指导线索被简化为缺乏活力的马克思式范畴的一系列回声和反响。"② 当然，马西针对哈维的批评也作出了回应："我仍想争辩说，本书将关注点明确放在资本主义的社会关系之上，其研究方法显然与历史唯物主义有关，但同样明显的是，它针对研究对象所采取的解释立场是相当独特的，与在'马克思主义'的名目下看到的很多东西不同。因此，'偶然性'和'特殊性'确保了某种简单的直接关注点。"③ 或许正是她有意"保护"所谓事物的偶然性和特殊性，才使其在理论分析中逐步偏离了唯物史观的某些基本原则。

在一些学者看来，西方马克思主义者所信奉的多半是小资产阶级的社会主义，或者说是修正主义，只有列宁开创的共产国际所坚持的社会主义才是正统的科学社会主义。进入21世纪，我国所坚持的中国特色社会主义，从本质上来说当然是科学社会主义。这个问题已经形成了定论，是我们的共识，没有讨论的余地。因此我必须在此表明立场，从社

---

① [英] 多琳·马西：《劳动的空间分工：社会结构与生产地理学》，梁光严译，北京师范大学出版社2010年版，第319页。
② [英] 多琳·马西：《劳动的空间分工：社会结构与生产地理学》，梁光严译，北京师范大学出版社2010年版，第320—321页。
③ [英] 多琳·马西：《劳动的空间分工：社会结构与生产地理学》，梁光严译，北京师范大学出版社2010年版，第321页。

会主义的正统性来说，我坚持科学社会主义的立场和原则，坚持认为只有中国特色社会主义道路才是符合我国国情的。不过学术研究也不能因噎废食，批判地研究国外马克思主义的理论，才有助于我们及时掌握国际理论动态，做到知己知彼百战不殆，这是一个浅显的道理。研究国外某家某派的思想观点，不代表就会成为此家此派的信徒，正如马克思的博士论文是《德谟克利特的自然哲学和伊壁鸠鲁的自然哲学的差别》，但他并没有因此而成为德谟克利特或是伊壁鸠鲁的信徒，相反，这篇博士论文只是马克思理论探索生涯的开端，他此后创立了一套无产阶级解放的学说。因此对待学术问题，也应当坚持解放思想、实事求是，全面地看待问题。马西的某些理论分析之所以与唯物史观存在偏差之处，除了上述原因外，还与她的性格特点和性别有关，她的性别身份和生活环境促使她更愿意接受反本质主义的立场。例如，在她的论文中曾经提到她小时候在曼彻斯特乡间看到足球场时总是有种疏离感，因为她认为那是男孩的空间，不属于她。也正是这样的性格与心理，使得她日后深受阿尔都塞的鼓舞。阿尔都塞那句"没有所谓的起点"成为了马西的人生格言，让她意识到没有什么是命中注定的，一切皆有可能，这成为了她能够继续前进的动力。因此我们研究一个学者的思想要做到知人论世，她的观点不会凭空产生。在一定意义上对她起到积极作用的观点，如果发展到另外一些特定问题上，就可能会引发争议。因此我们可以得出一个基本的结论，在宏大叙事之外，关注一些个体、一些多样性的问题，接受多种发展的可能性，这本身并没有错，但是涉及人类历史发展的宏观问题时，没有一个基本的判断就有可能会丧失原则，在涉及一些归根到底的方向问题时，要以科学社会主义的基本原则作为底线。

二　多琳·马西空间理论的贡献及不足之处

多琳·马西所构建的社会空间理论主要的聚焦点在于劳动分工、关系空间、空间的动态开放性、全球地方感、空间女性主义等问题。而这其中的所有问题都可以追溯到劳动分工的问题上，诚如上文所言，劳动分工不仅是政治经济学的起点，也是马西所重构的社会空间理论的基础。在她的理论架构中，我们可以清晰地看到以下几组对应关系：劳动分工及其空间结构、劳动分工下的社会关系与空间的塑造、劳动分工与地方的演变、劳动分工与性别关系。这种由劳动分工生发出来的理论枝干体系，显现出了鲜明的政治经济学色彩，这是马西区别于其他的社会空间理论家的一个重要特征。可能有的学者会认为哈维的空间理论同样具有政治经济学的色彩，要不然他也不会几十年如一日地带着他的学生阅读《资本论》并出版了相关书籍。从这个角度看，哈维对于资本运作的分析，对于"空间修复"理论的阐述，确实有很大的经济学成分，但从其理论框架来讲，依然立足于空间哲学之上，而资本只是在空间哲学框架内的一种强劲的助推器。相比而言，马西的空间理论则是从一开始就立足于劳动分工理论，而这条理论脉络一直绵延到了经典马克思主义政治经济学乃至英国古典政治经济学家那里。她的理论框架不完全是板块结构，而是有分工这条主轴贯穿其中，可以说劳动分工是其理论建构的首要前提。而哈维的理论框架虽然也有很强的系统性，但却不似马西这样从一个经济学原点出发，进而延伸出一个庞大的"藤蔓"结构，从这一点看，马西颇有国民经济学家们的论述风格。

当然这里并不是在说哈维和马西孰优孰劣的问题，而是要从这个对比中展现出马西别具一格的分析范式。马西之所以能形成这种立足于政治经济学的空间理论，与她坚持经典马克思主义的理论标杆是分不开的。马西和马克思在理论发展的路径上有着相似之处，马克思在对经济关系及其发展问题的思考中迈向了历史唯物主义，并最终把哲学与经济学整合为一件强大的思想武器；马西则是着眼于产业区位理论、劳动的空间分工等问题，进而将目光转向了空间关系与空间哲学，在20世纪末的英国的时空背景下，将经济学与哲学整合为一种社会空间理论。从他们的理论形成方式来看，二者都有着先"破"后"立"的争鸣色彩，例如历史唯物主义的形成离不开对以费尔巴哈、鲍威尔、施蒂纳为代表的德国古典哲学的批判；相应的，马西的唯物主义空间观的确立，不仅建立在社会生产的基础上，同时也建立在对有着唯心色彩的空间理论的批判之上。这倒不是说所有被马西批判过的空间理论都具有唯心色彩，但至少历时性和共时性的空间假想是有一定的唯心色彩的，这些空间假想与现实的人类历史与社会变迁都是无法吻合的。具体而言，在共时性的空间观中，空间被视为纯粹的静态领域，在空间中看不到时间性。此种观点在拉克劳的《我们时代革命的新反思》中体现得尤为明显，拉克劳认为，迄今为止政治只存在于空间之外，他总是试图将空间去政治化，这显然与社会空间理论的基本认知不符。从现实意义来看，拉克劳的这一认知也忽略了实践性与空间结构的紧密关联，在拉克劳看来，空间是一种先决性的因果结构，其改变的动因均出自结构内部，这就明显忽略了外在的社会关系对空间的建构，以及这些建构存在的多种可能性。马西对于共时性空间假想的批判，就是要将实践性、动态建构性引入到空间中。在历时性空间观中，空间让位于时间，一切都被线性的时间所统御，特别是在殖民主义、"罗斯福推论"、现代性历史观中，任何一种事件、文明或社会关系都可以被放到一条单一的时间轴上，西方文明代表着先进，其他地方的文明、"他者"的文明则充满了许多有关"迎头赶上"的故事。建立在这种观点上的全球化认知，本质上是一种"非空间的全球化"（aspatial globalization），这个概念所构想的是一种单一的排外的全球化，这样做的后果是抹杀了多样性存在的可能，狭隘的地方观、地方保护主义甚至是种族主义通常就是在这样的温床中滋生出来的。马西正是在这样的背景下提出了富有开放性和包容性的全球地方感理论。不过这种地方感并不是"非黑即白"的认知方式，而是地方开放性与封闭性的辩证统一，开放不意味着均质，保护多样性也不意味着盲目排外。

在马西的社会空间理论中，自始至终贯穿着一项重要的理论使命，这项使命往往容易被我们所忽略，那就是捍卫人文主义地理学存在的意义，这不单单是马西的个人诉求，这项使命是20世纪60年代以降，西方学界的诸多地理学家、马克思主义者，甚至是建筑师们的共同担当。那时他们打出的旗号有："地理学很重要！""空间是一种社会建构，社会亦是一种空间建构。"如前文所提到过的，受到"空间科学"的"黑暗统治"的人文主义地理学家们在20世纪六七十年代进行了理论反击，在这场反击战中，法国知识界扮演了急先锋的角色。以福柯吹响"空间号角"为起点，伴之以红五月的有力推动，大批左翼学者投入到了这场"空间转向"的学术运动之中，特别是列斐伏尔的理论贡献对后世影响颇深,这也令法国成为了人文主义空间理论的当之无愧的策源地。由于此次空间理论大讨论的参与者以左翼学者居多,因此苏贾亦将其称为西方马克思主义与地理学的一场久违的邂逅。其中的很多学者都对"地理学遭到低估"的现象,以及"空间是冰冷的容器"这类观点展开了猛烈抨击。马西也从经济关系的角度阐述了空间本身对社会关系的重要影响力,在她的许多论文中,她的论证焦点恰恰就是要展现地理学很重要,或者说是要证明"社会是一种空间建构"。明白了这个问题,对我们掌握马西的研究旨趣具有十分重要的意义。

另外,马西的空间理论除了具有政治经济学的色彩之外,还有着女性主义的视角,这当然也和她的女性身份有着直接的关系。马西特别能体会女性和"他者"被忽略、被歧视的不良处境,在学界的话语体系中,女性往往也是不在场的,这在她对苏贾和哈维的批判中有清晰的展现。在一些人看来,女性主义是一种无病呻吟,是可以忽略不计的,但这种看法恰恰是与经典马克思主义相违背的,特别是对于马克思主义的地理学家而言,不透过性别视角来分析问题,最终所形成的也必然会是片面的理论。在经典马克思主义著作家看来,劳动的性别分工对于性别关系的演变有着决定性的意义,甚至于妇女的解放途径也要从分工问题入手。马西的空间女性主义延续了马克思主义的这个经典话题,并将空间结构引入其中,把性别关系和空间结构关联在一起,从中让我们看到了空间分工对于改变性别关系,进而改善妇女地位的可能性,在马西对英国不同产业区所形成的性别关系的考察中,可以看到她的整个论证结构。从性别分工及其空间结构出发,让人们开始反思传统的二元对立的性别化空间认知是不可靠的,在多数情况下,这种认知只会造成性别偏见和歧视。

必须指出的是,马西的理论也是存在缺陷的。其中最大的问题恐怕是她的"折衷主义"倾向,这种倾向在很多问题上都有体现,例如她一方面运用唯物史观的分析方法,从劳动分工入手来阐述城市与社会关系,但另一方面又对历史决定论抱有很大的疑虑;她一方面严厉批判后现代主义"乱象",并期待着现代主义获得某种建设性的发展,但另一方面又深受后现代主义中的不确定性、独特性、变动性、反本质主义等因素的影响；她一方面批判排外主义、男性主义等思潮对"他者"的压迫，主张开放与包容，另一方面又强调保护地方的独特性，避免均质化，从而提出了一个调和性的理论——全球地方感。这种"折衷主义"并非总是错的，在某些具体环境下它具有合理性，但是环境、条件一旦改变，她提出的这些理论和观点可能就显得不合时宜，从国外理论界针对马西的观点的争论也能看出，某些调和性的见解，右翼人士不赞同，左翼人士也不买账。全球地方感理论是马西的具有代表性的"折衷主义"产物，该理论在运用过程中并不是放诸四海而皆准的。她在讨论全球地方感时所采用的例子是伦敦基尔本，因为那个地区呈现出了一种多元文化和谐共生的局面。但问题是，是否世界上每个地方都像基尔本那样和谐？事实上，在不同的文化族群融合的过程中，避免不了诸多"文明的冲突"，在世界上的某些地区，这样的冲突与对抗要激烈得多，这不是呼吁一种包容地方感就能万事大吉的，诸如巴以局势这样的问题就不是一个全球地方感所能解决的，其中涉及复杂的宗教冲突、民族冲突、地缘冲突、资源冲突，以及国际政治力量的博弈。再如地方的开放性的问题，如何在开放的过程中避免本地特色遭到破坏？这个问题并没有现成的答案，马西在呼吁地方开放性的时候很像一位外来的雅皮士，她的立场很自然地站到了外来的城市精英的一边。但问题是本地人的诉求一定就是"反动"的吗？一个地区乃至一个城市，无法避免地会改变会扩大，在这个包容开放的过程中就一定不会产生副作用吗？曾经宜居的环境遭到破坏、地方特色文化被废置于博物馆中，甚至某些区域性的谦和有礼的社会氛围随着外部力量的涌入，也变得愈发陌生和对抗了。这些观点或许会被马西看作是"白人男性精英的担忧"，或许会被哈维认为是时空压缩造成的焦虑，但不论如何，上述问题不只是观点，而是事实本身。基尔本地区的文化融合是成功的，但这并不意味着它能成为一种模式进而推广到全球，在特定的历史背景和文化氛围下，折衷主义可能会适得其反。

三　多琳·马西空间理论与我国城镇化建设的价值取向

对于我国当前的城镇化发展及其理论建设而言，马西的社会空间理论具有一定的借鉴意义。我国在宋代确实出现过领先世界的城市文明，但是近代以来，西方世界在工业革命的推动下形成了更为成熟的城市文明，他们曾经遇到的问题，有可能成为我们将要遇到或者正在经历的问题。借鉴这些有益的经验，能够使我们在一定程度上少走弯路。马西的空间理论对我国的城镇化发展具有理论和对策两个层面上的借鉴意义，理论意义更胜于现成的对策。马西的研究对象主要是20世纪末的英国产业区，这些地区有其问题的特殊性，我们无法照搬到中国，但我们可以挖掘其中具有普遍意义的理论分析方法。在我国的城镇化理论研究中，采用这种政治经济学的空间结构分析方法，对理论工作者而言，是一种很好的借鉴。

进入21世纪，世界各国的社会结构越来越呈现出都市化的发展趋势，这不仅体现在传统城市的规模及人口的扩大，同时也体现在大量新兴城市的出现及都市圈的形成。近四十年来，全球城镇化发展规模、发展速度最为惊人的国家当属中国，据统计，从1978年到2017年，我国的城镇人口比例由17.9%增长到58.5%。截止到2017年，我国地级及以上城市数量已达到298个，我国不仅形成了像北京、上海、广州、深圳这样的国际性大都市，而且还出现了以长三角、珠三角、京津冀为代表的都市圈。据世界银行2015年的报告显示，珠江三角洲已经超越日本东京，成为世界上人口和面积最大的城市群。随着中国与世界的联系不断加强，全球各地的多元文化在中国城市化进程中扮演着重要的角色，而这些文化又同地方自身的文化传统产生了融合或碰撞。全球化的过程必然会带来某种程度上的"统一"，这种世界性的"统一"，或是表现在城市景观上，或是表现在金融市场中，抑或是表现在人们的生活方式和价值理念上。对此，有人持欢迎的态度，而有人则感到深深的焦虑，这实际上是我国在城镇化进程中所必须面对的价值取向问题，是一个关于如何塑造我国地方城镇的场所精神的问题。

全球地方感是一种辩证的地方观，它虽然立足于对本土性的阐发，但却没有把地方视为一种排外的、静止的封闭体。恰恰相反，全球地方感认为对地方特性的塑造只有进行时，没有完成时，其参与者不仅限于所谓的"本地人"，来自世界各地的人们都可能以直接或间接的方式介入到地方性的构建之中,由此塑造的地方特色便打上了全球化的烙印。中国是一个幅员辽阔的国度,欧洲之一国或许只相当于中国之一省,我们在吸收西方理论时需要对地理尺度进行换算,需要强调的是,中国这个概念如果拿去与传统的欧洲国家进行比照,那么我们一国之体量相当于他们的洲的概念。所以在把全球地方感作为城镇化建设的价值取向引入国内时,就必须注意到我们需要建立的地方观,首先应是"全国地方感",然后才是全球地方感,当然二者也是紧密结合在一起的。事实上,"全国地方感"的形成已然有着悠久的历史渊源,从元朝建立起行省制开始,历经明清两代的积淀,形成了统一的多民族国家的地缘政治格局,此后虽经历了一段时期的军阀割据的局面,出现了"联省自治"的思潮,但随着新中国的成立,我国的政治结构又重新归向了大一统的单一制国家。在这种政治结构中,地方与中央、地方与地方之间都有着紧密的联系,特别是在改革开放后,我国大力发展生产力、放开户口限制、鼓励农村剩余劳动力进城务工,这使得各地、各省市的联系进一步得到了加强,国家内部形成了一个庞大的空间关系网络,在一个地方中(特别是大中型城市)囊括了全国各地的人口及其精神风貌。在我国的某些局部地区或多或少地存在着地方保护主义的现象,但是在中央强有力的经济发展推动下,地方排外主义思想不攻自破,从本地发展和自身经济利益的角度来考量,盲目排斥外地游客、排斥外地工作者、排斥外地投资,最终都是有百害而无一益的。我们不仅要警惕不同地区之间的排外情绪,也要警惕对国外优秀文明成果的排斥情绪。这实际上关系到我国的改革开放事业能否继续推动下去,正如习近平主席在首届中国国际进口博览会上强调的那样:"中国开放的大门不会关闭,只会越开越大。中国推动更高水平开放的脚步不会停滞!中国推动建设开放型世界经济的脚步不会停滞!中国推动构建人类命运共同体的脚步不会停滞!"① 世界是一个你中有我、我中有你的命运共同体,各国人民应该同心协力、携手前行,努力构建人类命运共同体,共创和平、安宁、繁荣、开放、美丽的亚洲和世界。

---

① 《习近平著作选读》第 2 卷,人民出版社 2023 年版,第 215 页。

从全球地方感的价值取向来看，我国的城镇化建设在国内面临着另外一方面的挑战，那就是本土特性受到了挑战，开放与包容被简单地等同于均质化。尤其是在新城区的建设中，千城一面、千篇一律的现象比比皆是，这些新城区由于建成时间短、缺乏历史积淀、景观整齐划一，导致了当地的场所精神的缺失，这类城区的人口往往流动性大，片面依靠政策推动或某种单一的自然资源而存在，很难形成一套良性的地方认同感，随着时间的推移，这些速成的人造城市有可能沦为"空城""死城"。事实上，保护地方的独特性、守护场所精神，是攸关城市文明存废的大事，也是我国文化自信的必然要求。具体而言，地方的这种独特性可以体现在很多方面，例如不同的地方景观、方言习俗、宗教信仰、饮食习惯等，这些不同的地方特色汇聚到一起，便形成了"地方性"（场所精神）。远离家乡的游子对"地方性"的怀念就是我们通常所说的"乡愁"。中国学者陆邵明指出，"地方"的基本要素可清晰地定义为物质背景、实体景观、活动景观、意义，而这些要素是一个完整的场景集合体，互为条件，不可分割。"地方性"则是指由固定地域内人群互动与生活体验所培养出来的根植于场地的特质，它由地理空间内部与外部的主客属性因素所塑造，包括物质背景、物品、活动、意义等载体要素；具体体现为地方特色建筑景观、地域特色自然景观、传统节事景观、文化遗产廊道、历史风貌街区、传统街巷、具有地方特色的店铺、集体记忆场所、集市、庙会等等。以上诸要素，恰恰是我们在进行大规模城镇化时所必须加以保护的，因为它们承载着历史、承载着文明，是人们的认同感与归属感之所在。正如习近平总书记在中央城镇化工作会议上所说的那样，城镇化建设要"让居民望得见山、看得见水、记得住乡愁；要融入现代元素，更要保护和弘扬传统优秀文化，延续城市历史文脉"。

科学合理的城镇化建设应该成为我国构建人类命运共同体的一项有益的补充，对国内发展而言，城乡一体化建设就是在构建一种良性互动的、可持续发展的命运共同体。吸收和借鉴全球地方感理论，有助于我们更加辩证地看待城镇化发展的价值取向问题。一方面要强调地方发展的开放性、包容性；另一方面也要守护好地方特性，这是文化自信的重要来源之一。特别是全球化时代下的今天，要打破全球性与地方性二元对立的观念，形成新的全球文化与地方文化多元共生的发展模式，找到两者的耦合点，推动城市地方性的传承与发展。在城镇化建设的过程中，还应处理好中央与地方的关系，要坚持实事求是的原则，处理好共性与个性的问题，地方在遵循中央的统一领导的前提下，应当做到因地制宜，走具有本地特色的城镇化发展之路。城镇化建设不仅仅是物质景观的建设，更是城市文化、城市精神的建设，城市的本质在于人。必须坚持以人民为中心的发展思想，在保护好地方性的同时，认识到城市发展的一般规律，履行好城市的基本职能，建设和谐宜居、富有活力、各具特色的现代化城市，提高新型城镇化水平，走出一条中国特色城市发展道路。

参考文献

一　中文文献
（一）著作类
1. 经典著作

《马克思恩格斯选集》第 4 卷，人民出版社 1995 年版。
《马克思恩格斯全集》第 1 卷，人民出版社 1956 年版。
《马克思恩格斯全集》第 2 卷，人民出版社 1957 年版。
《马克思恩格斯全集》第 46 卷（下），人民出版社 1980 年版。
《马克思恩格斯全集》第 40 卷，人民出版社 1982 年版。
《马克思恩格斯全集》第 47 卷，人民出版社 1979 年版。
《马克思恩格斯文集》第 1—10 卷，人民出版社 2009 年版。
［德］马克思：《1844 年经济学哲学手稿》，人民出版社 2000 年版。
［德］马克思、恩格斯：《德意志意识形态：节选本》，人民出版社 2003 年版。
［德］马克思、恩格斯：《共产党宣言》，人民出版社 1997 年版。
《列宁选集》第 1 卷，人民出版社 1995 年版。

2. 中文著作

包亚明主编：《后大都市与文化研究》，上海教育出版社 2005 年版。
包亚明主编：《后现代性与地理学的政治》，上海教育出版社 2001 年版。
包亚明主编：《现代性与空间的生产》，上海教育出版社 2003 年版。
陈学明等：《二十世纪西方马克思主义哲学》，人民出版社 2012 年版。
高建国：《新马克思主义城市理论》，商务印书馆 2007 年版。

季松、段进：《空间的消费——消费文化视野下城市发展新图景》，东南大学出版社 2012 年版。

孔明安等：《当代国外马克思主义新思潮研究：从西方马克思主义到后马克思主义》，中央编译出版社 2012 年版。

李翔宁：《想象与真实：当代城市理论的多重视角》，中国电力出版社 2008 年版。

强乃社：《论都市社会》，首都师范大学出版社 2016 年版。

孙广振：《劳动分工经济学说史》，李井奎译，格致出版社 2015 年版。

孙中山：《建国方略》，武汉出版社 2011 年版。

汪民安：《福柯的界线》，中国社会科学出版社 2002 年版。

杨长云：《公众的声音：美国新城市化嬗变中的市民社会与城市公共空间》，厦门大学出版社 2010 年版。

张一兵：《当代国外马克思主义研究》，北京师范大学出版社 2017 年版。

张一兵主编：《当代国外马克思主义思潮》，江苏人民出版社 2010 年版。

周延云、闫秀荣：《数字劳动和卡尔·马克思——数字化时代国外马克思劳动价值论研究》，中国社会科学出版社 2016 年版。

3. 中文译著

［德］海德格尔：《存在与时间》，陈嘉映、王庆节译，商务印书馆 2018 年版。

［德］海德格尔：《林中路》第二版，孙周兴译，商务印书馆 2015 年版。

［法］亨利·柏格森：《创造进化论》，王离译，新星出版社 2013 年版。

［法］亨利·柏格森：《时间与自由意志》，吴士栋译，商务印书馆 1958 年版。

［法］加斯东·巴什拉：《空间诗学》，龚卓军、王静慧译，世界图书出版公司 2017 年版。

［法］路易·阿尔都塞：《保卫马克思》，顾良译，商务印书馆 2016 年版。

［法］让·鲍德里亚：《消费社会》，刘成富、全志刚译，南京大学出版社 2000 年版。

参考文献

［古希腊］柏拉图：《理想国》，庞燨春译，江西教育出版社 2014 年版。

［古希腊］色诺芬：《居鲁士的教育》，沈默译，华夏出版社 2007 年版。

［古希腊］亚里士多德：《政治学》，高书文译，江西教育出版社 2014 年版。

［荷］伯纳德·曼德维尔：《蜜蜂的寓言》，肖聿译，中国社会科学出版社 2002 年版。

［加拿大］简·雅各布斯：《美国大城市的死与生》，金衡山译，译林出版社 2006 年版。

［美］爱德华·W. 苏贾：《后大都市：城市和区域的批判性研究》，李钧等译，上海教育出版社 2006 年版。

［美］爱德华·W. 苏贾：《后现代地理学——重申批判社会理论中的空间》，王文斌译，商务印书馆 2004 年版。

［美］本尼迪克特·安德森：《想象的共同体：民族主义的起源与散布》，吴叡人译，上海人民出版社 2011 年版。

［美］大卫·哈维：《巴黎城记：现代性之都的诞生》，黄煜文译，广西师范大学出版社 2010 年版。

［美］大卫·哈维：《跟大卫·哈维读〈资本论〉》，刘英译，上海译文出版社 2013 年版。

［美］大卫·哈维：《寰宇主义与自由地理》，王志弘、徐苔玲译，台北：群学出版有限公司 2014 年版。

［美］大卫·哈维：《希望的空间》，胡大平译，南京大学出版社 2005 年版。

［美］大卫·哈维：《新帝国主义》，初立中、沈晓雷译，社会科学文献出版社 2009 年版。

［美］大卫·哈维：《资本的空间》，王志弘译，台北：群学出版有限公司 2010 年版。

［美］大卫·克里斯蒂安：《时间地图：大历史，130 亿年至今》，晏可佳译，中信出版社 2017 年版。

［美］戴梦德：《枪炮、病菌与钢铁：人类社会的命运》，谢延光译，上海译文出版社 2016 年版。

［美］戴维·哈维：《后现代的状况：对文化变迁之缘起的探究》，阎嘉译，商务印书馆2015年版。

［美］戴维·哈维：《正义、自然和差异地理学》，胡大平译，上海人民出版社2015年版。

［美］刘易斯·芒福德：《城市发展史——起源、演变和前景》，宋俊岭、倪文彦译，中国建筑工业出版社2004年版。

［美］刘易斯·芒福德：《城市文化》，宋俊岭、李翔宁、周鸣浩译，中国建筑工业出版社2009年版。

［美］詹明信著，张旭东编：《晚期资本主义的文化逻辑——詹明信批评理论文选》，陈清侨等译，生活·读书·新知三联书店1997年版。

［挪］诺伯舒兹：《场所精神——迈向建筑现象学》，施植明译，华中科技大学出版社2015年版。

［苏］Г. А. 巴加图里亚：《马克思主义的第一个伟大发现——唯物史观的形成与发展》，陆忍译，中国人民大学出版社1981年版。

［意］奈格里：《控诉帝国：21世纪世界秩序中的全球化及抵抗》，肖维青等译，广西师范大学出版社2004年版。

［英］R. J. 约翰斯顿：《哲学与人文地理学》，蔡运龙、江涛译，商务印书馆2000年版。

［英］安东尼·吉登斯：《现代性的后果》，田禾译，译林出版社2011年版。

［英］安东尼·吉登斯：《资本主义与现代社会理论：对马克思、涂尔干和韦伯著作的分析》，郭忠华、潘华凌译，上海译文出版社2013年版。

［英］布莱恩·特纳：《身体与社会》，马海良译，春风文艺出版社2000年版。

［英］查尔斯·曼恩：《1493：物种大交换开创的世界史》，朱菲、王原译，中信出版社2017年版。

［英］大卫·麦克里兰：《马克思》，王珍译，台北：五南图书出版股份有限公司2012年版。

［英］德雷克·格利高里、约翰·厄里：《社会关系与空间结构》，谢礼

圣、吕增奎译，北京师范大学出版社2011年版。

［英］蒂姆·克瑞斯威尔：《地方：记忆、想象与认同》，王志弘、徐苔玲译，台北：群学出版有限公司2006年版。

［英］多琳·马西：《保卫空间》，王爱松译，江苏教育出版社2013年版。

［英］多琳·马西：《劳动的空间分工：社会结构与生产地理学》，梁光严译，北京师范大学出版社2010年版。

［英］朵琳·马西、约翰·艾伦、史提夫·派尔主编：《城市世界》，王志弘译，台北：群学出版有限公司2009年版。

［英］坎南编：《亚当·斯密关于法律、警察、岁入及军备的演讲》，陈福生、陈振骅译，商务印书馆1962年版。

［英］琳达·麦道威尔：《性别、认同与地方：女性主义地理学概说》，徐苔玲、王志弘译，台北：群学出版有限公司2006年版。

［英］威廉·配第：《政治算术》，陈冬野译，商务印书馆1978年版。

［英］亚当·弗格森：《文明社会史论》，林本椿、王绍祥译，浙江大学出版社2010年版。

［英］亚当·斯密：《国富论》（上、下册），郭大力、王亚南译，商务印书馆2014年版。

［英］伊冯·谢拉特：《希特勒的哲学家》，刘曦、杨阳译，上海社会科学院出版社2017年版。

［英］约翰·艾伦、朵琳·玛西、迈克·普瑞克主编：《骚动的城市：移动/定著》，王志弘译，台北：群学出版有限公司2009年版。

（二）期刊论文类

付清松：《不平衡地理发展的多维透视与空间政治再赋权——以哈维的"统一场论"为参照》，《华中科技大学学报》（社会科学版）2015年第5期。

胡大平：《马克思主义与空间理论》，《哲学动态》2011年第11期。

刘怀玉：《〈空间的生产〉若干问题研究》，《哲学动态》2014年第11期。

刘怀玉：《社会主义如何让人栖居于现代都市？——列斐伏尔〈都市革

命〉一书再读》,《马克思主义与现实》2017 年第 1 期。

刘怀玉:《西方学界关于列斐伏尔思想研究现状综述》,《哲学动态》2003 年第 5 期。

强乃社:《后现代空间的性别建构——多琳·马西〈空间、地方与性别〉中的后现代空间之争》,载陈新夏、杨生平《马克思主义哲学评论》第 3 辑,首都师范大学出版社 2018 年版。

强乃社:《空间转向及其意义》,《学习与探索》2011 年第 3 期。

肖恩·塞耶斯、邵华:《黑格尔和马克思论创造活动与异化》,《马克思主义与现实》2008 年第 2 期。

爱德华·苏贾、强乃社:《超越后大都市》,《华中科技大学学报》(社会科学版) 2016 年第 1 期。

王南湜:《回归从〈共产党宣言〉到〈资本论〉的资本主义科学批判之路》,《马克思主义与现实》2018 年第 3 期。

仰海峰:《历史唯物主义的双重逻辑》,《哲学研究》2010 年第 11 期。

于洋:《亦敌亦友:雅各布斯与芒福德之间的私人交往与思想交锋》,《国际城市规划》2016 年第 6 期。

二 外文文献

1. 英文著作类

John Foster, *Class Struggle and the Industrial Revolution: Early Industrial Capitalism in Three English Towns*, London: Methuen, 1974.

Elizabeth Grosz, "Bodies—Cities" in Beatriz Colomina, eds. *Sexuality & Space*, New York: Princeton Architectural Press, 1992.

David Harvey, *Seventeen Contradictions and the End of Capitalism*, New York: Oxford University Press, 2014.

David Harvey, The Geopolitics of Capitalism, in Derek Gregory and John Urry, eds. *Social Relations and Spatial Structures*, London: Palgrave Macmillian, 1985.

Allan G. Johnson, *The Blackwell Dictionary of Sociology*, New Jersey: Blackwell, 2000.

Henri Lefebvre, *The Production of Space*, trans. Donald Nicholson Smith, Oxford: Blackwell, 1991.

Doreen Massey, *For Space*, London: SAGE Publications Ltd, 2005.

Doreen Massey, John Allen and Steve Pile, *City Worlds*, London and New York: Routedge, 2005.

Doreen Massey, *Space, Place and Gender*, Minnesota: University of Minnesota Press, 1994.

David Slater, "Space, Democracy and Difference: For a Post-colonial Perspective", in David Featherstone and Joe Painter, eds. *Spatial Politics: Essays for Doreen Massey*, Hoboken: A John Wiley & Sons, Ltd, 2013.

Allen W. Wood, *Marx*, New York: Macmillan Publishing Company, 1988.

2. 英文期刊论文类

Bassda, "A Kind of Queer Geography/Räume Durchqueeren: The Doreen Massey Reading Weekends", *A Journal of Feminist Geography*, Vol. 13, No. 2, 2006.

Doreen Massey, "The Responsibilities of Place", *Local Economy*, Vol. 19, No. 2, 2004.

Doreen Massey, "Negotiating Nonhuman/human Place", *Antipode*, Vol. 37, No. 2, 2005.

Doreen Massey, "Landscape as a Provocation: Reflections on Moving Mountains", *International Security*, Vol. 11, No. 1-2, 2006.

Doreen Massey, "Space, Time and Political Responsibility in the Midst of Global Inequality", *Erdkunde*, Vol. 60, No. 2, 2006.

Stephan Harrison, "Massey, Doreen and Richards, Keith. Complexity and emergence (another conversation)", *Area*, Vol. 38, No. 4, 2006.

Doreen Massey, "London Inside-out", *Soundings*, No. 32, 2006.

Doreen Massey, "The World We're in: An Interview with Ken Livingstone", *Soundings*, No. 36, 2007.

Doreen Massey, "When Theory Meets Politics", *Antipode*, Vol. 40, No. 3, 2008.